大歷史大文章
——大歷史的脈動與輝煌

中古篇

起於唐代，迄於明代

龔鵬程 主編

主　編：龔鵬程

編　委：周鳳五　林素清　鄭志明　簡宗梧
　　　　李　春　周益忠　王　樾　陳　韻
　　　　沈寶春　周志文　簡松興　黃復山
　　　　蔣秋華　林保淳

《冊府元龜》書影

周茂叔愛蓮圖

程正公先生遺像

清明上河圖（局部）

元世祖出獵圖

馬可・波羅離開威尼斯東遊

鄭和和侍者像

王陽明先生真像

目錄 | 大歷史・大文章 中古篇

序 歷史，在轉捩點上 …………… 龔鵬程 /015

釋教在道教之上制 …………… 武　曌 /029
《史通》自序 …………… 劉知幾 /032
為徐敬業討武曌檄 …………… 駱賓王 /036
論關中事宜狀 …………… 陸　贄 /042
原　道 …………… 韓　愈 /056
師　說 …………… 韓　愈 /067
論迎佛骨表 …………… 韓　愈 /074
平淮西碑 …………… 韓　愈 /081
封建論 …………… 柳宗元 /092
《通典》序 …………… 李　翰 /104
復性書上篇 …………… 李　翱 /112
與元九書 …………… 白居易 /122
論維州事誼狀 …………… 李德裕 /141
罪　言 …………… 杜　牧 /148
毀佛寺勒僧尼還俗制 …………… 李　炎 /159
《景德傳燈錄》序 …………… 楊　億 /164
復宋誓書 …………… 耶律隆緒 /173
《御制冊府元龜》序 …………… 趙　恒 /177
朋黨論 …………… 歐陽修 /181

| 畢昇發明活字板…………………沈　括 /187
| 上仁宗皇帝言事書………………王安石 /192
| 義田記………………………………錢公輔 /232
| 蘇氏族譜引…………………………蘇　洵 /237
| 太極圖說……………………………周敦頤 /242
| 西　銘………………………………張　載 /247
| 《集古錄》序………………………歐陽修 /251
| 濮安懿王典禮議……………………司馬光 /257
| 進資治通鑒表………………………司馬光 /262
| 進新修營造法式……………………李　誡 /268
| 詣宋安撫納土狀……………………張　覺 /273
| 立楚國張邦昌冊文…………………完顏晟 /278
| 《農書》自序………………………陳　旉 /283
| 《通志》總序………………………鄭　樵 /290
| 鵝湖之會……………………………陸九淵 /309
| 《大學章句》序……………………朱　熹 /315
| 《長春真人西遊記》序……………孫　錫 /322
| 建國號詔……………………………徒單公履 /327
| 賀平宋表……………………………孟　祺 /332
| 《馬哥·孛羅遊記》引………馬哥·孛羅 /338
| 行科舉詔……………………………程巨夫 /342

目錄 | 大歷史·大文章 中古篇

諭中原檄……………………………宋　濂 /345

封諸王詔……………………………王　褘 /351

開科舉詔……………………………王　褘 /355

進五經四書性理大全表………………胡　廣 /359

婁東劉家港天妃宮石刻通番事蹟記…鄭　和 /366

教條示龍場諸生……………………王守仁 /373

擒獲宸濠捷音疏……………………王守仁 /382

禦倭議………………………………歸有光 /402

童心說………………………………李　贄 /408

序　歷史，在轉捩點上　龔鵬程

觀乎人文，察於時變

「江聲不盡英雄恨，天意無私草木秋」，歷史的驚濤駭浪，翻翻滾滾。奔騰處，激越慷慨；低迴處，幽咽纏綿。但是，游動波流，卻徒然教人悲喜莫名、根觸萬端，而不能知其究竟。

到底歷史只永遠表現為一種周而復始的循環，還是發展成無窮無盡的追尋？一切變化都歸於既定的人類使命，還是它在變化中帶領我們攀上幸福的頂峰？文明的驟起驟衰，猶若潮汐，人類的生涯有限，又怎能探勘歷史的跫音、尋找文化的座標？暗夜長途，何處才是歷史的光明？忽焉就死，歷史對人生的意義又在哪裡？

任何人在面對這些問題時，都是相當惶惑茫然的。歷史，常像雅士培（Karl Jaspers）所說，不時表現為一團烏七八糟的偶然事件，如急轉的洪流，從一個騷動或災難緊接到另一個，中間雖有瞬間出現的短暫歡樂，亦如小島一般，終究也要遭到吞沒。但有時，歷史也並不全然如此盲亂，它彷彿如康德所說，是一種明智計畫的理性過程，並不斷趨向於成熟完美——雖然他也承認整個人類歷史之網，是由愚昧幼稚的虛榮、無聊的邪惡、破壞的嗜好所織成。那麼，歷史到底是什麼？歷史中是否確能找到明顯的因果關聯或變遷的規律呢？

這當然是相當困難的事。我們傳統的史學，大抵總相信歷史的道德趨向，王道理應成功、霸道終歸失敗，暴君一定亡國、仁者當

然無敵。歷史的道德規律，推動著歷史的發展，所謂「天有常度，地有常形，君子有常行」（東方朔《答客難》）。西方自奧古斯丁（Augustine）以降，亦輒欲說明人類歷史乃遵循一種形而上的律則在進行著，一切皆為上帝所安排，個人的遇合、國家的治亂，乃至於皇權之成立，都決之於上帝的旨意與恩寵。

十八世紀以後，因受科學發展的影響，認為人性與物理都須受自然法的支配，一切都決之於理智，而既以理智為依歸，則人類即必須珍視自由，不自由，文化必定衰落。十九世紀後，又由於達爾文學說的影響，相信人類的歷史一定是步步前進的，不管分成若干階段，後一階段總要比前一階段好些。另一派則是自古以來就有的歷史循環說或週期說，諸如「天下分久必合，合久必分」「五百年必有王者興」「五德轉移，治各有宜」之類，與西方思辨性歷史哲學亦多有暗合者，其言甚為繁賾。這些主張，雖各有論點，但總都具有決定論傾向，不認為歷史只是盲目的、偶然的聚合，故努力地想在歷史的變遷中，抽絲剝繭，爬梳出一個規律的模型，以掌握歷史的動態。不幸的是，歷史事件之雜亂無章、龐然紛若，歷史知識之性質特殊，往往使得這些規律在解釋時遭到困難。所以自十九世紀蘭克（Ranke）及普魯士歷史學派提倡經驗的史學以來，黑格爾式思辨性的歷史哲學即逐漸式微了，近代實證論及行為主義者，甚至都曾排除對歷史之意義的追究。但是，這也是矯枉過正之談，因為追問歷史的意義，不僅是一種合法的（legitimate）探索，而且是我們非做不可的事。故奧古斯丁這個傳統，在當代又漸有再生的趨勢：梅耶霍夫（Meyerhoff）所編《我們這個時代的歷史哲學》中，曾列舉 Berdyaev（柏提耶夫），Barth

（巴特），Niebuhr（尼布爾），Tillich（蒂利希），Butterfield（巴特菲爾德），Löwith（洛維特）等當代思想家，來證明這一點。

　　糾纏於這些傳統、質疑與趨勢之中，歷史，依然曖昧難明。那裡面，自不乏小樓聽雨、深巷賣花的款款情致；那裡面，也總含藏著鐵馬秋風、樓船夜雪的莽莽蒼蒼。英雄叱吒，遺民淚盡，千古興衰，一紙論定。歷史的浩瀚博大、莊嚴深邃，實非此類爭辯與追詰所能窮盡。每當我們仰觀蒼穹，列星燦燦、浮雲皓皓時，便自然而然地會興起這種充脹胸臆的歷史感情，思而不見，望古遙集，歷史的呼喚，於焉展開。

　　就是在這樣的呼喚與感應中，歷史才對此時此地的我們具有意義，而我們也才能真正進入歷史中，去「觀看」歷史的動態，稽其成敗盛衰之理。不管歷史是理性自主的運作，是隨順理性的計畫安排，抑或只是受到盲目意志的撥弄，既無理想目標，也無法則，我們觀察歷史的這個行動，本身就具有省察人類存在之歷程的意義。而這種省察，也內在地開展了我們的世界，讓我們超然拔舉於此時此地之上，開拓萬古之心胸，獨與天地精神相往來。這不是遁世逃避，乃是積極開拓自我，並借著這樣一種活動來跟現實人生社會做一番對照，以「察盛衰之理，審權勢之宜」（賈誼《過秦論》）。換言之，歷史縱使只是一條惡魔遍佈的價值毀壞之路，觀看歷史，依然可以讓我們更清明地向理性與道德的完美境域邁進。

　　這也就是說，歷史的性質與功能，它所能提供給我們的，其實就在我們觀乎人文、察於時變的行動中。人文的發展、價值的探索、社會的變動、人類一切理性與非理性的成就，俱在歷史中向我們招手，

並展露它廣袤繁多的姿容。只要我們真正涉入其中，歷史立刻就進入了我們的生命，使我們能通古今之變，參與歷史的脈動。

歷史遺忘了中國，中國也遺忘了歷史

古今之變，到今天可說是劇烈極了。

明朝末年，利瑪竇來華傳教時，他所繪印送給中朝士大夫的《輿地全圖》中，因為中國並不在中央，以致引起許多批評，《聖朝破邪集》裡甚至攻擊他：「利瑪竇以其邪說惑眾。……所著《輿地全圖》……真所謂畫工之畫鬼魅也。……試於夜分仰觀，北極樞星乃在子分，則中國當居正中，而圖置稍西，全屬無謂。」(卷三)這時，中國人對自己的國家與文化，還是充滿自信的，他們所表現的文化內容，也能讓耶穌會遠人欣然嘆服：認為在世界各國仍處於蒙昧之時，中國即已有了孔子，孔子與基督有相同的神性與使命，是「真的神」；而儒教基於相愛之關係所產生的政治制度，迥異於西歐基於主人與奴隸的關係，對西歐社會，更為一優美之對照，要改造西歐，即有「接種中國思想」的必要。

可是，不到二百年後，這種局面就完全改變了。在歐洲刮起的中國熱，逐漸冷卻，自十五世紀以來，基督教國家向「落後地區」擴展其文化的行動倒越來越熾烈。不僅有黑格爾這樣的大哲學家宣稱「所有的歷史都走向基督，而且來自基督。上帝之子的出現是歷史的軸心」；詩人吉卜林（Rudyard Kipling）也高唱「白人的責任」。所謂白人的責任，就是說白種人有責任「教導」有色人種，要他們採取西

方的制度、西方的生活方式,並學習西方的技術。遠洋殖民和貿易事業,逐步把他們這種「偉大」的理想推拓到非洲、亞洲。利用船堅炮利,轟開了天朝的大門,搖撼了中國文化的核心價值。

於是,夕陽殘照漢家陵闕,天朝的光榮,恍若西風中的枯枝敗葉。沉淪崩圮的世代、花果飄零的民族,這時所再呼喊的,便不再是歷史與文化,而是接種西洋思想了。受挫折的中國靈魂,從此被迫去擁抱另一個天朝,學習另一套歷史與文化,以重塑中國的未來,並理解中國的過去。

這當然是可哀的事。昔日的真神,現在概在打倒之列,歷史被當作包袱,視為與現代對立的僵化凝固體、阻礙進步的絆腳石。任何人在面對中國歷史時,都可以毫無敬謹謙撝之心,或莊嚴誠懇之情,都有資格恣意批判。很少人真正通過歷史的屬辭比事,以疏通知遠,卻大言炎炎,棄此歷史文化如敝屣。社會上一般人,對歷史更是隔膜,歷史知識至為貧乏,即使是高級知識分子,對本國史,亦輒有比鄰若天涯之感。

連橫曾說:「史者,民族之精神,而人群之龜鑑也。代之盛衰,俗之文野,政之得失,物之盈虛,均於是乎在。故凡文化之國,未有不重其史者也。」(《〈臺灣通史〉序》)章太炎也以為:「群之大者,在建國家、辨種族。其條例所系,曰:言語、風俗、歷史。三者喪一,其萌不植。」(《檢論》卷四《哀焚書》)這些,在今天大概都是不甚流行的看法。姑不論我們是否仍可稱為文化之國,也暫時不管當前社會名流是否皆以競作世界公民是尚,而恥言民族主義;倘若我們毫不諱飾地來看,自會發現目前我們對歷史的淡漠與無知,確實已經

到了令人拊膺長嘆的地步了。

　　造成這種現象，固然肇因於這次天朝的大變動，勢之所趨，莫可奈何，但我們對歷史教育的輕忽與僵化，實也是一大原因。至少在制度上，大學分組的辦法，幾乎強迫一半以上資質穎異的學子，從高中起便視歷史為身外之物，從此不再接觸。少年時期，如此缺乏歷史的薰陶，長大以後又怎能奢求他們會有歷史的感受和理解？而等到整個社會上的成人都普遍欠缺歷史的認知時，又怎麼會尊重歷史？怎麼可能汲探文化的根髓？徒然讓兒童去肩負背誦《三字經》《唐詩三百首》的重任，就算達到歷史灌輸的目的了嗎？何況，歷史教育並非灌輸即能奏效的。現今歷史教育之所以收效甚微，不能激發國民的熱情與嚮往，無法砥礪種性、激昂民氣，教材之平板僵硬，自屬重要癥結。須知讀史之要，在使人知政事風俗人才變遷升降之故，所謂「《堯典》可以觀美，《禹貢》可以觀事，《皋繇謨》可以觀治，《洪範》可以觀度，六《誓》可以觀義，五《誥》可以觀仁，《甫刑》可以觀誡」（《書大傳》）。我們的歷史教育，似乎對此仍少措意。

　　當然，可以告慰的是，在學術界、高等研究機構中，仍有不少傑出的學者在從事歷史之探索。但彷彿大家還不曾理解到：歷史，尤其是自己國家文化的發展歷史，並不只是一門孤立的學科，而是人存在的基石。人存在的意義，無不是根於歷史而展向未來的，過去的歷史傳統，構成了我們理解的背景。我們之所以能立足於世界，並向這個世界開放的唯一依據，仰賴的就是這個力量。這個力量一旦不顯，歷史就成了搞歷史的人的專職，成為紙面上的一堆堆資料，與公共大眾無關，而我們的研究與教學，自然也就僅能局限於平面事件的排比與

介紹，不再致力於觀人文、察時變了。

但是，我們必須注意：當我們漠視歷史時，歷史也正在遺忘我們。

從前，四夷賓服、萬方來朝的時代，我們天朝對於四裔遠人及寰宇全貌，實在缺乏理解。而現在的天朝，也同樣沒有把「落後地區」算進人類的歷史裡去。像房龍那本名著《人類的故事》裡，你就幾乎找不到人類之一——中國人的故事。威那・史坦恩（Werner Stein）原著，貝納德・古倫（Bernard Grun）和華萊士・布勞克威（Wallace Brockway）英譯增訂的《歷史時間表》中所指的歷史，也不全是整個人類的歷史，而只以西歐、美洲為其重點。儘管印度、中國、日本等國的重大歷史事件也有記載，也非有意省略，「但作者們也沒有做任何努力來調查這些地區的歷史事件」（見該書序文）。

更有趣的例子，是羅伯特・唐斯（Robert B. Downs）所寫的《改變世界的書》（*Books that Changed the World*）。唐斯是著名的圖書館學家，他認為自文藝復興以來，有十六本書改變了世界，這十六本書是：一五一三年馬基雅弗利的《君主論》、一七七六年潘恩的《常識》、一七七六年亞當・斯密的《國富論》、一七九八年馬爾薩斯的《人口論》、一八四九年梭羅的《不服從論》、一八五二年斯托夫人的《湯姆叔叔的小屋》、一八六七年馬克思的《資本論》、一八九〇年馬漢的《海權論》、一九〇四年麥金德的《歷史的地理樞紐》、一九二五年希特勒的《我的奮鬥》、一五四三年哥白尼的《天體運行論》、一六二八年哈威的《心血運動論》、一六八七年牛頓的《自然哲學的數學原理》、一八五九年達爾文的《物種起源》、一九〇〇年佛洛伊德的《夢的解析》、一九一六年愛因斯坦的《相對論原理》。

這些書，在我們《辭海》的「中外歷史大事年表」裡差不多都提到了，但是像《傳習錄》《四庫全書》之問世，卻不見於唐斯這份書單裡。當然，我們並不因此而否認這紙書單裡的書確實影響深巨，確實改變了人類的歷史，可是，這究竟是誰的歷史？那個也曾參與人類文明之創造、也曾貢獻世界歷史之開展的中國，難道就這樣被遺忘在歷史之外了嗎？

是的，天朝的燈影舞姿，正如是之璀璨，蜷縮在文化邊陲的荒煙蔓草中的我們，恐怕早已被剔除在歷史之外，置諸天壤若存若亡之間了。

然而，何必慨嘆，何用嗟傷，旁人本來也並沒有義務要熟諳咱們中國的歷史。而且，只要我們自己不遺忘歷史，歷史也必不遺忘我們。無人懷疑中國現在必須參與世界，必須接納西洋文化，可是假若我們再想想當年新文化運動諸賢如梁啟超、胡適等人開列「國學最低限度必讀書目」時，為什麼要說「並此而未讀，真不得認為中國學人矣」，就可知道歷史的認知，原無礙於新世界的開拓；歷史文化的薰習，則是人生必備的條件之一；至於對歷史變動與發展的理解，更是國民最可貴的能力。何況，王國維說得好，「只分楊朱嘆歧路，不應阮籍哭窮途」，因為「窮途回駕無非失，歧路亡羊信可吁」(《天寒》)。處身在新舊交沖、中西激蕩的偉大時代，加強歷史的認知，正是「窮途回駕」，時猶未晚，且也是避免「歧路亡羊」的唯一辦法。我們對此，自宜知所戮力。

只不過，中國歷史源遠流長，歷史文獻龐雜無儔，要瞭解中國歷史的源流與交遷，我們「必讀」的又該是些什麼？

通古今之變：改變中國的劃時代文獻

　　以中國史學「疏通知遠」的特質來看，尋求通古今之變的歷史功能，乃是任何史著不論其體裁如何都想達成的目標。雖然像鄭樵，標榜通史，以為「自《春秋》之後，惟《史記》擅製作之規模」，班固「以斷代為史，無復相因之義……會通之道，自此失矣」（《〈通志〉總序》）。但即使是斷代為史，依然可以有會通之義，只是斷代者包舉一代，通史者綜括古今，範疇各有所宜而已。

　　話雖如此，觀時變而察古今，畢竟仍以通史為優。中國除《史記》之外，有《通典》《通志》《通考》這一類傳統，囊括歷代典章名物制度，而觀其嬗遞興變之跡；也有編年為史的《資治通鑑》，其體制雖與紀傳不同，但實質上仍為一種通史。這些通史，著歷代盛衰興壞，以見事勢之遷變，足以使人識大體而知條貫，自然是我們所該諷誦研讀的。

　　但史文浩繁，舊籍所存，其實都是史家在面對他那個時代時，針對他所關心的問題而提出的解答，代表著史家個人的存在感受與歷史理解。譬如司馬遷撰寫《史記》，自謂「欲以究天人之際，通古今之變，成一家之言」，把「究天人之際」和「通古今之變」並舉，同為他寫史的兩大宗旨。這種對天人之際問題的關切，乃是太史公特殊的存在感受與歷史理解，也是他那個時代的主要問題。太史公對於這個問題，「究」的結果，是要於人事盡處始歸之於天命；是強調天變與政事俯仰；是主張為國者必貴三十年一小變五百年一大變的天運，

然後天人之際續備；是堅持天道難知，而人道可期，道不同時，則各從其志⋯⋯我們看《史記》時，觸目所見，都是「豈非天哉」「此非天命乎」「人能弘道，無如命何」「非天命孰能當之」「乃天也」一類話。這些話顯示了《史記》正是司馬遷對歷史提出的解答。旁的史家，關切的不是這個問題，其解答便當然不同，胡三省《新注〈資治通鑑〉序》說司馬光寫《通鑑》時，正與諸人爭論國事，因此：「其忠憤感慨不能自已於言者，則智伯才德之論，樊英名實之說，唐太宗君臣之議樂，李德裕、牛僧孺爭維州事之類是也。至於黃幡綽、石野豬俳諧之語，猶書與局官，欲存之以示警。此其微意，後人不能盡知也，編年豈徒哉！」講的也是這個道理。

既然如此，則我們閱讀這些史著，便不只是熟悉它們裡面所記載的歷史事件，而是重新經驗該史家的問題與解答，重新認知他的存在情境。這種經驗與認知，誠然十分珍貴，誠然如柯林伍德（R. G. Collingwood）所說，是「重新思考別人所思考的當兒，就是自己在思考所思考」（《自傳》第十章）。但那畢竟不是我們自己的問題，畢竟不是在這中西交沖巨大變動時代所急欲尋求的答案。我們需要一部能夠具體而清晰顯示中國歷史之變遷與發展的史著，好讓我們觀人文，察時變，揭明中國歷史的源流。

這種史著，乃是新時代的需要，因此非舊有史籍所能替代。而事實上，身當我們這個空前奇異偉麗的時代，是理應有大史學家出來，網羅放失舊聞，恢張高情宏識，創以新體，勒成一書，為史學開一新局面，如太史公或司馬溫公那樣。

不幸現在我們並沒有這樣的史家，也沒有這樣的史著，通史大

業，墜緒茫茫，賢者不作，實令人有「小子何述焉」之慨！

我們無從取則，又無法緘默，無此學識，自然也不足以當纂修之任，沒有辦法，便只好用選文來替代著述。當此「莽莽神州入戰圖，中原文獻問何如」之際，徵文考獻，選輯改變了中國歷史的文章若干篇，略仿編年之體，排列條貫。任何人只要看了這些文章，中國文化如何搏塑成形，中國歷史如何興動遷變，必皆可一目了然。

歷史，在變動中

我國選文總集的傳統，向來以文學為主，《四庫提要》謂總集為「是固文章之衡鑒，著作之淵藪矣。三百篇既列為經，王逸所裒，又僅楚辭一家，故體例所成，以摯虞《流別》為始」（卷一八六），充分說明了這一事實。固然總集中也不乏《三台文獻》《中原文獻》《清源文獻》《嶺南文獻》《經世文編》這一類具有史學意義的東西，但從未蔚為傳統。

其實，編總集，可以有門類；選文章，可以定宗旨。這跟史家的別擇心裁，不是恰可相通嗎？輯錄原始文獻，讓材料自己說話，不也跟歷史的客觀性要求相符合嗎？運用這種方式來作史，不單可以開拓傳統選集的領域，更能圓滿安置歷史的主觀性與客觀性問題，對於「文章，經國之大業，不朽之盛事」這一事實，尤其是有力的印證，昔人見不及此，實在是很可惜的事。

何況，一切歷史的變動，都要顯示在人文成品上，而文字，即是其中最重要的一項。文章本身，不僅記載了歷史，也解釋了歷史。而

這些遺存的文獻記載之中，又有一些，不只是記載，不只是解釋，更直接塑造了歷史，產生了絕大的變動，引導人類或一個文明走向另一個全新的境地。例如董仲舒的《賢良對策》、韓愈的《原道》、孫中山的《〈民報〉發刊詞》、胡適的《文學改良芻議》之類。歷史之流，因這些文獻出現而扭動了航道，因此，它們是積極地改變了歷史的文章，一紙之微，旋乾轉坤。

另外，還有些文章雖並未直接塑造、改變歷史，可是它反映了時代的變動，刻畫了歷史的軌跡，影響了後來的發展，如秦始皇的《初并天下議帝號令》、嵇康的《養生論》、歐陽修的《朋黨論》、梁啟超的《論小說與群治之關係》等等，對歷史之流衍，亦有舉足輕重的地位。這些文章，是中國歷史甬道裡，一座座里程碑、一盞盞標示其曲折面貌的燈簇。把這些爝火燈盞串聯起來，即成了一條蜿蜒燦爛的中國之路。中國，就是這樣一步一步、一站一站走過來的。

換句話說，歷史如果有所謂的「轉捩點」，這就是了。透過這些文章，我們可以發現歷史不斷在轉捩點上，人類也永遠在對其生存情境做價值的判斷、意義的創造、技術的更新和生命轉捩點式的抉擇。他們或如《太極圖說》，張惶幽眇；或如《天工開物》，寄情物理；或究幾何之原理，或申薙髮之禁令；或者館開四庫，或者奉天討胡。孔子改制、鐵雲藏龜，政治經濟學術科技，各個層面彷彿都在齊聲用力唱出一種歷史的理則：人類的歷史，畢竟是由人類自己用他自由的意志與思索，努力創造出來的；不論幸福還是沉淪，一切也都得由他自己來負擔。

這本選集，就是想表達這樣一種觀點。

選文的體例，是經義奧旨、諸子成書，只發揮思想哲理，而不涉及歷史變動者不選；影響深巨，難以句摘篇選如《論》《孟》《老》《莊》之類，也無法甄錄。同一事，而其變動見於各文者，則擇其尤要者；假如改變歷史的，不是一篇文章，而是一本書，如歐陽修《集古錄》、嚴復《譯〈天演論〉》之類，便以序代書，借見一斑。每篇文章後面，略加注釋，並附譯文，以便讀者籀讀。最後，則加上編者們對該文的詮釋，簡要說明文章的內容、寫作的背景以及造成的影響等。

　　這樣的編寫工作，當然困難甚多，因為上下五千年，什麼文章改變了歷史、什麼文章足以顯示歷史的腳步、什麼文章具有里程碑的意義、什麼文章展現了文字的尊嚴與力量，實在頗費斟酌。而且，這些文章不是早已融入中國人的血液中，釋注繁多，師法紛雜，難以董理；就是從來沒有人詮解過，其名物度數隨時代變遷而難以稽考。編寫者限於學力和時間，倉促就事，亦無法探驪得珠、曲盡其要。至於以今言釋古語，本是訓詁的舊例，現在卻要全部「翻譯」成白話文，這當然是不可能的事，其不如人意，還用得著說嗎？

　　但椎輪大輅，本來就是歷史的通例，假如這種編輯理念沒有大錯，這種歷史觀點和通史的要求還不算太荒謬，則這次粗糙的嘗試，便不會是毫無意義的。更周全的歷史詮釋、更具代表性的篇章、更廣泛的層面，都可以在增訂時重作調整。

　　編輯這本書，原先是周浩正先生慫恿的；編寫過程中，陳恒嘉先生的辛勤奔走、編寫諸友人的案牘勞形，都令我甚為感動感激。我知道他們之所以願意如此辛勞，是因為相信這本書可以成為現代國民「必讀」的歷史讀本，相信中國歷史的源流與發展可以借此展示出

來。但我偶爾也會憶起陸放翁的詩句:「鏡雖明,不能使醜者妍;酒雖美,不能使悲者樂」(《對酒嘆》)。沒有一部歷史能自然彰示其意義,除非讀者自有其存在的感受與之相應;我們也不能從任何一部歷史著作中學到什麼,假若我們並無歷史感。讀者能從這些改變中國的文章裡,改變自我,呼喚起自己的存在感受來與它對應,以期相視而笑,莫逆於心嗎?

或許,這也是個轉捩點吧?

釋教在道教之上制
武曌

武曌（六二四—七〇五），唐并州文水（今山西文水東）人，初為唐太宗才人。太宗崩，出為尼；高宗立，復入宮，不久立為皇后；高宗崩，中宗立，她即臨朝稱制。後廢中宗，立睿宗；又廢睿宗，自稱帝，改國號為周，自名為曌，被稱為則天大聖皇帝。她是我國唯一的女皇帝。本文作於武周天授二年（六九一）三月。

武則天像

背 景

佛教在魏晉南北朝間大盛，入隋以後，隋文帝、隋煬帝都信仰佛教。煬帝與天台宗關係尤深，他雖弒父殺兄，但佛教徒將他比為阿闍世王。阿闍世王本為弒父殺君之惡主，但《大涅槃梵行品》列舉多種理由以明其無罪。不僅無罪，《阿闍世王受決經》還認為他可以成佛。武則天的母親楊氏，是隋朝宗室子孫，武氏即位後，這一故事對她必大有啟發，所以她也頒《大雲經》來證明自己地位的合理性。

傳統儒家，都不准婦人干預國事，所謂「牝雞司晨」。武曌以女性登帝位，當然無法被人接受（參見《為徐敬業討武曌檄》）。因此她

急欲尋找使其地位合理化的典籍,剛好《大雲經》曾記載佛告淨光天女說「以女身當王國土,得轉輪王所統領處四分之一;汝於爾時實為菩薩,為化眾生,現受女身」,正符合其需要,因此頒行天下,廣為宣揚,並自稱金輪皇帝,表示她乃淨光天女下凡,受命於天,是個「真命天子」。

影 響

自秦漢以來,政治與符讖的關係便異常密切。劉邦有斬蛇的傳說;王莽篡漢,「遣五威將軍王奇等十二人頒符命四十二篇於天下」;光武要中興,也曾造過「劉秀當為天子」的謠言。隋唐開國,亦無不有此神話。武則天師歷代之故智,頒《大雲經》來證明她的統治合法,自是潮流所趨,為時代所需。但因為她在儒家傳統經籍中無法找到這種她所需要的言論,遂不得不旁求於佛教;而為了酬庸佛教對於她統治合法性提供了理論的依據,當然又必須再頒這篇詔書,提高佛教的地位。我們選此文,而不採她《頒大雲經詔》,即是因為本文能顯示更多的意義。

它的意義有五:一、說明武氏家族的信仰情況;二、顯示唐初佛道之間勢力的消長與鬥爭狀況;三、是一宗政治與宗教相結合以謀求本身利益的案例;四、可以說明武氏代唐而未遭激烈反對的思想原因;五、黜道崇佛也代表了武周在文化上的新措施,有意改換唐朝的道教信仰,而建立新的佛教王國。總之,它反映了當時最複雜的問題。

原 文

朕先蒙金口之記，又承寶偈之文。歷教表於當今，本願標於曩劫。大雲闡奧，明王國之禎符；方等發揚，顯自在之丕業[1]。馭一境而敦化，弘五戒以馴人。爰開革命之階，方啟維新之命。宜協隨時之義，以申自我之規。雖實際如如，理忘於先後；而翹心懸思，思展於勤誠。自今以後，釋教宜在道教之上，緇服處黃冠之前，庶得道有識以歸依、極群生於回向[2]。佈告遐邇，知朕意焉。

《唐大詔令》

譯 文

朕曾經得到神人的預告和重要的偈文，顯示現在的行動，乃是上天早已定下的願望。《大方等大雲經》證明了我們這偉大的事業，符應了上天的要求。而統一天下，弘揚五戒，以革命的方式，開啟了文化新運，也正應配合這個新時代，自我訂立一些規範。雖然佛教的真如實法，並不計較先後，但我們很懇切地想推展我們的誠心，所以從現在起，三教講論時釋教排在道教前面，以便使天下有所依歸，回向有道的境地。特地佈告遠近，讓大家曉得我的用意。

（龔鵬程／編寫整理）

---

1 大雲、方等：指《大方等大雲經》。佛教本來頗輕賤女性，但後來有一些經典卻宣揚以女身受記為轉輪聖王成佛的教義，《大雲經》即屬其中之一。武則天篡唐自立稱帝，即利用這部經典作為宣傳，來證明她的合理地位。曾下令諸州各置大雲寺，寺各藏《大雲經》一本，以供講說。

2 緇服處黃冠之前：唐承北周制度，有「三教講論」的儀式，在每年釋奠祭孔之後，召國子博士與沙門大德、道士一齊講說經義，互相論辯。時因道教供奉老子李聃，被視為唐的宗室，所以貞觀十一年（六三七）正月有詔三教講論時道士女冠在僧尼之前。武則天把這個秩序顛倒過來了。

《史通》自序
劉知幾

劉知幾（六六一—七二一），字子玄，唐朝彭城（今江蘇徐州）人，進士及第，於武后時遷至鳳閣舍人，兼修國史，開元年間曾官至左散騎常侍。劉氏熟讀《春秋》，長於史事，著有《史通》，標舉史書之法，開我國討論史學之先河。

背景

唐宋以來，史學評論的風氣日益興盛，然而歷來舊史叢脞複雜，異說謬誤混淆，直至唐代劉知幾撰著《史通》二十卷，始得以整理釐清而樹立規模。

劉氏久居史官，博覽典籍，曾屢次參加當時政府修史工作，因感無法發揮己見，所以「私撰《史通》以見其志」，於唐中宗景龍四年（七一○）完成《史通》全書。

《史通》全書五十二篇，《體統》《紕繆》《弛張》三篇已亡佚，今存四十九篇，計內篇三十六，外篇十三。大抵內篇論史家體例，外篇述史籍源流。而以全書來說，關於研究法者計三十四篇，其中論原委者三篇，論體例者十七篇，論考證者十三篇，論方法者一篇；又有關於編纂法者計十四篇，其中論方法者九篇，論才能者二篇，論內容者三篇。另有自敘一篇，只言本書旨趣。

唐以前史籍雖多,大致出於模仿,劉氏歸納為六家。而以編年史、紀傳史為史家正體,稱為「正史」,其他旁流稱為「雜著」。不僅分析其流派,並對筆記、方志、家譜、都邑等記載同等重視。

　　劉氏主張以斷代方式為史書體例,尤其注意史料的真實性,且勤於綜合,勇於懷疑,並反對盲目仿古,肯定史書雖載往事,但應使用當代語言文字與通俗詞句從事編述工作,此點對於後世具有重大啟示作用。

影　響

　　《史通》為我國最初的史學理論書,亦為我國著名史學評論著作,在史學史上佔有重要地位。劉氏於《書志篇》中強調都邑、氏族、方物三志的重要,日後宋代鄭樵《通志》中有《氏族略》《都邑略》,馬端臨《文獻通考》中又別立《土貢考》,皆遙承劉氏建議而增闢。

　　此外,劉氏為便於評論古今史籍,往往將漢魏六朝、隋與初唐許多史書一再加以引述,現在諸書皆亡佚,但就其中所引資料,可以瞭解諸舊史中若干片段,所以《史通》在史料學方面也有值得重視的價值。

原　文

　　長安二年,余以著作佐郎,兼修國史。尋遷左史,於門下撰起居注,會轉中書舍人,暫停史任,俄兼領其職[1]。今上即位,除著作郎、

---

[1] 起居注:掌侍皇帝起居,記述其言行者,即周左史、右史之職。唐宋時有起居郎、起居舍人,所記之文,即起居注。

太子中允、率更令,其兼修史皆如故。又屬大駕還京,以留後[2]。在都無幾,驛征入京,專知史事,仍遷秘書少監。

自惟歷事二主,從宦兩京,遍居司籍之曹,久處載言之職。昔馬融三入東觀,漢代稱榮;張華再典史官,晉朝稱羨[3]。嗟予小子,兼而有之。是用職司其憂,不遑啟處。

嘗以載削餘暇,商榷史篇。下筆不休,遂盈筐篋,於是區分類聚,編而次之。昔漢世諸儒,集論經傳,定之於白虎閣,因名曰《白虎通》[4]。予既在史館,而成此書,故便以《史通》為目,且漢求司馬遷後,封為史通子。是知史之稱通,其來自久,博采眾議,爰定茲名。凡為廿卷,列之如左,合若干言。於時歲次庚戌,景龍四年仲春之月也。

《史通》

譯文

武后長安二年(七〇二),我擔任著作佐郎的官職,並且兼任編修國史的工作,沒多久就升到門下省,擔當左史的職位,纂修皇帝的起居注,後來因為轉任中書舍人,曾暫時停止史官的工作,沒多久即又恢復原職。當今皇上就位後,派我擔任著作郎及太子中允、率更令的職位,像以前一樣編修史事。後來皇上到京城,我在洛陽沒多久也被

---

2 大駕:王子乘輿,用而為王子之尊稱。
3 東觀:漢時宮中著述及藏書之所。《後漢書・安帝紀》:「詔謁者劉珍及五經博士,校定東觀五經,經子傳記,百家藝術,整齊脫誤,是正文字。」
4 白虎閣:即白虎觀,漢北宮中有白虎觀,東漢章帝時,博士、議郎、郎官及儒生等多人集會,講論五經之同異於此,所作稱《白虎通義》,簡稱《白虎通》,又名《白虎議奏》。作者題名為班固。見本書《三綱六紀》。

徵召回到長安，專掌史官的職位，也擔任秘書少監。

我常想，我曾經在武后和今上兩位國君之下做事，在長安、洛陽兩京任官，掌管過各種典籍，又長久擔任史官的職位。當年馬融曾經三次到洛陽東觀任史官，漢朝人人視為榮耀；張華也一再執掌史官的職位，讓晉朝大家稱羨不已。而我雖不才，他們倆的職位，竟然都有緣擔任。為了擔任史官，我終日戰戰兢兢，唯恐不能把事情做好。

我曾經在公餘之閒暇，討論史篇，一下筆就不能甘休，因而草稿堆積了好多，於是就按照分類，加以編排。當年漢朝一些儒生為解決經傳的問題，聚集在白虎觀加以討論，後來作了定案，因此就命名為《白虎通》。我既任職於史館，而完成了這本書，所以就把它喚作《史通》。況且漢朝曾經尋求司馬遷的後人，封為史通子，可知史書喚作史通，來源已經好久了。我因而依照往例，廣采眾議，也定此書名為《史通》。共有二十卷，詳列於左，總計文字若干。時在中宗景龍四年庚戌年（七一〇）二月。

（周益忠、陳韻／編寫整理）

為徐敬業討武曌檄

駱賓王

駱賓王（約六三八—六八四），唐婺州義烏（今屬浙江）人，與王勃、楊炯、盧照鄰並稱「唐初四傑」。歷任武功縣主簿、長安主簿、侍御史等職。高宗時，武后攬權，駱賓王一再諷諫，被繫於獄，後除臨海丞，棄官而去。武后僭位，徐敬業起兵討之，駱賓王為之傳檄天下。徐敬業敗，駱賓王亡命，不知所終，或以為隱於杭州靈隱寺。事見《舊唐書·文苑傳》及《新唐書·文藝傳》，今有《駱臨海集》傳世。

駱賓王像

背 景

弘道元年（六八三），唐高宗李治崩，太子李顯立，是為中宗，尊高宗后武氏為皇太后，一切政事都由太后裁決。不久，太后廢中宗為廬陵王，幽於別所，改立中宗弟豫王旦為皇帝，是為睿宗，但令居別殿，不得與聞政事。後太后改元改制，追封先祖，並施紫帳以視朝。當時諸武氏用事，唐宗室人人自危，眾心憤惋。

徐敬業乃唐初開國名將徐世之孫，襲祖爵為英公。因事由眉州刺

史貶為柳州司馬,以失職怨望,於是以匡復盧陵王為名,據揚州反。自稱匡復府上將,領揚州大都督,旬日間聚兵十餘萬。

　　高宗末年,駱賓王為長安主簿,因上書言事獲罪,被貶為臨海丞。恰好徐敬業於揚州舉事,以駱賓王為記室。聲討武后,由記室駱賓王移檄州縣。《為徐敬業討武曌檄》就是那篇對武后聲罪致討的檄文。文中豪氣干雲,擲地有聲,極富煽動性,所以檄文一傳到京師,竟比叛變的消息更加轟動,人人爭傳,深入民心,比武力更能毀滅武則天的聲望。本文允為千古名作,最流行的駢文佳篇之一。

影　響

　　在歷來都以男性為中心的社會,武則天的臨朝稱制,改國號為周,就歷史的發展淵源來看,是個石破天驚的異數,她也成為備受爭議矚目的女皇帝。當然,任何攻擊聲討女皇帝的言論行動,都將成為各方注目的焦點,何況是金聲玉振、志凌雲霄的檄文。根據《唐書》記載,武后初讀文,只是嬉笑,看到「一抔之土未乾,六尺之孤安在」,乃驚聲大叫:「是誰寫的?」有人告訴她是駱賓王,武后點頭稱道:「像這樣的天才,竟使他流落不被賞識,這是宰相的最大過失呀!」由此固可見武后知人使能的氣度,更可見此篇動人的力量,並不會隨著徐敬業的敗亡而稍減威力。至今讀之,猶覺筆勁雄渾,氣勢奪人,當百萬師。

　　徐敬業、駱賓王後來雖敗亡,但無疑,此文已然深入人心,可喚起先帝遺臣的忠貞,催化全民支持正義,點燃那股潛藏的反抗火炬,興起滅周復唐的浪潮。最後宰相張柬之率同桓彥范、李湛、崔玄、姚

崇、李多祚諸大臣逼武后遜位，共推中宗即位，恢復唐朝國號，討武曌檄起到了一定的激勵作用。

原 文

　　偽臨朝武氏者，性非和順，地實微寒[1]。昔充太宗下陳，曾以更衣入侍。洎乎晚節，穢亂春宮[2]。潛隱先帝之私，陰圖後房之嬖。入門見嫉，蛾眉不肯讓人；掩袖工讒，狐媚偏能惑主。踐元后於翬翟，陷吾君於聚麀[3]。加以虺蜴為心，豺狼成性，近狎邪僻，殘害忠良[4]。殺姊屠兄，弒君鴆母[5]。人神之所同嫉，天地之所不容，猶復包藏禍心，窺竊神器[6]。君之愛子，幽之於別宮；賊之宗盟，委之以重任。

　　嗚呼！霍子孟之不作，朱虛侯之已亡[7]。燕啄皇孫，知漢祚之將盡；龍漦帝后，識夏庭之遽衰[8]。敬業皇唐舊臣，公侯塚子，奉先君之成業，荷本朝之厚恩。宋微子之興悲，良有以也；袁君山之流涕，

---

1 偽臨朝：指武曌竊垂簾聽政的大位。
2 春宮：太子所居之處，亦名東宮、青宮。
3 翬翟：指皇后之位。翬，雉，五彩兼備為翬。翟，翟羽。以雉之德，守死而不犯分，為婦德所宜，因而皇后的車駕、衣服皆繪翬翟的形狀。聚麀：《禮記·曲禮》：「夫惟禽獸無禮故父子聚麀。」即父子共乘一牝，意即亂倫。言高宗為武后所陷，淪於不孝。
4 邪僻：指李義府、許敬宗等。忠良：包括褚遂良、長孫無忌等。
5 殺姊屠兄：姊為韓國夫人。兄指武元爽、武元慶兄弟。弒君鴆母：高宗病頭眩，太醫張文仲砭之，後故怒曰：「帝頭可刺血耶！」帝遂崩。此為弒君。皇后為天下母，王后與蕭淑妃為武氏投鴆酒中毒而死，因而稱鴆母。
6 神器：《老子》：「將欲取天下而為之，吾見其不得已，天下神器，不可為也。」神器即帝位。
7 霍子孟：即霍光，霍去病之弟。武帝崩，受遺詔輔佐昭帝，拜大司馬、大將軍等，政事全決於光，後又廢昌邑王賀，迎立宣帝，有功於漢。朱虛侯：即劉章，漢齊悼惠五子，高后封為朱虛侯。高后崩，與周勃、陳平誅諸呂，孝文時立為城陽王。
8 龍漦帝后：傳說夏后氏時有神龍止於帝庭，夏后取其而藏之，傳至殷周，至厲王末發而觀之，漦流於庭，入於後宮，有童妾遇之而生一女，怪而棄於市，即褒姒。

豈徒然哉[9]！是用氣憤風雲，志安社稷，因天下之失望，順宇內之推心，爰舉義旗，以清妖孽。

南連百越，北盡三河，鐵騎成群，玉軸相接[10]。海陵紅粟，倉儲之積靡窮；江浦黃旗，匡復之功何遠[11]！班聲動而北風起，劍氣沖而南斗平[12]。喑嗚則山嶽崩頹，叱吒則風雲變色。以此制敵，何敵不摧？以此圖功，何功不克？

公等或居漢地，或葉周親，或膺重寄於話言，或受顧命於宣室，言猶在耳，忠豈忘心[13]！一抔之土未乾，六尺之孤安在？倘能轉禍為福，送往事居，共立勤王之勳，無廢大君之命；凡諸爵賞，同指山河[14]。若其眷戀窮城，徘徊歧路，坐昧先機之兆，必貽後至之誅[15]！請看今日之域中，竟是誰家之天下！

《駱臨海集》

譯　文

武則天這個竊取大位的太后，性情暴躁，出身微賤。當年她在太宗後宮為才人時，就曾以更衣的方便因而入侍得幸。到了太宗臥床

---

9 袁君山：即漢袁安，以漢主年少，外戚專權，每及國事則喑嗚流涕。
10 三河：黃河、淮河、洛河為三河。漢稱河東、河內、河南三都為三河。《史記‧貨殖傳》：「夫三河在天下之中，若鼎足，王者所更居也。」
11 海陵：江蘇泰縣（今江蘇泰州市姜堰區）。紅粟：言米粟多以至於腐爛發紅。
12 劍氣沖而南斗平：本指寶劍之紫氣沖天，光與南斗相平。語見《晉書‧張華傳》。
13 或居漢地：漢行郡國制，異姓功臣或封侯，或為郡守。引申為居於州郡的異姓諸侯。或葉周親：周行封建制，以封王室近親。引申為王室之同宗近親。顧命：即遺命。宣室：未央殿前之正室，即天子正室。
14 同指山河：古者分封功臣，必指山河以為信。《漢書‧高惠高后文功臣表序》：「封爵之誓曰：使黃河如帶，泰山若礪，國以永存，爰及苗裔。」
15 後至之誅：夏禹嘗會諸侯於塗山，防風氏以遲到被誅。

時，她竟然勾引仍當太子的高宗。太宗崩逝後，便削髮為尼，掩飾其為太宗才人的往事，更是暗地裡圖謀高宗的寵幸。跟其他妃子爭寵，美好的容貌絲毫不肯讓人。更且又長袖善舞，巧於進讒，因而偏能以其妖媚美麗狡猾狐惑高宗，登上了皇后之位，使我國君陷於亂倫的不義。她又心腸狠毒，生性貪戾，因而殺害忠良大臣多人，連自家兄姊都不放過，且讓高宗不醫而死，又毒殺了王皇后。這是人神共恨、天地不容的舉動。她更且心懷不軌，竟想窺伺皇帝寶座，連國君的愛子中宗皇帝，都被廢到房州貶為廬陵王。跟她同黨的武承嗣，則給他擔任重要的職位。

可歎啊！像霍光擁立宣帝的義舉已不再了，像劉章擁立文帝、中興漢室的人物也沒有了。趙飛燕謀殺後宮皇子，可知漢室的氣數將盡；夏朝時神龍所吐涎沫，竟然在周厲王末年流入後宮，可知道周朝即將衰微了。所幸我們英國公徐敬業，原本是唐朝的大臣，並且是開國元勳徐世的長孫，繼承著徐家忠義的傳統，又感念本朝皇恩浩蕩，因而不禁像商朝微子那樣興起故國之悲，也跟袁君山一樣為皇室的不振而自然流涕！而徐敬業更能化悲憤為力量，立志安定皇唐宗廟，趁著天下人心大失之際，舉起義旗，立志要肅清武則天等妖孽。

中興的軍隊，向南聯合百越各地，向北勢力擴張到中原一帶。軍容浩大，剽悍的騎兵成群結隊，馬車的輪軸一輛接著一輛。糧草充足，海陵地區的米多到已經爛了，而江邊各地的義幟，也多到成為旗海。如此壯盛，要恢復皇室，是指日可待了。戰馬一盤旋，就如同北風刮起，刀劍的光芒照耀如同南斗星耀天空。兵士一哭泣則山嶽不禁要崩塌，將帥一怒則風雲也要為之變色，以這樣的陣容去攻打敵

人，有何攻不破的呢？以這樣的陣容來圖謀中興的功業，又有何困難呢？

　　你們大家有可能是異姓的功臣，也可能是皇室的近親，也有的是太宗臨危時受到重托的要臣。當先皇的話仍在耳際縈繞，怎可就忘掉了忠心呢？高宗剛下葬不久，墳土猶未乾，他的遺孤中宗如今又在哪裡呢？假若能扭轉乾坤轉危為安，不但足以祭祀已逝的高宗，更可事奉當今皇上中宗，共同立下起兵為皇室平難的勳業。不要忘了天子的遺命。將來功成，必定能得到爵位封賞，可以指山河為信。假若不知如此，只是留戀於受封的小地方，不知何去何從，耽誤了率先起義回應的時機，將會遭到被誅殺的後果，不可不慎呀。請大家睜眼看看，今日的四海之內到底是誰家的天下？

（周益忠、沈寶春 / 編寫整理）

論關中事宜狀

陸贄

陸贄（七五四—八〇五），字敬輿，唐蘇州嘉興（今屬浙江）人。年十八登進士第，為德宗所信任。建中四年（七八三），朱泚亂作，隨德宗出狩奉天。詔文皆出於其手，文辭剴切，輒使賊寇感泣。貞元八年（七九二）拜中書侍郎、同平章事，後被譖貶為忠州別駕。潛心讀書、考校醫方，作《陸氏集驗方》五十卷。諡號宣。著《陸宣公翰苑集》二十二卷，尤以奏議為著。

陸贄像

背景

唐德宗建中四年（七八三），是唐朝自開國以來前途最黯淡的一年，卻是陸贄揮翰起草、振危起溺的分界線。其中《論關中事宜狀》一文，對唐朝國祚，對陸贄一生來說，正代表著這個重要的轉捩點。

德宗即位之初，一反肅宗、代宗對藩鎮的姑息政策，本想加以整頓，但由於性情急躁，猜忌心又強，於是引起諸藩鎮的叛變，亂事更加擴大。建中二年（七八一），李惟岳、田悅、李正己叛亂，德宗命朱滔、張孝忠攻成德，大敗成德軍於束鹿。李惟岳逃回恒州，為部將

王武俊所殺。朱滔、張孝忠、王武俊三人求封，德宗賞賜甚薄，於是朱滔、王武俊聯結田悅、李納又叛，聲勢浩大，相約稱王。淮西的李希烈也遙相呼應，自稱天下都元帥、建興王。剛好當時馬燧在兩河討伐叛賊，很久都沒有戰果，並請求救兵。李希烈又圍攻襄城，情況非常緊急。德宗的威信深受打擊，尤其是控制長江以北自湖北延伸至河南的一大片地域的淮西節度使李希烈的叛離，造成極其嚴重的影響，使朝廷最有力的支持者在一夜之間變成最危險的敵人。處在這種危急的情勢下，陸贄乃上這一折《論關中事宜狀》的對策。

影 響

　　《論關中事宜狀》對當時情勢給出了最深切中肯的建議，但縱使德宗有心採納，可他的軍隊都已陷溺在戰場上，加上義救襄城的涇原兵在京師嘩變，唐德宗不得不倉皇逃到奉天。這是唐朝國祚存亡絕續的關鍵時刻，也是陸贄身繫國家安危的時刻。

　　肅宗以安祿山之禍而即位靈武，唐德宗卻因朱泚為亂出奔到奉天。這時在內有政事不綱、百事俱廢的危機；在外有驕橫不馴的強藩悍卒，及攻堅圍城的亂事。陸贄的出仕生涯之所以令人注意，不但在於他驚人的宦途起落，更由於他遭逢時艱，在掌握政治實權的十年中，為朝廷制定了許多重要的政策，舉凡財政、國防、地方分治及征選吏員等等舉足輕重的課題，我們光從《資治通鑑》在論斷七八四年到七九四年這十年間的事宜，引述陸贄的奏議策牘不下三十種之多，就可知道陸贄在這一時期參贊機要，時號「內相」的因由。

　　陸贄論諫雖能譏陳時病，深得效驗，德宗在危難時也能聽贄謀，

國祚得以不亡。可惜所用不過一二,唐朝之所以走向衰亡的命運,這也是很重要的原因之一。蘇軾在《進呈陸贄奏議札子》中推許陸贄:「才本王佐,學為帝師,論深切於事情,言不離於道德。」確實很中肯!

原 文

　　右臣頃覽載籍,每至理亂廢興之際,必反覆參考,究其端由。與理同道罔不興,與亂同趣罔不廢,此理之常也。其或措置不異,安危則殊,此時之變也。至於君人有大柄,立國有大權;得之必強,失之必弱;是則歷代不易,百王所同。

　　夫君人之柄,在明其德威;立國之權,在審其輕重。德與威不可偏廢也,輕與重不可倒持也。蓄威以昭德,偏廢則危;居重以馭輕,倒持則悖。恃威則德喪於身,取敗之道也;失重則輕移諸己,啟禍之門也。陛下天錫勇智,志期削平;忿茲昏迷,整旅奮伐;海內震疊,莫敢寧居。此誠英主撥亂拯物,不得已而用之。然威武四加,非謂蓄矣。所可兢兢保惜,慎守而不失者,唯居重馭輕之權耳。陛下又果於成務,急於應機;竭國以奉軍,傾中以資外;倒持之勢,今又似焉[1]。臣是以疢心如狂,不覺妄發;輒逾顧問之旨,深測憂危之端;此臣之愚於自量,而忠於事主之分也。古人所謂愚夫言之,而明主擇之,惟陛下幸留聽焉。

　　臣聞國家之立也,本大而末小,是以能固。又聞理天下者,若身

---

[1] 倒持:倒持太阿,指大權授予他人,自己多受其害。《漢書》卷六十七《梅福傳》:「倒持泰阿,授楚其柄。」太阿,又作泰阿,為寶劍之名。本義為倒持劍,而授柄予人。

之使臂,臂之使指,則大小適稱而不悖焉。身所以能使臂者,身大於臂故也;臂所以能使指者,臂大於指故也。王畿者,四方之本也;京邑者,又王畿之本也[2]。其勢當今京邑如身,王畿如臂,四方如指;故用即不悖,處則不危;斯乃居重馭輕,天子之大權也。非獨為禦諸夏而已,抑又有鎮撫戎狄之術焉。是以前代之制,轉天下租稅,委之京師;徙郡縣豪傑,處之;陵邑選四方壯勇,實之邊城;其賦役則輕近而重遠也,其惠化則悅近以來遠也。太宗文皇帝既定大業,萬方底乂;猶務戎備,不忘慮危;列置府兵,分隸禁衛[3]。大凡諸府八百餘所,而在關中者殆五百焉。舉天下不敵關中,則居重馭輕之意明矣。承平漸久,武備浸微,雖府衛具存,而卒乘罕習。故祿山竊倒持之柄,乘外重之資,一舉滔天,兩京不守。尚賴經制,頗存典刑;強本之意則忘,緣邊之備猶在。加以諸牧有馬,每州有糧,故肅宗得以為資,中復興運。乾元之後,大憝初夷;繼有外虞,悉師東討;邊備既弛,禁戎亦空;吐番乘虛,深入為寇[4]。故先皇帝莫與為禦,避之東遊。是皆失居重馭輕之權,忘深根固柢之慮。內寇則崤函失險,外侵則涇渭為戎。

於斯之時,朝市離析,事變可慮,須臾萬端,雖有四方之師,寧救一朝之患。陛下追想及此,豈不為之寒心哉?尚賴宗社威靈,先皇仁聖;攘卻醜類,再安宸居;城邑具全,宮廟無損。此又非常之

---

2 王畿:國都所在地。以前指王城附近周圍千里的土地。《周禮・夏官・職方氏》:「乃辨九服之邦國,方千里曰王畿。」
3 府兵:兵制名,創於西魏大統年間,兵士屬於軍府,不編入郡縣戶籍,北周及隋亦加以沿襲,唯隋則兵士編入郡縣籍。唐因隋制,全國置六百三十四府,分番戍衛各地,唯至天寶年間,府兵制僅存虛名。
4 大憝:即大賊,指安、史等人。

幸，振古所未聞焉。足以見天意之於皇家，保佑深矣！故示大儆，將宏永圖。陛下誠宜上副元心，下察時變；遠考前代成敗，近鑒國朝盛衰；垂無疆之休，建不拔之業。今則勢可危慮，又甚於前。伏惟聖謀，已有成算；愚臣未達，敢獻所憂。

先皇帝還自陝郊，懲艾往事，稍益禁衛，漸修邊防。是時關中有朔方、涇原、隴右三帥，以扞西戎；河東有太原全軍，以控北虜。此四軍者，皆聲勢雄盛，士馬精強。又征諸道戍兵，每歲乘秋備塞，尚不能保固封守，遏其奔沖；京師戒嚴，比比而有。陛下嗣膺寶位，威慴殊鄰；蠢茲昆夷，猶肆毒蠆；舉國來寇，志吞岷梁，貪冒既深，覆亡幾盡；遂求通好，少息交侵。蓋緣馬喪兵疲，務以計謀相緩；固非畏威懷德，必欲守信結和。所以歷年優柔，竟未堅定要約；息兵稍久，育馬漸蕃；必假小事忿爭，因復大肆侵掠。張光晟又於振武誘殺群胡，自爾已來，絕無虜使，其為嫌怨，足可明征[5]。借如吐蕃實和回紇無憾；戎狄貪詐，乃其常情；苟有便利可窺，豈肯端然自守。今朔方太原之眾，遠在山東，神策六軍之兵，繼出關外；倘有賊臣陷寇，點虜窺邊，伺隙乘虛，微犯亭障[6]。此愚臣所竊為憂者也，未審陛下其何以禦之？側聞伐叛之初，議者多易其事，僉謂有征無戰，役不逾時；計兵未甚多，度費未甚廣，於事為無擾，於人為不勞。曾不料兵連禍挐，變故難測；日引月長，漸乖始圖。故前志以兵為兇器，戰為危事；至戒至慎，不敢輕用之者，蓋為此也。

---

5 振武：即振武軍，於唐乾元初自朔方節度使分出，領鎮北及麟勝二州，即今陝西綏德以北綏遠南部。
6 神策：唐禁軍名，玄宗時哥舒翰置，安史亂後鎮陝州，其後魚朝恩引入禁中，成為皇帝禁軍之一。

當勝而反敗,當安而倒危;變亡而為存,化小而成大。在覆掌之間耳,何可不畏而重之乎?近事甚明,足以為鑒!往歲為天下所患,咸謂除之則可致升平者,李正己、李寶臣、梁崇義、田悅是也;往歲為國家所信,咸謂任之則可除禍亂者,朱滔、李希烈是也。既而正己死,李納繼之;寶臣死,惟岳繼之。崇義卒,希烈叛,惟岳戮,朱滔攜。然則往歲之所患者,四去其三矣,而患竟不衰;往歲之所信者,今則自叛矣,而信又難保。是知立國之安危在勢,任事之濟否在人。勢苟安,則異類同心也;勢苟危,則舟中敵國也。陛下豈可不追鑒往事,惟新令圖,循偏廢之柄以靖人,復倒持之權以固國?而乃孜孜汲汲,極思勞神;徇無已之求,既難必之效。其於為人除害之意,則已至矣;其為宗社自重之計,恐未至焉!

　　自頃將帥徂征,久未盡敵;苟以藉口,則請濟師。陛下乃為之輟邊軍,缺環衛;虛內廄之馬,竭武庫之兵;占將家之子以益師,賦私養之畜以增騎。猶且未戰,則曰乏財。陛下又為之算室廬,貸商賈;傾司府之幣,設搉榷之科;關輔之間,徵發已甚;宮苑之內,備衛不全。萬一將帥之中,又如朱滔、希烈,或負固邊壘,誘致豺狼;或竊發郊畿,驚犯城闕。此亦愚臣所竊為憂者也,未審陛下復何以備之?以陛下聖德君臨,率土欣戴,非常之慮,豈所宜言?然居安備危,哲王是務;以言為諱,中主不行[7]。若備之已嚴,則言亦何害?倘忽而未備,又安可勿言?臣是以罄陳狂愚,無所諱避,罔敢以中主不行之事,有虞於聖朝也。惟陛下熟察之,過防之!

---

7 居安備危:即居安思危。《左傳・襄公十年》:「書曰:居安思危。」

且今之關中,即古者邦畿千里之地也。王業根本,於是在焉。秦嘗用之以傾諸侯,漢嘗因之以定四海。蓋由憑山河之形勝,宅田裡之上腴;弱則內保一方,當天下之半,可以養力俟時也;強則外制東夏,據域中之大,可以蓄威昭德也。豪勇之在關中者,與籍於營衛不殊;車乘之在關中者,與列於廄牧不殊;財用之在關中者,與貯於帑藏不殊;有急而須,一朝可聚。今執事者,先拔其本,棄重取輕。所謂倒持太阿,授人以柄;議制置則強幹弱枝之術反,語綏懷則悅近來遠之道乖。求諸通方,無適而可?顧臣庸儒,竊為陛下惜之!往者不可追,來者猶可補,臣不勝懇懇憂國之至;輒敢效其狂鄙,以備採擇之一端。陛下倘俯照微誠,過聽愚計,使李芃援東洛,懷光救襄城。希烈凶徒,勢必退衄。則所遣神策六軍士馬,及點召節將子弟東行應援者,悉可追還。河北既有馬燧、抱真,固亦無籍李晟,亦令旋斾,完復禁軍。明敕涇隴邠寧,但令嚴備封守;仍云更不徵發,使知各保安居[8]。又降德音,勞徠畿甸;具言京輦之下,百役殷繁;且又萬方會同,諸道朝奏;恤勤懲遠,理合優容。其京城及畿縣所稅閑架、榷酒、抽貫、貸商、點召等,諸如此類,一切停罷。則冀已輸者弭怨,見處者獲寧;人心不搖,邦本自固。禍亂無從而作,朝廷由是益尊。然後可以度時宜,施教令,弛張自我,何有不從?端本整棼,無易於此!謹奏。

《陸宣公奏議》

---

[8] 邠寧:邠即豳州、邠州。寧即寧州。西魏年間改豳州為寧州,治所在安定,即今甘肅寧縣。

譯 文

　　我以前讀古書,每次讀到國家盛衰治亂的關頭,必定再三地研究,探討其原因。發現只要循道理來做事的則無不興盛,若是背逆大道,那就沒有不衰亂的。這是天下之常理。但偶然有舉措相同,可是治亂卻大相徑庭,這只是偶然時代有此改變罷了。至於人君享有國家大事的權柄,這權柄是國家權力所在,得到它必然強大,失掉它必然衰弱,這是歷代都如此,任誰也改變不了的。

　　人君的權柄,在彰明他的德威,立國之道,則要衡量事情的輕重。德望和威勢二者不可偏廢,本末輕重更是不可顛倒。培養威勢是為了彰顯德望,若二者有了偏差就危險了;把持根本,才能駕馭其他,若輕重顛倒就悖逆了大道。但是光仗恃威勢,那麼將喪德敗身,這是失敗的原因;不重根本,那麼輕微的事也將無法治好,這更是禍患的根源。上天賜予聖上睿智勇武,聖上憤恨那些昏迷不醒的叛逆,志在平定天下,因而整頓軍隊,發憤討伐,天下為之震動不安。但這實在是英明國君為了除暴安良的長遠打算,是在不得已的情況下勉強如此的。然而威武加諸四方,並非就是威勢已培養了,如今能夠戰戰兢兢地保持政府的威勢,只是靠著皇上還能把持根本,所以才有駕馭天下的大權。而皇上卻急於必須有戰果,因此竭盡國力來供給軍需,傾盡國家所有來援助在外的戰事,所以本末又有些倒置了。我因為國事緊張,才有這逾越本分的言語舉動,卻也深深地感受到國事的危險端倪所在,這是臣下對自己不能多加思量,只求盡忠於陛下的職責啊。這也是古人所說的,「愚人說話,明君加以選擇」的意思,希望皇上您能稍加留意!

我聽說立國之道,京師根本要強大,而各郡國要較為弱小才能堅固。 又聽說治理天下的人,像是身體指揮手臂,手臂操縱手指一樣,那就大小都很恰當。 身體所以能指使手臂,是因為身體大於手臂,手臂能操縱手指,是因為手臂較手指大。 關中地區本就是天下四方的根本,而京城,又是關中的根本所在,因而若論天下情勢,應當使得京城如同身體,關中如同手臂,而四方則如同手指,如此一來,就不會不歸順,也不會有危險了。 這才是居於根本駕馭天下的大權所在,並不只是駕馭中國各地而已,這也是鎮撫四周夷狄的方法。 因此以前各朝的制度,轉運天下的租稅送到京城去,將各地的富豪、英雄遷到京城附近,四方的勇士壯丁,來鎮守邊關。 賦稅徭役則加重遠方各地,而近於國都者則減輕。 安撫天下則先使附近各地心悅誠服,以招來遠地的百姓。

　　當年太宗既已平定海內外各地,天下底定,獨能重視兵備,不敢忘記居安思危的教訓,因此設置府兵制,在全國各地設立了八百多處府兵,而單是關中地區就有將近五百處之多,整個天下不能跟關中相比,可見重本輕末的意思,實在是明顯極了。 但是天下承平之日久,因而軍備也就逐漸衰微了,雖然府兵制和禁衛軍的制度仍存在,但是已經很少再勤於演習了,因而安祿山能夠假借著明皇所給予的軍權,乘著身兼三節度使的威勢,一舉而鬧下了滔天大禍,使得洛陽、長安兩京先後不守。 所幸仗賴國家固有的制度,仍能維持。 強大根本的觀念雖不在,但是沿邊的守備仍然能夠保存。 加上每州每城都能有兵馬糧守,所以肅宗皇帝能以此資助,中興大唐。 到了乾元初年以後,大賊初被平定,後來憂患又起,因而傾全國之力去東邊征討叛逆,所以

邊疆守備空虛，吐蕃才乘虛而深入京城為寇。先皇代宗，不能抵禦，只好退到山東。這都是因為沒能掌握根本，以駕馭天下的大權，進而忘了要鞏固京城的觀念，所以有內賊叛亂。那麼，崤函之險也沒用了，有外寇入侵，涇渭地區也都要戰事頻仍了。

在這時候，天下分崩離析，隨時有可憂的變故發生，雖然有四方勤王的軍隊，這哪能救得了突然而來的禍患？皇上若想到這兒，難道不會因而膽戰心寒？幸好祖宗威靈顯赫，先皇又仁義英明，因而平定了賊寇，再度安定了京師，而長安城及宮殿也幸而能夠保全，這是以前所未曾有的事，可見上天對於我們皇唐的保佑實在是夠深的了。所以這次顯現的警告，反而能夠宏大國家的基業。皇上實在應該向上配合天意，向下明察時代的趨勢，遠能考察以前各朝成敗的原因，並參考王朝各代盛衰的關鍵所在，以建立國家永久的幸福，及不朽的功業。現今情勢值得憂慮，又超過以往許多，在下心想皇上心中應該已經有了打算。我愚昧無知，斗膽地獻出我憂心所得的淺見如下：

先皇代宗從陝州外城避難回京後，鑒於往事的錯誤，因而加強了京城的衛守軍隊，對於邊防也更加重視了。當時，關中地區有朔方、涇原、隴右三節度使來防禦吐蕃回紇，河東有太原的精良軍隊來控制北方雜胡。這四地的軍隊，聲勢不但浩大而且兵強馬壯。而且又徵召各地防守的軍隊，每年在秋天時加強防備邊塞。雖然如此，還不能守住邊疆，阻遏敵人南下牧馬的威脅，京城戒嚴之事，因而屢屢發生。陛下即位後，聲威震動各地，但是這冥頑不化的胡人，尚且不知好歹，傾其國力，來侵犯我邊疆。竟想佔據我四川岷山等邊疆，但因貪得無厭，力量耗盡，幾乎要滅國，於是不得已又前來求和，但是只

要稍事休養之後，又要來侵犯。這是因為師老兵疲，所以用緩兵之計來拖延，並非真的畏服我大唐的德威，真的想守信用來談和。所以經歷多年，從沒遵守過約定，只要稍為休養，待其兵馬生長日漸肥大，必定借著些芝麻小事挑起紛爭，再次大肆地侵略掠奪。張光晟又以振武軍設計消滅胡眾。從此以後，這些胡人即不再遣使入貢，他們的怨恨，足可以此為證。假如吐蕃真要講和，回紇亦無遺憾，不再來犯。但是戎狄貪心狡詐，已習以為常，如果有機可乘，有利可圖，他們哪肯安分守己？

現在朔方太原的兵士，遠到山東去，京師天子神策六軍，也跟著到關外去，假若有奸臣敵寇等狡獪的敵人窺伺邊防的空虛，進而冒犯邊關，這是我私下深以為憂的。不知皇上將如何能防衛？我還聽說當初剛討伐叛逆時，朝中討論此事的人都認為這件事容易得很，全都以為天子有征無戰，征討叛逆不必要多久，因此需派兵並不多，所需費用也很少，對國家大事不會騷擾，也不會連累天下百姓。卻不料兵禍連連，竟然大出當初的預料，愈演愈烈，超過了本來的估計。所以古書上提到武器是凶險之物，戰爭是至危之事，要謹慎小心，千萬別亂動用，大概就是為了這樣吧！

本可勝利的卻反而失敗了，本來安全的卻反而危險了。由死裡逃生，由星火而成燎原，就在轉瞬之間，如何可以不敬畏而且加以重視呢？近來所發生的事，足以為證。以前為天下所深以為憂的禍亂，大家都認為除掉他們，天下即可太平的，如李正己、李寶臣、梁崇義、田悅等人；以前深為國家信任的，大家以為重用他們即可平定亂事的，如朱滔、李希烈即是。如今李正己已死，李納又繼之而起；李

寶臣死了，李惟岳也繼之而起；梁崇義死，而李希烈竟然叛變；李惟岳被誅殺後，朱滔竟然又步他的後塵。雖然說往年的禍患已經四去其三，然而患亂依然存在，以前所信任的，現在竟然都叛變了，連親信竟然都有不保的時候，可知立國之道，安危全在於形勢，用人的成功與否關係到政事的能否做好。形勢如安定，就是非我族類的胡人也能同心協力；形勢若危險，那麼連親近之人都可能要叛變了。皇上難道不應以往事為鑒，重新做起。仗著尚有效用的權柄來安撫人心，尋回那被竊用的權勢來安定國家？卻只是竭盡思慮，一心一意，想去完成那不可能達到的願望，雖然盡心想為天下百姓除害，但是若為國家宗廟及自己安危的設想，恐怕就還不夠。

近來將帥出征，少能克敵制勝的，只是以藉口，請求中央援助。皇上只得犧牲邊關及皇城的兵力、內府豢養的兵馬、武庫中的兵器，及忠良世家的子弟，來加以支援。到這種地步，這些將領還不肯再戰，還說沒有錢財，於是皇上只得又為他們謀財源，向富商巨賈借錢並且傾盡國家的錢幣，額外先給予。以至於關中京畿地區徵收的賦稅，實在太繁重了，而宮廷之內的防備、禁衛又不完整。設想這些將帥，又像朱滔、李希烈一樣，或而仗恃邊關的險要，招亡納叛，或而偷偷地揮兵入關，攻入城關，這也是我深深感到憂慮的，不知皇上如何來防備？

皇上具備聖德，君臨天下，到處都歡欣地迎接，這樣非常不得體的想法，難道是我可以說的？只是因為居安思危，本來就為聖王所必須設想的，若是動輒禁忌，那麼連普通皇帝也不如了。假若防備已夠嚴密，我說這番話又有何關係？假若還不夠周備，那我怎可不說？所

以我才把我淺陋而又狂妄的意見說出來，不敢拿即使普通皇帝都不會如此做的事，來耽誤聖明的皇上。希望皇上能明察臣下的意思，不可不小心提防。

現在的關中，即是以前的京畿千里的地方，大業的根本即在此。秦國曾經以此而削平諸侯，劉漢也曾以此威震四海。這是因為憑藉著山河的險要，擁有肥沃的田地，力量弱時可以退而自保，可以慢慢休養，強大之時對外可以制服東邊各地，這是因為已經佔據了天下最主要的部分，可以收到不怒而威的成效。

關中的任何勇士，跟列籍於軍營中的沒有兩樣；關中的車馬，跟養在內廄的也沒兩樣；關中的財物，跟貯藏在內府的沒有兩樣。只要情勢危急，一天即可徵調來用。現在為國家做事者，竟然先放棄根本大計，避重就輕，這真是顛倒是非、紊亂本末，給賊人予機會。講到國家制度，跟強幹弱枝的方法剛好相反；講到懷柔，又違背了近悅遠來的道理。想要把國事做好，這又怎麼可能呢？所以我雖愚昧，私下也為皇上感到可惜。

但是往事已難再追究，來者卻猶可補救。我實在沒有辦法壓抑報國的熱忱，因而一再地陳述我狂妄無知的淺見，供皇上選擇。皇上假若能明察我的一番誠心，聽聽我的方法，派遣李芃援助東都洛陽，李懷光援救襄陽城，那李希烈等惡徒，勢力必定大為削弱，那麼我們所派遣的京城六軍的兵馬，及點派忠良子弟前往東邊接應的，應可全部徵召回來。河北已有馬燧、抱真等人，也不必再依賴李晟，可叫他們調兵回來，恢復禁軍的完整。並且可明令涇陽、隴西、邠州、寧州等地，只要嚴加守備即可。而且重申不再徵調，使他們能各自安保境

內。再者,頒下聖旨慰勞京師各地。

　　坦誠地說,京師之內,各種勞役徵調頻繁,且又為四海來人所聚集、各地方官員朝奏時所必經,撫恤其勤勞於國事,應該加以優厚。使京畿各地的人民,一切多餘的徵稅及征役全部停止。那麼就可希望已經繳太多稅者,能不再怨恨,被處分者也能安寧,那麼人心不再動搖,國家的根本才可堅固,禍亂也就無從而起,朝廷才可顯出尊嚴來。然後,才可以衡量時宜,大力宣佈政令,充分地彰顯皇上的威嚴。到時候天下有誰不從的?要端正根本,整理紊亂,沒有比這個更重要的了!謹此為奏!

(周益忠、沈寶春/編寫整理)

原道
韓愈

韓愈（七六八—八二四），字退之，唐河南河陽（今河南孟州南）人，先世出自昌黎郡，因自稱昌黎韓愈。官至吏部侍郎，諡曰文。早歲刻苦為學，因而通六經百家之說，提倡古文，排斥佛老，主張文以載道，實則以復古為創新，一掃當時駢儷之風，天下文風為之丕變。蘇軾贊其「文起八代之衰，道濟天下之溺」，允為得之。韓愈為「唐宋八大家」之首，門人李漢輯其所作為《昌黎先生集》四十一卷。

韓愈像

背景

著名的史學家陳寅恪先生曾這麼論斷：韓愈的《原道》是中國中古史上最重要的一篇學術文獻！這個看法是極其正確的。因為《原道》這篇文章，在儒學思想史乃至於整個中國文化史的發展上具有振衰起弊、開創新機的關鍵性作用。

韓愈生長在一個動亂的大時代，因而在他的生命情調中充滿了民族危機感與文化危機意識——當時適值安史之亂後，漢民族勢力衰退，無力與胡族兵馬相抗衡；儒家思想不論在政治實績、社會規範及

人生修養、觀念指導上均失去一貫的主導地位，而外來的佛教及非中國文化正統的老莊主宰了時人的心靈。為了民族自救、文化自救，韓愈挺身而出，以無比的文化意識，提出中國本位文化建設之主張，《原道》一文即是其所倡文化自救運動的理論基礎。其要義為：

第一，建立明確的道統觀念，將儒學從當時的流行價值中提升而予以重新定位。他斬釘截鐵地宣告，唯有儒家的仁義大道，才是中華文化的唯一正道。它與中國歷史文化之發展、民族命脈之維繫牢不可分，是古聖先賢代代相承的精神根源。因此，關愛中國文化的知識份子在價值分歧的狀況下，應作一正確抉擇，挺身衛道，進而承先啟後，立道統以振興儒學，以開創中華文化的新生命。

第二，推崇孟子，稱引《大學》，一方面奠定了宋代新儒學的典籍基礎，另一方面引導了宋儒就儒家而不以佛、老的哲學理念來剖析、探究心性問題的學術研究新動向。《孟子》與《大學》由漢至唐乏人重視，但卻都是極重要的儒家學術資產。尤其是孟子的拒楊、墨的衛道精神及對「士」風格的塑造，心性問題的探討，在先秦諸儒中極具特色。而《大學》所強調的一套「誠、正、修、齊、治、平」由內心而向外展開的修養功夫，不僅具有純哲學研究的興味性及嚴謹性，更因其「正心而誠意者，將以有為也」而充分發揮儒家兼善天下、造福民眾的嚴正的涉世精神（積極入世、改造世界），確可作為強化儒學之利器。後來宋儒朱熹之所以將《大學》《中庸》《論語》《孟子》定為四書，就是受了韓愈的影響。

第三，就人類進化的歷史事實及士、農、工、商的社會分工原理，強有力地論證儒家思想的實用價值，藉以反證佛、老之虛無與對

社會缺乏實際貢獻的弱點,用以提倡儒學,要求大家建立共識──一個理想的社會必須建構於儒家倫理之上!如社會各階層有此共識,自然就會奉行儒道。

影響

果然,《原道》所展現的上述三點要義後來終於產生了很大的影響──重建了儒學的正統地位,開創了宋代的新儒學。所以,《原道》一文,的確是一篇改變中國學術史的重要文章,陳寅恪先生對它的歷史評價其當之無愧!

原文

博愛之謂仁,行而宜之之謂義。由是而之焉之謂道,足乎己無待於外之謂德。仁與義為定名,道與德為虛位。故道有君子有小人,而德有凶有吉。老子之小仁義,非毀之也,其見者小也[1]。坐井而觀天,曰天小者,非天小也。彼以煦煦為仁,孑孑為義,其小之也則宜。其所謂道,道其所道,非吾所謂道也[2]。其所謂德,德其所德,非吾所謂德也。凡吾所謂道德云者,合仁與義言之也,天下之公言也。老子之所謂道德云者,去仁與義言之也,一人之私言也。

周道衰,孔子沒。火於秦,黃老於漢,佛於晉、魏、梁、隋之

---

1 小仁義:以仁義為小。老子曰:「失道而後德,失德而後仁,失仁而後義。」又曰:「大道廢有仁義。……絕仁棄義,民復孝慈。」
2 其所謂道:老子曰:「有物混成,先天地生。寂兮寥兮,獨立而不改,周行而不殆,可以為天下母。吾不知其名,字之曰道。」

間³。其言道德仁義者，不入於楊，則入於墨；不入於墨，則入於老；不入於老，則入於佛。入於彼，必出於此。入者主之，出者奴之；入者附之，出者汙之。噫！後之人其欲聞仁義道德之說，孰從而聽之？老者曰：「孔子，吾師之弟子也。」⁴ 佛者曰：「孔子，吾師之弟子也。」⁵ 為孔子者，習聞其說，樂其誕而自小也，亦曰：「吾師亦嘗師之云爾。」不惟舉之於其口，而又筆之於其書。噫！後之人，雖欲聞仁義道德之說，其孰從而求之？甚矣！人之好怪也，不求其端，不訊其末，惟怪之欲聞。

古之為民者四，今之為民者六。古之教者處其一，今之教者處其三。農之家一，而食粟之家六。工之家一，而用器之家六。賈之家一，而資焉之家六。奈之何民不窮且盜也！

古之時，人之害多矣。有聖人者立，然後教之以相生養之道。為之君，為之師，驅其蟲蛇禽獸，而處之中土。寒，然後為之衣。饑，然後為之食。木處而顛，土處而病也，然後為之宮室。為之工，以贍其器用。為之賈，以通其有無。為之醫藥，以濟其夭死。為之葬埋祭祀，以長其恩愛。為之禮，以次其先後。為之樂，以宣其湮鬱。為之政，以率其怠倦。為之刑，以鋤其強梗。相欺也，為之符璽斗斛權衡以信之。相奪也，為之城郭甲兵以守之。害至而為之備，患生而為之防。今其言曰：「聖人不死，大盜不止⁶。」剖斗折

---

3 火於秦：指秦焚書。始皇三十四年（前二一三），從李斯議，焚民間所藏書。
4「老者曰」句：見《莊子・天運篇》：「孔子行年五十有一，而不聞道。乃南之沛，見老聃。」《莊子》一書中屢言孔子受教於老聃之事。
5「佛者曰」句：佛教《清淨法行經》：「佛云遣三弟子，教化震旦。儒童菩薩，彼稱孔丘。」即以孔子為佛門弟子，名為儒童菩薩。
6「聖人不死」二句：語見《莊子・胠篋篇》。

衡，而民不爭。」嗚呼！其亦不思而已矣！如古之無聖人，人之類滅久矣。何也？無羽毛鱗介以居寒熱也，無爪牙以爭其食也。是故君者，出令者也。臣者，行君之令而致之民者也。民者，出粟米麻絲，作器皿，通貨財，以事其上者也。君不出令，則失其所以君。臣不行君之令而致之民，則失其所以為臣。民不出粟米麻絲，作器皿，通貨財，以事其上，則誅。今其法曰：「必棄而君臣，去而父子，禁而相生養之道。」以求其所謂清淨寂滅者[7]。嗚呼！其亦幸而出於三代之後，不見黜於禹、湯、文、武、周公、孔子也。其亦不幸而不出於三代之前，不見正於禹、湯、文、武、周公、孔子也。

帝之與王，其號名殊，其所以為聖一也。夏葛而冬裘，渴飲而饑食，其事雖殊，其所以為智一也。今其言曰：「曷不為太古之無事？」是亦責冬之裘者曰：「曷不為葛之易也？」責饑之食者曰：「曷不為飲之之易也。」傳曰：「古之欲明明德於天下者，先治其國。欲治其國者，先齊其家。欲齊其家者，先修其身。欲修其身者，先正其心。欲正其心者，先誠其意。」然則古之所謂正心而誠意者，將以有為也。今也欲治其心，而外國家天下者，滅其天常。子焉而不父其父，臣焉而不君其君，民焉而不事其事。孔子之作《春秋》也，諸侯用夷禮，則夷之。夷而進於中國，則中國之。經曰：「夷狄之有君，不如諸夏之亡[8]！」《詩》曰：「戎狄是膺，荊舒是懲[9]。」今也舉夷狄之法，而加之先王之教之上，幾何其不胥而為夷也！

---

[7] 寂滅：梵語，涅槃之譯。佛家以為功德圓滿，超出世間，入於不生之門為涅槃。
[8]「夷狄之有君」句：見《論語・八佾》。
[9]「戎狄是膺」二句：見《詩經・魯頌・宮篇》。

夫所謂先王之教者,何也?博愛之謂仁,行而宜之之謂義,由是而之焉之謂道,足乎己無待於外之謂德。其文,《詩》《書》《易》《春秋》;其法,禮樂刑政;其民,士農工賈;其位,君臣父子師友賓主昆弟夫婦;其服,麻絲;其居,宮室;其食,粟米果蔬魚肉。其為道易明,而其為教易行也。是故以之為己,則順而祥;以之為人,則愛而公;以之為心,則和而平;以之為天下國家,無所處而不當。是故生則得其情,死則盡其常;郊焉而天神假,廟焉而人鬼享。曰:「斯道也,何道也?」曰:「斯吾所謂道也,非向所謂老與佛之道也。」堯以是傳之舜,舜以是傳之禹,禹以是傳之湯,湯以是傳之文武周公,文武周公傳之孔子,孔子傳之孟軻。軻之死,不得其傳焉。荀與揚也,擇焉而不精,語焉而不詳[10]。由周公而上,上而為君,故其事行;由周公而下,下而為臣,故其說長。

然則如之何而可也?曰:「不塞不流,不止不行。人其人,火其書,廬其居,明先王之道以道之,鰥寡孤獨廢疾者,有養也,其亦庶乎其可也。」

《昌黎先生集》

譯 文

仁就是博愛,義就是行事合宜,道就是依著仁義去做,德就是使自己原有本性完滿無缺。「仁」「義」這兩個字有確定的意義,「道」和「德」則較為抽象,很難界定它的意義。因此,道有所謂君子之

10「荀與揚也」二句:韓愈《讀荀》篇云:「孟氏醇乎其醇者也,荀與揚,大醇而小疵。」

道和小人之道,而德也有吉善和凶惡的分別。老子小看仁義,並不是他要譭謗仁義,而是因為他的見識比較小。就像坐在井中看天,以為天很小一樣,並不是天真的小,而是他所看到的有限。老子把小恩小惠看作仁,把小小的善行看作義,因而看不起仁義,這也就難怪了。他所說的道,並不是我們儒家的道;他所說的德,也是他自己的德,並不是我們儒家的德。凡是我們儒家所講的道德,是配合仁義一起來說的,這也是天下人所公認的。老子所說的道德,則不顧仁義,只講道、講德,這是他個人的見解,不能代表天下的公論。

自從周朝的禮樂衰微,孔子去世之後,儒家的典籍被秦始皇燒掉了,儒家學說在漢朝則為盛行的黃老學說所掩沒,在魏晉南北朝到隋朝之時則為佛教的流行所掩沒。因而談論道德的人,不是跟楊朱一夥的,就是跟墨翟一樣的看法;不是跟墨子一樣,就是和老子一樣;不是和老子一樣,就是和佛教徒一樣。相信這一派的說法,就否定另一派的說法。相信時就以他為救世主,並且附和他;不相信時,則把他當成奴婢一樣地輕視、污辱。可歎啊!後代的人,如果想要瞭解仁義道德的學說,要從何去瞭解呢?

老子的門徒們說道:「孔子,不過是我們老師的門徒。」佛門的徒眾也說:「孔子,也是我們老師的弟子。」而孔子的徒子徒孫們,聽慣了這種說法,竟相信這種荒誕不經的話,而自以為微不足道,也跟著說:「我們先師孔子,也曾經拜過老子和佛祖為師。」不但掛在嘴巴上,又把它寫在書本上!哎呀!後代的人!雖然想要瞭解仁義道德的學說,又該去哪裡求得呢?人們實在太好奇了,不探求其根本,也不考察其演變,就是喜歡聽一些奇怪而荒謬的話!

古時人民，只有士農工商四類，現在卻多了和尚、道士而變成六類；古時儒家定為一尊，現在卻儒、釋、道三家並存。種田的只有一家，吃飯的卻有六家；做工的只有一家，用東西的卻有六家；做生意的只一家，靠商人維生的卻有六家。如此下來，百姓又怎能不窮困得去做盜賊呢？

　　古時，人民的災害很多。所幸有聖人應運而生，教導大家相互照顧的道理，不但領導他們，而且教育他們，替人們趕走了爬蟲走獸，為人民在中原地區開闢了家園。天氣冷，就教百姓縫製衣裳；饑餓了，就教他們找東西來吃。恐怕他們在樹上不安穩，在洞穴中住容易得病，因而教他們蓋房屋來住；教他們各種手工藝，以便有各種器具可以使用；教他們進行交易，以便互通有無；更為他們研究醫理，整理藥物，以幫他們渡過死亡的威脅；教他們應該埋葬祭祀死者，以增長人類的親愛關係；教他們制定各種禮制儀節，來分別尊卑長幼的次序；為他們譜出音樂，來宣洩他們的苦悶或哀樂；為他們做出各種措施，來提醒他們的懶惰怠懈。更為他們制定各種刑罰，來除暴安良。由於有些人會欺騙，因此製作了契約、虎符、印璽以及度量衡等，作為標準避免紛爭。因為人會互相爭奪，為此替他們建造城牆，製造各種盔甲兵器來防禦，這樣替他們預先防備各種災害、禍患。可說是仁至義盡了。結果道家的人卻說：「聖人不死，大盜就不會停止。毀壞各種度量衡，老百姓就不會爭執了。」

　　唉，這些人未免太忘恩負義了。假若沒有古時的聖人，人類早就消滅了！這是為什麼呢？人類沒有羽毛、鱗甲來適應各種冷熱無常的環境，也沒有銳利的爪牙來搶奪食物。所以國君是發號施令的人，大

臣則向上奉行國君的命令，以轉達給老百姓，人民則生產糧食，栽培桑麻，製作各種器具，流通財貨，以貢獻給國君。國君不能善盡發號施令的職責，就不配做個好國君。大臣不能將下想上達，並轉達國君的命令給人民，就不是個好臣子。百姓若不能生產糧食、栽培絲麻，製造各種器具，流通財貨，以貢獻國君，就該懲罰。現在佛家的經典居然說道：「一定要拋棄你們的君臣關係，離開你們的父子關係，並且不可再有相互照顧、相生相養的生活。」以去追求清淨寂滅的境界！唉，他們幸而生在夏商周之後，才沒有為禹、湯、文、武、周公、孔子等人所斥責，但這也是天下的不幸，他們沒生在三代以前，沒有被禹、湯、文、武、周公、孔子等聖人來加以指正，以至於這麼囂張。

「帝」「王」這兩個名號雖然不同，但都同樣是聖人。就像夏天自然穿涼爽的葛衣，冬天就披上溫暖的皮裘，口渴了喝水，肚子餓了吃飯一樣，這些事情雖然不同，但道理則是一致的。現在有人居然說：「為什麼不像上古時那樣簡單無事呢？」就好像責備冬天穿皮裘的人說：「為何不穿麻布，這樣比較省事啊！」又好像責備饑餓的人說：「為何不喝水，這樣就比較省事啊！」《禮記》的《大學篇》說：「以前想要將他的光明德行發揚於天下的人，先要治理他的國度；想要治理好他的國度的，必須先整理好他的家庭；想要整理好他的家庭的，必須先將自身修理好；要先將自身修理好的人，必須先端正自己的心念；要將心念端正的人，必先使得自己的意志誠實。」如此可知，古時候所謂正心誠意的人，是將要有所作為的，而現在要修心養性的人，卻不顧天下國家，毀壞人倫綱常。做兒子的人，不把父親當作父

親；做臣下的人，不把國君當作國君；而百姓也不能盡他們的本分。當年孔子修《春秋》時，特別重視褒貶。對於採用番邦禮節的中原諸侯，就把他們看成番邦，對於肯用中國禮節的番邦，則還是把他看成中國人。《論語》說：「番邦縱使有國君，也比不上中原各地沒有國君的地方。」《詩經》也說：「對於番邦，不管西北的戎狄，南方的荊國舒國，都要加以征討。」現在竟然要把夷狄的那一套，抬到中國先王的教化上去，這樣豈不是要大家都變成夷狄了嗎？

　　所謂先王的教化是什麼呢？就是我在一開始所說的博愛的仁，行事合宜的義，依照仁義去走的道，修養自己天性使其圓滿的德。表現於典籍上的是《詩》《書》《易》《春秋》等經書；表現於法度上的，就是治國的禮樂刑政等制度；他的人民只分士農工商，人民的相互關係則分君臣父子師友主客兄弟夫婦等；穿的衣服是絲和麻的製成品，住的是房屋，吃的是米穀、蔬果和魚肉。就這樣而已。因此，道理很容易明白，教化很容易實行。用這種道來修養自己，就一定順利、吉祥；用這種道來對待別人，那麼必定有愛心，而且公正無私；用這種道來修心養性，那麼必定心平氣和；用這種道來治理天下國家，更是沒有一點不合宜的。

　　因此，生存時能得到性情的中和，死亡時也能盡其常道。祭天時，天神皆下凡來享受；祭祖時，祖先也會來享用。如果問：「這是什麼道啊？」我就要回答說：「這是我們儒家的道，並非以前所提的老子和佛祖的道。」唐堯把這個道傳虞舜，虞舜把它傳給夏禹，夏禹把它傳給商湯，商湯把它傳給文、武、周公，文、武、周公把它傳給孔子，孔子又傳給孟子。孟子死後就沒有人得到真傳了。荀子和揚

雄，雖也是儒家的弟子，但是學問駁雜不純，道理又語焉不詳，所以說沒傳人。周公以前的聖人，由於得道在位，因而這些道理都能施行；周公以後的聖人則在下做臣子，因而學說得以流傳久遠。

那麼應該怎樣才是為今之道呢！我認為對佛老的學說不加以堵塞、禁止，聖人的道理就不能風行。那些僧尼道士，都要他們還俗，燒掉他們的書，把寺廟道觀改成民房，並且闡明先王的大道，來教導他們，使那些鰥夫、寡婦、孤兒、沒有子嗣的老人，及身染重疾、殘廢的人，都能夠安然地生活著，能夠這樣，也就差不多算是發揚儒道了。

（周益忠、王樾／編寫整理）

師說
韓愈

背 景

　　兩漢是我國經學最盛的時期,而兩漢的經學最重視的即為家法,所謂家法即是師承關係的講究。老師的地位從來沒有被懷疑過,不只是「天地君親師」說說而已,更有《學記》一篇作為理論上的根據。所謂「能為師,然後能為長,能為長,然後能為君。故師也者,所以學為君也」。所謂「當其為師,則弗臣也。大學之禮,雖詔於天子,無北面,所以尊師也」。另外又有《檀弓篇》提到「親生之,君治之,師教之」,以事親、事君、事師三者並稱。所以尊師重道,便成為中國的傳統。

　　但是自從曹操的《求賢令》頒佈之後,唯才是舉,不問其德。經學沒落,師道當然也就不受重視了。再加上永嘉亂後,北方長期為異族統治,南方則溺於清談、惑於儷偶,師道自然更加衰微。等到隋唐之時天下渾然一同,在上者雖也要獎勵學術、鼓舞人心,唯當時所重者乃在開疆拓宇,裂土封侯,而一般讀書人所注意者更在進士科的詩賦文章。道德一途既已不受重視,老師的地位自然欲振乏力,而且每況愈下。柳宗元在《答韋中立論師道書》一文中很痛切地指陳:

　　由魏晉氏以下,人益不事師。今之世不聞有師,有輒嘩笑之,以

為狂人。

可見當時的確是「師道之不傳也久矣」的時代。因此提倡文以載道的韓愈，為了改變時風，為了矯正時下只重文章、不重道德的弊病，自然要從提倡尊師著手。

何以如此呢？韓愈提倡古文運動，並非純粹是復古，乃是要賦予文章新的使命，這使命就是道德的使命。要「言之有物」，要能昌明道德，而不只是像過去的為文章而文章，只有形式之美，毫無內容可言。既然要重視文章的功能及使命，自然要提高道德的價值，而要提高道德，就有賴於老師地位的崇高了。《學記》上的話，「凡學之道，嚴師為難，師嚴然後道尊，道尊然後民知敬學」是一點也沒錯的。

既然要重視道德，而且是儒家之道，韓愈因而有了《原道》《論迎佛骨表》等篇章，發揚此說。為了彰顯聖道，更得賴尊師，他才不顧眾人的嬉笑怒罵，以師者自居。因而柳宗元在感歎老師地位沒落之後卻也不得不為韓愈的勇氣及遭遇而感歎：

獨韓愈奮不顧流俗，犯笑侮，收召後學，作《師說》，因抗顏而為師。世果群怪聚罵，指目牽引，而增與為言詞。愈以是得狂名。居長安，炊不暇熟，又挈挈而東，如是者數矣。

可見韓愈在當時寫出《師說》這一篇文章的確是需要很大的勇氣的。他寧可由人笑罵，被人譭謗，動輒得咎，以至於要奔跑於道路，

不能久安其位,都是《師說》惹出來的禍。但是也因為《師說》,韓愈奠定了他的「匹夫而為百世師,一言而為天下法」的地位。

影 響

　　自宋朝以來,儒家這個道統能再度居於主流地位,宋代理學家固然居於首功,而早在唐朝的韓愈實已為開路先鋒。至於宋代以後的古文成為文壇的主流,歐陽修等人固然很偉大,但韓愈的功勞更不容抹殺。同理,我們看到楊龜山、游酢等人立雪程門,而佩服宋人重視師道時,就該想到遠在唐代的韓愈,能夠甘犯眾侮、笑罵由人地提倡師道,實在是師道重振的首要功臣啊!

　　宋代大儒陸九淵因韓愈此篇而感歎道:「韓愈……識度非常人所及,其言時有所到而不可易者。」更進而說:「吾亦謂論學不如論師,侍師而不能虛心委己,則又不可以罪師。」好個「論學不如論師」!只要重視道德學問,自然得要先重視師道。蘇軾《潮州韓文公廟碑》盛讚韓愈「文起八代之衰,道濟天下之溺」,一向為人所樂道,但是有誰能細心體會該文的首句「匹夫而為百世師」中「百世師」三個字的含義有多深?韓愈不僅以振興儒道、提倡古文為「百世師」,實則在提倡師道,使得千百年來「天地君親師」並列的地位不再是一種揶揄,真可以說足以為「百世師」、為天下法了!

原 文

　　古之學者必有師。師者，所以傳道、受業、解惑也[1]。人非生而知之者，孰能無惑？惑而不從師，其為惑也終不解矣。

　　生乎吾前，其聞道也，固先乎吾，吾從而師之；生乎吾後，其聞道也，亦先乎吾，吾從而師之。吾師道也，夫庸知其年之先後生於吾乎？是故無貴、無賤、無長、無少，道之所存，師之所存也。

　　嗟乎！師道之不傳也久矣！欲人之無惑也難矣！古之聖人，其出人也遠矣，猶且從師而問焉；今之眾人，其下聖人也亦遠矣，而恥學於師；是故聖益聖，愚益愚，聖人之所以為聖，愚人之所以為愚，其皆出於此乎！

　　愛其子，擇師而教之，於其身也則恥師焉，惑矣！彼童子之師，授之書而習其句讀者，非吾所謂傳其道，解其惑者也[2]。句讀之不知，惑之不解，或師焉，或不焉，小學而大遺，吾未見其明也。

　　巫、醫、樂師、百工之人，不恥相師；士大夫之族，曰師、曰弟子云者，則群聚而笑之。問之，則曰：「彼與彼年相若也，道相似也。」位卑則足羞，官盛則近諛。嗚呼！師道之不復，可知矣。巫、醫、樂師、百工之人，君子不齒，今其智乃反不能及，其可怪也歟！

　　聖人無常師，孔子師郯子、萇弘、師襄、老聃[3]。郯子之徒，其賢

---

1 傳道、受業、解惑：清曾國藩云：「傳道，謂修己治人之道；授業，謂古文六藝之業；解惑，謂解此二者。韓公一生學道好文，二者兼達，故往往並言之。」
2 句讀：文字組成語意完整者為句，語意未斷而略加停頓者叫「讀」或「頓」。
3 郯子：春秋時郯國國君，嘗言少昊氏以鳥名官之故於魯昭公，孔子因而學焉。萇弘：周敬王之大夫，孔子適周，曾訪樂於萇弘。師襄：善鼓琴，為魯國之樂官。《史記・孔子世家》：「子學鼓瑟於師襄子。」老聃：即老子，孔子至陽，嘗就之問禮。《孔子家語・觀周篇》：「孔子至周，問禮於聃，訪樂於萇弘。」

不及孔子。孔子曰：「三人行，則必有我師[4]。」是故弟子不必不如師，師不必賢於弟子，聞道有先後，術業有專攻，如是而已。

　　李氏子蟠，年十七，好古文，六藝經傳，皆通習之，不拘於時，學於余。余嘉其能行古道，作《師說》以貽之。

《昌黎先生集》

譯 文

　　古時候求學的人，一定會有老師，老師就是傳授道術、教導學業、解釋學生疑惑的人。人不是一生下來就能瞭解什麼道理的，誰能沒有疑惑呢？有了疑惑而不去跟老師請教，那麼，他的疑惑就會永遠不能解決。

　　年紀比我大的，他瞭解道術的時候比我早，我當然要跟他學；年紀比我小的，假若他瞭解道術也比我早，我當然也要跟他學。我所要學的是學問、道術，怎會去注意他比我年長或年幼呢！所以不管他是富貴的，還是貧賤的，年長的，還是年幼的，只要有道術學問在身，就可做我的老師。

　　哎呀！尊師重道的風尚早已失傳了。要一般人沒有疑惑也實在很難了。古代的聖人，超出平常人的地方太遠了，尚且要跟著老師來請教問題；而現在的一般人，不及聖人的地方實在太多了，卻以向老師請教為恥。所以聖人愈加地聖明，愚人愈顯得愚昧。而聖人之所以能成聖人，愚人之所以終究是愚人，難道不是為了這個原因嗎？

---

4 三人行：《論語‧述而篇》：「三人行，必有我師焉，擇其善者而從之，其不善者而改之。」

一般人疼愛自己的孩子，因而選擇老師來教他。可是對於自身，卻以向老師請教為可恥，真是奇怪啊。那些教導孩子的老師，只是教他們讀讀書、學習些句讀而已，並非我所說的是來傳授道術、教導學業的。句讀不會讀時，知道要去請問老師，疑惑不能瞭解時，卻不去請教老師，只學習小的，而遺漏了大的，我真不知道他們的聰明在哪裡。

　　那些巫覡、醫師、樂工和各種匠人，不以拜老師向老師請教為可恥。但是到了士大夫這些讀書做官的人，只要一聽到人說起「老師」「學生」這些話來，大家就圍繞著來譏笑他們。問他們笑什麼，就說道：「他們倆年紀差不多，學問也很相近啊！」

　　拜地位低的人為師，就覺得可恥，拜大官為師，又好像要去諂媚他。哎呀！由此可知，尊師重道的風氣是不能恢復了！

　　巫覡、醫師、樂工和各種匠人，是有道德學問的君子所瞧不起的，可是如今這些君子的智慧反而比不上他們，這不是很奇怪的事嗎？

　　聖人沒有一定的老師，孔子曾拜過郯子、萇弘、師襄、老聃這些人為師，其實郯子這些人，他們的學問還比不上孔子。但是孔子自己說道：「只要有三個人走在一起，其中一定有我的老師。」

　　所以學生不一定不如老師，做老師的也不一定都要比學生高明。只不過他們理解道術的時候有先後的差別，他們所研究的技術或學業也各有各的專門所在，就是如此而已。

　　李蟠這個青年人，只有十七歲，喜歡學古文，六經等書籍都學過了，他不為當前的歪風所感染，要來向我請教學問，我讚揚他能學習

古人的做法,因而作了這篇《師說》來送給他。

(周益忠/編寫整理)

論迎佛骨表
韓愈

背 景

　　佛學自東漢末年傳入，經禪宗這一轉變，已然完成其中國化。 不僅在思想上融進了中國文化的色彩，深植於詩人文士的血脈中； 在宗教方面，更普遍行於民間，影響了整個社會的風俗習向。 就是那些君主們，也都醉心於參禪禮佛，使得有唐一代成為佛教的國度，盛唐以後，更是禪宗的天下。

　　唐憲宗元和十四年（八一九），功德使曾上言鳳翔法門寺塔有釋迦牟尼佛的一節指骨，相傳三十年一開，開時歲豐人安。 於是憲宗命令中使杜英奇帶領宮臣三十人，拿著香花去迎接，放在宮中祭拜三天，然後再送到各寺廟供奉。 由於皇帝這樣鄭重虔誠，官吏百姓們更是瞻望施捨，唯恐不及，整個京城都轟動了。 有些人甚至為這事弄得破產廢業，燃香剌血。

　　當時韓愈做刑部侍郎，看到舉國瘋狂癡醉，只是為了一節枯朽指骨，便大為不滿，不禁牢騷激發，大膽地向憲宗奏了一份《論迎佛骨表》的疏諫。 此文正是他大聲疾呼的民族自救思潮——排佛運動的代表作，也是他一生苦患和奮鬥的精神指標。

影　響

　　韓愈這一呼聲，在佛教思想風靡的當代，的確是一記巨雷，激發哲學思潮回應了一股巨大浪花。孟子的距楊辟墨，董仲舒的罷黜百家，都在韓愈身上復活了。而儒家的思想，也由此登高一呼，從幾百年的沉睡中驚醒，展開那排山倒海的氣勢，貫注到宋明理學的薪傳中。

　　佛教叫人明心見性，義理雖然高超玄妙，但本質卻是出世的，非但無補於國計民生，且泯沒倫常社會，禁欲斷生。而要回返人生的正軌，唯有重振那明人倫、重世道、內聖外王、修己安人的儒家傳統精神。排佛的呼聲並非始自韓愈，但無疑，到韓愈才蔚成巨大的浪潮。而他的學生李翱，擷取佛學精華，建設儒家理論，使宋明理學家走上正確路線。宋明理學一面承襲韓愈的道統思想，一面依循李翱所闢的新路，融合在「靜則禪，動則儒」的境界中，而將人生解脫和社會事功調和起來。所以說，隋唐思想的扭轉與宋明理學的開展導引，《論迎佛骨表》當推首功。

原　文

　　臣某言，伏以佛者夷狄之一法耳。自後漢時流入中國，上古未嘗有也。昔者黃帝在位百年，年百一十歲；少昊在位八十年，年百歲；顓頊在位七十九年，年九十八歲；帝嚳在位七十年，年百五歲；帝堯在位九十八年，年百一十八歲；帝舜及禹年皆百歲[1]。此時天下太平，百姓安樂壽考。然而中國未有佛也。其後殷湯亦年百歲，湯孫太戊在

1「黃帝在位百年」二句：是《帝王世紀》之說，以下言少昊、顓頊等人亦同。

位七十五年,武丁在位五十九年,書史不言其年壽所極,推其年數,蓋亦俱不減百歲。周文王年九十七歲,武王年九十三歲,穆王在位百年。此時佛法亦未入中國,非因事佛而致然也。漢明帝時,始有佛法,明帝在位才十八年耳。其後亂亡相繼,運祚不長,宋齊梁陳元魏已下,事佛漸謹,年代尤促,惟梁武帝在位四十八年,前後三度捨身施佛,宗廟之祭,不用牲牢,晝日一食,止於菜果。其後竟為侯景所逼,餓死台城,國亦尋滅。事佛求福,乃更得禍。由此觀之,佛不足事,亦可知矣。

　　高祖始受隋禪,則議除之[2]。當時群臣材識不遠,不能深知先王之道,古今之宜,推闡聖明,以救斯弊,其事遂止。臣常恨焉。伏惟睿聖文武皇帝陛下,神聖英武,數千百年已來,未有倫比。即位之初,即不許度人為僧尼道士,又不許創立寺觀,臣常以為高祖之志必行於陛下之手,今縱未能即行,豈可恣之轉令盛也?

　　今聞陛下令群僧迎佛骨於鳳翔御樓以觀,舁入大內,又令諸寺遞迎供養,臣雖至愚,必知陛下不惑於佛,作此崇奉以祈福祥也。直以年豐人樂,徇人之心,為京都士庶設詭異之觀、戲玩之具耳。安有聖明若此而肯信此等事哉?然百姓愚冥,易惑難曉,苟見陛下如此,將謂真心事佛,皆云天子大聖,猶一心敬信,百姓何人,豈合更惜身命?焚頂燒指,百十為群,解衣散錢,自朝至暮,轉相仿效,惟恐後時,老少奔波,棄其業次。若不即加禁遏,更歷諸寺,必有斷臂臠身以為供養者,傷風敗俗,傳笑四方,非細事也。

---

[2]「高祖始受隋禪」二句:唐武德九年(六二六)四月,高祖詔有司沙汰天下僧尼道士、女冠。

夫佛本夷狄之人，與中國言語不通，衣服殊制，口不言先王之法言，身不服先王之法服，不知君臣之義、父子之情[3]。假如其身至今尚在，奉其國命，來朝京師。陛下容而接之，不過宣政一見、禮賓一設、賜衣一襲、衛而出之於境，不令惑眾也。況其身死已久，枯朽之骨，凶穢之餘，豈宜令入宮禁？孔子曰：「敬鬼神而遠之。」古之諸侯行吊於其國，尚令巫祝先以桃茢祓除不祥，然後進吊[4]。今無故取朽穢之物，親臨觀之，巫祝不先，桃茢不用，群臣不言其非，御史不舉其失，臣實恥之。乞以此骨付之有司，投諸水火，永絕根本，斷天下之疑，絕後代之惑，使天下之人知大聖人之所作為出於尋常萬萬也。豈不盛哉！豈不快哉！佛如有靈，能作禍祟，凡有殃咎，宜加臣身，上天鑒臨，臣不怨悔，無任感激懇悃之至。謹奉表以聞，臣某誠惶誠恐。

《昌黎先生集》

譯　文

　　臣韓愈上奏言道：我認為佛法不過是外國的一種宗教而已，東漢時才傳入中國，上古時從未有所謂佛教。以前黃帝在位達百年之久，享壽有一百一十歲；少昊氏在位八十年，享壽也有一百歲；顓頊在位七十九年，享壽有九十八歲；帝嚳在位七十年，享壽一百零五歲；帝

---

3 佛本夷狄之人：按，佛祖釋迦牟尼本為印度之王子。中國稱四邊之人為夷狄。
4 以桃茢祓除不祥：《禮記》：「君臨臣喪，以巫祝桃茢執戈。惡之也。」注：「桃，鬼所惡，茢，葦苕，可掃不祥。」《左傳・襄公二十九年》：「楚人使公親襚。公患之。穆叔曰：『祓殯而襚，則布幣也。』乃使巫以桃茢先祓殯。楚人弗禁。既而悔之。」按：死者衣衾為襚，又作禭。

堯在位九十八年，享壽達一百一十八歲；帝舜和大禹亦皆享壽百歲。當時天下太平，百姓安居樂業，也都能享高壽。但是當時中國並沒聽說有佛教。後來商湯也有百歲的高齡，商湯的孫子太戊在位則有七十五年，武丁在位則達五十九年，史書並沒提到他們的年紀到底多大，但是由他們在位年數來推斷，也應不少於百歲。周文王年紀有九十七歲，武王有九十三歲，穆王在位也有百年之久。當時佛教也還沒傳到中國，可見他們並非是信仰佛教才如此的。

　　到了漢明帝時才有佛法，但是明帝在位才十八年而已。之後中國敗亂滅亡相繼而生，國祚都不長久。到了南北朝以後，事奉佛教日漸恭敬，而他們的年代尤其短促，只有梁武帝在位有四十八年之久，他曾前後三次捨身施佛，而且祭祀宗廟時，也不用傳統的犧牲太牢，以避免殺生，一天才吃一頓飯，而且僅止於蔬菜水果。如此誠懇地事佛，最後竟然為侯景所逼，餓死於台城，而國家也就接著滅亡了。事奉佛法為了求福，卻反而招來禍患。由此看來，佛教並沒什麼好事奉的，這是很明顯的了！

　　我們高祖繼承隋朝而有了天下，曾經下詔要去掉和尚、尼姑、道士等。只可惜當時的大臣們才慧識見不夠，不能深明先王的深意，以及歷史的法則，進而推廣先皇的聖德，來拯救時弊，因而這件事才不能實行。我常以此為憾。事實上陛下聰明睿智，文武兼備，是幾千年來沒有人可以比得上的。在位之初，即已下令不許將普通百姓度化為和尚、尼姑、道士，又不允許建立寺廟道觀。我常認為當年高祖所沒辦法達成的志向，將可在皇上的手中完成。到了現在縱使不能依法實行，怎可放任他們，使佛道更加興盛呢？

現在我聽說皇上你命令許多和尚到鳳翔去迎接佛骨，迎回宮殿之內，並且又命令各佛寺按照次序加以供養。我雖很愚昧，卻也能肯定陛下一定不會迷惑於佛法，而加以供奉以祈求福壽。只是因為年歲收成好，人們安居樂業，因此應人民的需求，為京城的世族百姓陳設奇詭怪異的表演，以滿足人們好奇愛樂的方法罷了。怎麼可能說有如此神明、英明的天子，而肯相信這種愚昧的事情呢？但是百姓愚笨冥頑，易於被迷惑，他們假使看到皇上如此做，一定認為皇上你是真心來禮敬佛祖，都會說天子聖明，猶且虔誠地敬奉，我們百姓算什麼？怎可愛惜自身而不肯為佛道犧牲？到時必定不惜犧牲身軀，一群人接一群人地拿出衣物、捐出金錢，由早到晚不停地供奉，唯恐落後於人。全國上下不管男女老少，大家疲於奔命，放棄正業，只為供奉佛祖，假若不加以禁止，將來各寺廟必定有不惜砍斷身軀手臂以供養佛祖的，這樣的傷風敗俗必貽笑四方，這實在是非同小可呀！

佛祖本為外國人，跟我中國言語不能相通，所穿的衣服也不一樣。他們口不能說我先哲的大道，身又不穿我先聖王住持所制的禮服，不知道有所謂君上臣下的道義，及父慈子孝的感情。假如現在他還活在人間，被派遣來我國觀見皇上，皇上若要接見他，不過見他一面，設置禮賓招待，賜他衣物，保護他離開國境，而且不讓他來迷惑國人。何況現在他早已經死了，已經枯槁的骨頭，又髒亂又不祥，怎可讓他出入宮廷之內。孔子有言：「尊敬鬼神，可是仍要保持距離。」古時諸侯在國內舉行弔祭儀式時，尚且要先請巫師先以桃符等來驅除不祥，才可以弔喪。如今竟無緣無故拿來這已腐朽汙穢的東西，而且親自去觀看，也沒有請巫祝先用桃符來去除不祥。大臣們也

不指責皇帝的過失，而御史們也不加以糾舉。我實在為此感到難過。我希望皇上能將這骨頭交給屬下那些官吏燒毀，以便永絕禍患，使得天下人不再迷惑於此，更可讓普天之下所有的人都知道聖王的所作所為超乎平常人實在太多了。這難道不是一件不朽的盛事嗎？不是一件大快人心的事嗎？假若佛祖果真能夠顯靈，能降災害給人，那麼所有的禍患，都在我身上，由我一人承擔，明明上天可以作證，我永遠不後悔。只希望皇上能接納我的意見，我實在感激不盡，我非常地惶恐。

（周益忠、沈寶春／編寫整理）

平淮西碑
韓愈

背景

唐憲宗時武功頗盛,號稱「中興」。平夏、平蜀、平江東,尤以平淮西最值得大書特書。

元和九年(八一四),彰義節度使吳少陽卒,其子元濟攝蔡州刺史,隱匿喪訊,自領軍務,上表請求主掌兵權。憲宗不許,於是吳元濟發兵四出,屠燒舞陽、葉城,進掠魯山、襄城,關東震駭。淮西節度使傳三姓四將,都不受朝廷指揮,且兵利卒頑,防備堅強,更是朝廷亟欲剷除的內患。

後經李愬、裴度、李光顏、李祐、李忠義諸將的謀猷征伐,奇計偷襲,轉戰四年,於元和十二年(八一七)擒元濟送京師,大封功臣。

淮西既平,群臣請刻石紀功,明示天下,為將來法式。韓愈奉旨撰寫,這在韓愈所撰眾碑文中,既是最重要的一篇,也是最慘澹經營的一篇。它非但是多少文人學士拭目以待、先睹為快的作品,同時也是攸關古文運動成敗的關鍵所在。

正因為如此,韓愈撰寫《平淮西碑》時,文長不足一千五百字,卻歷時將近兩個半月才定稿,可見他的誠惶誠恐,濡染大筆時的謹慎用力。此文一出,其生動雄渾的文字,真可說是擲地作金石聲。

影響

　　《東坡題跋》曾載有一首不知作者的七絕：「淮西功業冠吾唐，吏部文章日月光。千載斷碑人膾炙，不知世有段文昌。」講的就是本文引起的一段公案：韓愈《平淮西碑》刻石之後，有人向憲宗進言，認為內容捧裴度而抑李愬，有失公正。於是憲宗下詔磨去韓碑，另命翰林學士段文昌重撰一篇。但段文通體駢偶，廣用典故，畢竟不如韓文氣勢雄奇與節奏流動，無怪乎後人又磨去段文，重刻韓文。

　　碑文這種文體，以典雅莊重為主，這也是駢體文的特色，連柳宗元撰寫碑類文字，也不能免俗，通篇偶句，堆砌典故。韓愈獨不然，大膽地以所宣導的古文向碑類文體進軍，不乞助駢儷典故，不雕琢堆砌，而仍保有碑文典雅莊重的格調。此舉無疑是個關鍵性的嘗試，成功的話，無異摧毀了駢文的最後根據地；失敗呢，那就表示古文不能完全替代駢文了。《平淮西碑》正代表此種成敗拉鋸戰中最重要的一篇。《平淮西碑》的成功，象徵著韓愈以古文向碑銘進軍的勝利，對整個古文運動來說，影響是重大的。所以李漢說：「先生於文，摧陷廓清之功，比於武事，可謂雄偉不常者矣！」

原文

　　天以唐克尚其德，聖子神孫，繼繼承承，於千萬年。敬戒不怠，全付所覆，四海九州，罔有內外，悉祖悉臣。高祖太宗，既除既治；高宗中睿，休養生息；至於玄宗，受報收功，極熾而豐，物眾地大，孽牙其間。肅宗代宗，德祖順考，以勤以容，大慝適去，稂莠不薅，

相臣將臣，文恬武嬉，習熟見聞，以為當然[1]。睿聖文武皇帝，既受群臣朝，乃考圖數貢[2]。曰：嗚呼！天既全付予有家，今傳次在予，予不能事事，其何以見於郊廟？群臣震慴，奔走率職。明年，平夏。又明年，平蜀。又明年，平江東。又明年，平澤潞，遂定易定。致魏博貝衛澶相，無不從志。皇帝曰，不可究武，予其少息。九年，蔡將死，蔡人立其子元濟以請，不許。遂燒舞陽，犯葉襄城，以動東都，放兵四劫。皇帝歷問於朝，一二臣外，皆曰：蔡帥之不廷授，於今五十年，傳三姓四將[3]。其樹本堅，兵利卒頑，不與他等，因撫而有，順且無事。大官臆決唱聲，萬口和附，並為一談，牢不可破。皇帝曰：惟天惟祖宗所以付任予者。庶其在此，予何敢不力。況一二臣同，不為無助。

曰：光顏！汝為陳許帥。維是河東魏博郃陽三軍之在行者，汝皆將之，曰：重胤！汝故有河陽懷，今益以汝。維是朔方義成陝益鳳翔延慶七軍之在行者，汝皆將之。曰：弘汝！以卒萬二千屬而子公武往討之。曰：文通！汝守壽。維是宣武淮南宣歙浙西四軍之行於壽者，汝皆將之。曰：道古！汝其觀察鄂岳。曰：愬！汝帥唐鄧隨，各以其兵進戰。曰：度！汝長御史，其往視師。曰：度！惟汝予同。汝遂相予，以賞罰用命不用命。曰：弘汝！其以節都統諸軍。曰：守謙！汝出入左右，汝惟近臣，其往撫師。曰：度！汝其

---

1 大懟：指安祿山、史思明輩。
2 考圖數貢：據《唐會要》諸州圖，每三年一選職方。建中元年（七八〇），改五年一選。
3 三姓四將：唐寶應元年（七六二）十月，以李忠臣為淮西節度使也，貞元二年（七八六）四月以陳奇，十月以吳少誠為之，是為三姓；大曆十四年（七七九）三月，忠臣為其將李希烈所逐，自為節度，忠臣、希烈、少誠、少陽，是為四將。

往,衣服飲食予士,無寒無饑。以既厥事,遂生蔡人,賜汝節斧、通天禦帶、衛卒三百。凡茲廷臣,汝擇自從,惟其賢能,無憚大吏。庚申,予其臨門送汝。曰:御史!予閔士大夫戰甚苦,自今以往,非郊廟祠祀,其無用樂。

顏胤武合攻其北,大戰十六,得柵城縣二十三,降人卒四萬。道古攻其東南,八戰,降萬三千,再入申,破其外城。文通戰其東,十餘遇,降萬二千。愬入其西,得賊將,輒釋不殺。用其策,戰比有功。十二年八月,丞相度至師。都統弘責戰益急,顏胤武合戰益用命,元濟盡並其眾洄曲以備。十月壬申,愬用所得賊將,自文城因天大雪疾馳百二十里,用夜半到蔡,破其門。取元濟以獻,盡得其屬人卒。辛巳,丞相度入蔡,以皇帝命赦其人。淮西平,大饗賚功,師還之日,因以其食賜蔡人。凡蔡卒三萬五千,其不樂為兵願歸為農者十九,悉縱之,斬元濟京師。冊功,弘加侍中,愬為左僕射,帥山南東道。顏胤皆加司空,公武以散騎常侍帥鄜坊丹延。道古進大夫,文通加散騎常侍。丞相度朝京師,道封晉國公。進階金紫光祿大夫,以舊官相。而以其副摠為工部尚書,領蔡任。既還奏,群臣請紀聖功,被之金石,皇帝以命臣愈,臣愈再拜稽首而獻文曰:

唐承天命,遂臣萬邦。孰居近土,襲盜以狂。往在玄宗,崇極而圮。河北悍驕,河南附起。四聖不宥,屢興師征。有不能克,益戍以兵。夫耕不食,婦織不裳。輸之以車,為卒賜糧。外多失朝,曠不嶽狩。百隸怠官,事亡其舊。帝時繼位,顧瞻諮嗟。惟汝文武,孰恤予家。既斬吳蜀,旋取山東。魏將首義,六州降從。唯蔡不順,自以為

強。提兵叫讙，欲事故常。始命討之，遂連奸鄰。陰遣刺客，來賊相臣。方戰未利，內驚京師。群公上言，莫若惠來。帝為不聞，與神為謀。乃相同德，以訖天誅[4]。乃敕顏胤，愬武古通。咸統於弘，各奏汝功。三方分攻，五萬其師。大軍北乘，厥數倍之。常兵時曲，軍士蠢蠢。既翦凌雲，蔡卒大窘。勝之邵陵，鄆城來降。自夏入秋，復屯相望。兵頓不勵，告功不時。帝哀征夫，命相往釐。士飽而歌，馬騰於槽。試之新城，賊遇敗逃。盡抽其有，聚以防我。西師躍入，道無留者。額額蔡城，其疆千里。既入而有，莫不順俟。帝有恩言，相度來宣。誅止其魁，釋其下人。蔡之卒夫，投甲呼舞。蔡之婦女，迎門笑語。蔡人告饑，船粟往哺。蔡人告寒，賜以繒布。始時蔡人，禁不往來。今相從戲，裡門夜開。始時蔡人，進戰退戮。今旰而起，左饗右粥。為之擇人，以收餘憊。選吏賜牛，教而不稅。蔡人有言，始迷不知，今乃大覺，羞前之為。蔡人有言，天子明聖，不順族誅，順保性命。汝不吾信，視此蔡方。孰為不順，往斧其吭。凡叛有數，聲勢相倚，吾強不支，汝弱奚恃。其告而長，而父而兄，奔走偕來，同我太平。淮蔡為亂，天子伐之。既伐而饑，天子活之。始議伐蔡，卿士莫隨。既伐四年，小大並疑。不赦不疑，由天子明。凡此蔡功，惟斷乃成。既定淮蔡，四夷畢來。遂開明堂，坐以治之。

《昌黎先生集》

---

4 乃相同德：指憲宗與裴度同心協力。

譯 文

上天認為大唐的子民若能發揚他的意旨,因而就讓他的子孫繼承他的大業,可以永遠享用達千萬年之久,而大唐的百姓也恭敬謹慎,不敢懈怠,因而四海之內、九州之中,君臣上下,大家一心一德。高祖、太宗之時除舊佈新、規模井然,其後高宗、中宗及睿宗時候,更是百姓休養、萬物生息。到了玄宗可說是集大成之時,物阜民豐,國勢更是極其強大。晚年雖有奸惡之輩叛亂,但是到了肅宗、代宗時,能秉承祖宗之遺志,勤勞之外更能包容,軟硬兼施,終於把大惡除去,但是還有一些遺孽尚未肅清,而文武百官,對於戰亂卻因司空見慣,不但不以為意,甚至還終日嬉遊,使得賊人日益坐大。

直到當今皇上即位後,因翻閱宇內地圖,看後感歎地說道:「唉,上天降大德於我唐朝,傳到我手上了,我卻不能把國事做好,把亂事平定,將來何以到陰間去見列祖列宗?」因而所有的臣下都震駭驚恐,戰戰兢兢,努力以赴。所以第二年即元和元年(八〇六)就平定了夏綏銀節度留後楊惠琳的亂事。再一年,又平定了劍南節度留後劉辟的亂事。再一年,則平定了鎮海節度使李錡的造反。再一年,又平定澤潞義武節度使張茂昭,因將易、定二州交還政府。又收回了魏博節度使所管轄的六州。

這些州郡,無不服心,因而皇上認為不宜大動干戈。但是元和九年(八一四)彰義節度使吳少陽卒,他的子嗣吳元濟請求接掌大權,但是皇帝不許,所以吳元濟就燒毀舞陽城,進犯葉襄城,因而驚動了京都。又進而放縱兵士,四處搶劫。皇帝遍問於朝中,除一兩位大臣外,都認為不可以討伐,認為淮西將帥不聽命於朝至今已五十年了,

歷經李忠臣、李希烈、陳奇、吳少誠等將領。他的根基本就很堅固，武器銳利，兵士頑強，跟其他州郡大不相同，假若加以安撫，就會歸順，且不會惹是生非。所有大官們都任意猜度，大家異口同聲，相互唱和，因而混淆視聽，幾乎無法辯駁。皇帝則說道：「這是上天及列祖列宗所交付給我的責任，我怎可以不努力以付，討平賊人？更何況有一二大臣也跟我有一樣的想法，應該還有可為。」於是就命令臣下前往征討。

首先命令陳州刺史李光顏為忠武節度使，率領陳、許二地的軍隊。而且河東、魏博、郃陽三地的軍隊前往征討，都由光顏掌管。又命令河陽節度使烏重胤為河陽懷汝節度使，並且帶領朔方、義成、陝益、鳳翔、延慶等地參加征討的軍隊。又下令宜陽節度使韓弘為淮西諸軍都統，並且派遣韓公武的兵士一萬二千人配合，一道前往征討，並且命令左金吾大將軍李文通守衛壽州。而且宣武、淮南、宣歙、浙西四處之軍隊到達壽州者，皆由文通帶領。並且命令黔州觀察使李道古為鄂岳觀察使，命令木子詹事李愬為唐鄧隨觀察使，率領當地的軍隊。各率所屬的軍隊，前往進攻。又命令裴度說道：「你是御史中丞，前往觀察軍隊。」又說道：「裴度，只有你肯支持我的計畫，我以你為宰相，以便獎賞那些努力以赴，和處罰那些不全力應戰者。」又命令韓弘說道：「你以宣統節度使的身份統領各軍。」又對梁守謙說道：「你一向是我的左右親信大臣，派你出去當監軍。」又對裴度說道：「你前往觀察看看士兵的衣服飲食是否都很正常，不要讓他們挨饑受凍了。事情若完成了，可不要殺害蔡州百姓，給他們生路。並且賜你符節、犀帶及神策軍三百人當衛從。凡此朝廷大臣，你可任意加

以選擇,只要賢能者即可,不要畏懼那些官位大的人。」到了庚申日,我親自到通化門送你前行。」又對他說道:「我體恤大夫前往征戰,非常辛苦。從今以後,假若不是國家宗廟祭祀大典,不可以有音樂。」

部署好了之後,李光顏、烏重胤、韓公武三人聯手攻打蔡州之北,大戰十六次之多,所攻下大小城池也有二十三座,投降的百姓兵士更是多達四萬人。而李道古攻打東南方,總共打了八次仗後,也降服了一萬三千人。並且攻入申州,擊破其外城。李文通則在東方應戰,與賊人交戰了十餘次,降服了一萬二千人。李愬攻入城西,擄到賊人將領,往往加以開釋,不隨意殺戮。用了這種策略,只要交戰,皆有戰功。

元和十二年(八一七)八月,丞相裴度到了軍中,宣武節度使韓弘要求出戰更加急迫,而李光顏、烏重胤、韓公武會師之後,更加賣命地要出征,吳元濟只好將其徒眾聚集在一起,負隅以抗。到了十月中,李愬以所降服的賊將,冒著下大雪的天氣,由汝寧府的文城柵急馳一百二十里,夜半攻到蔡州,直破蔡州城門,拿下賊首吳元濟以獻給皇上,並且將其部屬人馬都降服了。

到了辛巳日,裴度丞相也進入蔡州。奉皇帝的命令放免其百姓,並且大加犒賞有功人員。並且在還師之日,將糧食賜予蔡州饑寒的百姓。蔡州人被逼為兵士者共有三萬五千人,當中不樂意當兵而願意解甲歸田的占到十分之九,對於這些人全部加以釋放,並且在京師將元兇吳元濟斬首以示眾。因此論功行賞。韓弘加封侍中之職,李愬為尚書左僕射,充當山東東道節度使,李光顏、烏重胤皆加上檢校司空的職位,韓公武為檢校左散騎常侍、鄜州刺史、鄜坊丹延騎度使。李

道古由中丞晉封為大夫，李文通由團練使加封為散騎常侍。丞相裴度班師回朝，尚未下馬，在道途中就被封為晉國公，食邑三千戶，並且晉職為金紫光祿大夫，仍賜上柱國，而且封其助手馬摠為檢校工部尚書，並且任蔡州刺史。既已還京呈奏皇上，眾大臣們因請求記錄此一聖武的大官，要刻在金石之上以垂永久，皇帝將它交代給韓愈我來做，我推辭再三後，只得答應獻上了這篇碑文：

　　偉大的唐朝承繼著天命，因而平定了天下。然而近世以來，盜寇往往趁機而起，狂妄無知。以前在玄宗天寶年間，天下居然盛極而衰。先有安史之亂，平定後，河北、河南卻仍戰亂不休。

　　肅宗、代宗、德宗、順宗等皇帝屢次派兵前往征討。然而戰事往往不能如意，只好派遣更多兵馬來防衛。丈夫雖耕種也不得食，婦女雖織布也不得穿！全都轉嫁到兵車上了，只有兵士才能分配到糧食。在外藩鎮多不來朝覲，天子也無法四處去巡狩。而官吏往往怠忽職守，國事也就大不如前了。

　　今上即位，詳查宇內一番後感歎地說道：你們這些文武百官，誰能為我大唐著想呢？因而平定了吳蜀叛將，又收回了山東。魏博的將領率先求歸順，其他六州也都降服了。只有蔡州不肯順從，仗恃自己兵強馬壯，出兵前來挑釁，想要享受藩鎮既得的利益。

　　於是皇上下令征討，而蔡州也勾結一些奸邪之輩，暗中派遣刺客，前來暗殺宰相武元衡。初時討伐並不順利，因而驚動了京城各地。大臣們又紛紛上言，認為不如加以安撫。皇帝仍堅持己見，並且禱告神明，而宰相裴度也同心同德，決心加以誅討。於是命令李光

顏、烏重胤、李愬、韓公武、李道古、李文通等，由韓弘為都統統率各軍，各就其位，分三路進攻蔡州，軍士有五萬人之多，而進攻北方的大軍，人數更在一倍以上。

元和十年（八一五）五月李光顏大破賊兵於東州的時曲，軍心大振，而後又攻下凌雲柵，蔡州的兵馬因而窮途末路了，又在郾城的召陵大敗敵軍，郾城守將也就來投降。由夏天轉入秋涼之後，戰事卻不太順利。皇帝哀憫征夫的辛苦，要宰相裴度前往慰勞。兵士因而歡呼歌唱，馬匹也精神抖擻。於是重整旗鼓在郾城的新寨，使得敵軍抱頭鼠竄。

敵軍在北方屯駐重兵來防衛我軍，我軍卻由西方乘虛而入，攻其不備。可愛的蔡州啊！它的疆域有千里之大。收復之後，沒有不順從的。皇帝又下令恩賜蔡州，要宰相裴度宣佈：誅殺的對象只是元兇巨惡，底下百姓兵士，一概寬赦。於是蔡州的兵士，都棄置盔甲，歡呼歌舞。蔡州的婦女們都在巷弄前歡笑不已。蔡州百姓飢餓了，就載米糧前去；蔡州百姓寒冷了，就贈送衣服布匹。

當初蔡州人被禁不得與人交往，現在則解禁連夜晚都可以活動了。當時蔡州人時時要備戰，現在則可以高枕無憂，飽食終日了。因而為他們選擇官吏，以收攬人心，重新整頓，又賜他們耕牛，加以開導，並且減免稅收。蔡州人都認為以前迷惑無知，而現在覺悟到以前的不對。

蔡州人也說，皇上聖明，叛逆的被誅殺，順從的可以安保。假若不相信的話，到蔡州一看就明白了。誰敢再叛逆的話，必遭斧鉞的誅討。凡是叛變者，必定相互勾結以壯聲勢，我們蔡州這樣強大都不行

了,其他州郡又怎可叛變?轉告大家的父兄長輩,大家一起來歸順,同享太平。淮西蔡州大饑,天子又能加以撫恤。當初提議討伐蔡州,大臣們都反對,討伐四年之間,大小百官都起了疑心,只有天子聖明,不寬赦元兇,也不懷疑征討的功效。這次討伐蔡州的大功,實在是由於天子的果斷才完成的。既平定淮西蔡州之後,四方夷狄都前來朝貢,於是天子坐在明堂之上,可以安心地處理國事了。

(周益忠、沈寶春／編寫整理)

封建論
柳宗元

柳宗元(七七三一八一九),字子厚,唐河東解縣(今山西運城市西南)人。生於長安,卒於柳州。他年少聰明卓犖。二十一歲中進士。仕宦後,以坐王叔文黨被貶為邵州刺史,又貶為永州司馬,元和十年(八一五)三月再遷柳州刺史,有善政,為文益精進,世人因號其為柳柳州。韓愈提倡古文運動,唐代能與之並趨者唯柳宗元,故二人並稱「韓柳」。柳文以在永州所作之遊記為世所好,蓋得於山水之助者。

柳宗元像

背景

中國封建制度,相傳自黃帝畫野分州,得到百里之國一萬多個開始。周代定公、侯、伯、子、男五等爵位,裂土分封,制度最為完備。到秦始皇統一天下,怕諸侯割據造反,於是廢封建、置郡縣,鞏固中央集權。漢初封建、郡縣並用,這以後封建屢興屢廢,直到唐代。

貞觀初,唐太宗與名臣蕭瑀等議封建事,想跟三代比靈斯,子孫

長久，社稷永安。魏徵以唐承大亂，人民凋喪，剛恢復生聚，不宜瓜分；李百藥謂帝王命曆，自有短長，不是因為封建的緣故；顏師古獨議建諸侯，但應當削弱諸侯權力，與州縣離治，相互扶持……聚訟紛紜，終無定論，自後罷而不議。

武后稱帝僭號，轉移唐祚後，封建之說復起。安史之亂，賊寇長驅兩京，如入無人之境，哥舒翰二十萬軍，不堪一擊。藩鎮坐大，雖為朝廷命官，實際上跟封建諸侯沒有差別，逐漸成為朝廷的大威脅。

《封建論》即根據這種歷史淵源和時代環境，極論封建制度的缺失，大力抨擊當時藩鎮割據的局面，為政治體系開創另一番清新風貌。換言之，這篇文章對此後千餘年政治體制起了一錘定音的作用。

影響

就文章本身說，大家都知道柳宗元的寓言及山水遊記是古文中的二絕，但不知他的議論文章也屬舉世無雙的佳作。此文探原立論，具有嚴密詳盡的邏輯性；借古喻今，斥責當世門閥世族的腐敗勢力，有力地抨擊了藩鎮割據的局面，筆鋒銳利，發前人所未發，閃現著他那踔厲風發的思想光輝，為後代帶有強烈批判性的諷刺散文奠定了基礎。唐末五代的皮日休、陸龜蒙、羅隱，宋代的歐陽修、蘇軾，乃至清代的姚鼐……無不受柳宗元散文的深刻影響。

唐代論封建諸學者中，如蕭瑀、魏徵、李百藥、顏師古、長孫無忌、房玄齡、劉敬、朱敬則等人，雖各有所見，但都未能探溯本源，據古驗今，而測知世變的根由。唯宗元縱觀時局，淹貫古今，反覆論證，自為通識。無怪乎蘇軾在《志林》中要說：「宗元之論出，而諸

子之論廢矣！雖聖人復起，不能易也。」其文集反對封建論的大成，並為後代郡縣體系的完成，豎立起通達時宜的指標。後人論封建事宜，無不受此文影響。有人推許此文為韓愈所不能及，實非過論。

原 文

　　天地果無初乎？吾不得而知之也。生人果有初乎[1]？吾不得而知之也。然則孰為近？曰：有初為近。孰明之？由封建而明之也。彼封建者，更古聖王堯舜禹湯文武而莫能去之；蓋非不欲去之也，勢不可也。勢之成，其生人之初乎？不初，無以有封建。封建，非聖人意也。

　　彼其初與萬物皆生。草木榛榛，鹿豕狉狉，人不能搏噬，而且無毛羽，莫克自奉自衛；荀卿有言，必將假物以為用者也[2]。夫假物者必爭，爭而不已，必就其能斷曲直者而聽命焉。其智而明者，所伏必眾。告之以直而不改，必痛之而後畏，由是君長刑政生焉。故近者聚而為群。群之分，其爭必大，大而後有兵。有德又有大者，眾群之長又就而聽命焉，以安其屬。於是有諸侯之列，則其爭又有大者焉。德又大者，諸侯之列又就而聽命焉，以安其封。於是有方伯、連帥之類，則其爭又有大者焉[3]。德又大者，方伯、連帥之類又就而聽命焉，以安其人。然後天下會於一。是故有里胥而後有縣大夫，有縣大夫而

---

1 生人：即生民，因柳宗元為唐人，避唐太宗李世民之諱，故改稱生人。
2 荀卿有言：《荀子・天論》：「裁非其類以養其類。」又《勸學篇》：「君子生非異也，善假於物也。」
3 方伯、連帥：為諸侯之領袖。《禮記・王制》：「千里之外，設方伯：五國以為屬，屬有長；十國以為連，連有帥；三十國以為卒，卒有正；二百一十國以為州，州有伯。」

後有諸侯，有諸侯而後有方伯、連帥，有方伯、連帥而後有天子。自天子至於里胥，其德在人者，死必求其嗣而奉之。故封建，非聖人意也，勢也。

夫堯舜禹湯之事遠矣，及有周而甚詳。周有天下，裂土田而瓜分之，設五等邦，群後布履星羅，四周於天下，輪運而輻集。合為朝覲會同，離為守臣扞城[4]。然而降於夷王，害禮傷尊，下堂而迎覲者。歷於宣王，挾中興復古之德，雄南征北伐之威，卒不能定魯侯之嗣[5]。陵夷迄於幽厲王室東徙，而自列為諸侯矣。厥後問鼎之輕重者有之，射王中肩者有之，伐凡伯、誅萇弘者有之。天下乖戾，無君君之心。余以為周之喪久矣，徒建空名於公侯之上耳。得非諸侯之盛強，末大不掉之咎歟？遂判為十二，合為七國，威分於陪臣之邦，國殄於後封之秦[6]。則周之敗端，其在乎此矣。

秦有天下，裂都會而為之郡邑，廢侯衛而為之守宰，據天下之雄圖，都六合之上游，攝製四海，運於掌握之內，此其所以為得也。不數載而天下大壞，其有由矣。亟役萬人，暴其威刑，竭其貨賄。負鋤梃謫戍之徒，圜視而合從，大呼而成群。時則有叛人，而無叛吏；人怨於下，而吏畏於上，天下相合，殺守劫令而並起。咎在人怨，非郡邑之制失也。

---

4 朝覲會同：《周禮・春官》：「春見曰朝，夏見曰宗，秋見曰覲，冬見曰遇，時見曰會，殷（眾）見曰同。」
5 不能定魯侯之嗣：魯武公攜長子括、少子戲見宣王，宣王愛戲，以戲為魯世子。樊仲山父以此為諫，王不聽，其後戲繼武公即位而為懿公。魯人殺戲，立括之子伯禦，宣王伐魯，殺伯御，立戲之弟稱，為孝公。諸侯以此不睦於周室。
6 陪臣：諸侯之卿大夫對天子自稱為陪臣。田氏本齊卿，後篡姜氏之齊，韓趙魏本晉卿，其後三家瓜分姬氏之晉。

漢有天下，矯秦之枉，徇周之制，剖海內而立宗子，封功臣。數年之間，奔命扶傷而不暇。困平城，病流矢，陵遲不救者三代[7]。後乃謀臣獻畫，而離削自守矣[8]。然而封建之始，郡國居半，時則有叛國而無叛郡。秦制之得，亦以明矣。繼漢而帝者，雖百代可知也。

唐興，制州邑，立守宰，此其所以為宜也。然猶桀猾時起，虐害方域者，失不在於州而在於兵。時則有叛將而無叛州，州縣之設，固不可革也。

或者曰：「封建者必私其土，子其人，適其俗，修其理，施化易也。守宰者，茍其心，思遷其秩而已，何能理乎？」余又非之。

周之事蹟，斷可見矣：列侯驕盈，黷貨事戎，大凡亂國多，理國寡。侯伯不得變其政，天子不得變其君。私土子人者，百不有一。失在於制，不在於政，周事然也。

秦之事蹟，亦斷可見矣：有理人之制，而不委郡邑是矣；有理人之臣，而不使守宰是矣。郡邑不得正其制，守宰不得行其理，酷刑苦役，而萬人側目。失在於政，不在於制，秦事然也。

漢興，天子之政，行於郡，不行於國；制其守宰，不制其侯王。侯王雖亂，不可變也；國人雖病，不可除也。及夫大逆不道，然後掩捕而遷之，勒兵而夷之耳。大逆未彰，奸利浚財，怙勢作威，大刻於民者，無如之何。及夫郡邑，可謂理且安矣。何以言之？且漢知孟舒於田叔，得魏尚於馮唐，聞黃霸之明審，睹汲黯之簡靖，拜之

---

[7] 困平城，病流矢：漢高祖討韓王信時為匈奴圍困於平城之白登山達七日之久。討伐淮南王英布時中流矢而還，因病而駕崩。
[8] 離削自守：周亞夫平吳楚七國之亂，諸侯勢力削弱，僅足自守。

可也，復其位可也，臥而委之以輯一方可也⁹。有罪得以黜，有能得以賞。朝拜而不道，夕斥之矣；夕受而不法，朝斥之矣。設使漢室盡城邑而侯王之，縱令其亂人，戚之而已。孟舒魏尚之術莫得而施，黃霸汲黯之化莫得而行。明譴而導之，拜受而退已違矣。下令而削之，締交合從之謀周於同列，則相顧裂眥，勃然而起。幸而不起，則削其半；削其半，民猶瘁矣，曷若舉而移之以全其人乎？漢事然也。

今國家盡制郡邑，連置守宰，其不可變也固矣。善制兵，謹擇守，則理平矣。

或者又曰：「夏商周漢封建而延，秦郡邑而促。」尤非所謂知理者也。魏之承漢也，封爵猶建；晉之承魏也，因循不革。而二姓陵替，不聞延祚¹⁰。今矯而變之，垂二百祀，大業彌固，何係於諸侯哉？

或者又以為殷周聖王也，而不革其制，固不當覆議也。是大不然。夫殷周之不革者，是不得已也。蓋以諸侯歸殷者三千焉，資以黜夏，湯不得而廢¹¹。歸周者八百焉，資以勝殷，武王不得而易。徇之以為安，仍之以為俗，湯武之所不得已也。夫不得已，非公之大者也，私其力於己也，私其衛於子孫也。秦之所以革之者，其為制，公之大者也；其情，私也，私其一己之威也，私其盡臣畜於我也。然而公天下之端自秦始。

---

9 漢知孟舒於田叔：《漢書・田叔傳》：「文立帝，召叔問曰：『公知天下長者乎？』叔曰：『故雲中守孟舒，長者也。』」時孟舒以匈奴大舉入侵而去官，因田叔之言乃得復為雲中太守。田叔為趙郡陘城人，任漢中太守，以忠直名。「得魏尚於馮唐：馮唐言於文帝：「陛下雖有廉頗、李牧不能用也。」文帝問其故，馮唐因言魏尚之事，於是文帝復以魏尚為雲中守。
10 二姓陵替：曹魏及司馬晉皆行封建，然魏不過四十七年，晉不過五十二年而亡。
11 諸侯歸殷者：《文獻通考・封建考》：「塗山之會，諸侯執玉帛者萬國。及其衰也，遭桀行暴，諸侯相兼，逮湯受命，其能存者三千餘國。」

夫天下之道，理安斯得人者也。使賢者居上，不肖者居下，而後可以理安。今夫封建者，繼世而理；繼世而理者，上果賢乎？下果不肖乎？則生人之理亂，未可知也。將欲利其社稷，以一其人之視聽，則又有世大夫，世食祿邑，以盡其封略。聖賢生於其時，亦無以立於天下，封建者為之也，豈聖人之制使至於是乎？吾固曰：非聖人之意也，勢也。

《柳河東集》

譯 文

天地難道沒有一個源起嗎？這是我所不瞭解的。百姓是否有一源起呢？我也不瞭解。然則哪一樣比較合乎史實？應該是有一源起，才比較對。何以證明？由封建制度可以作為證明。封建制度已經歷了以前堯、舜、禹、湯、文、武等聖王，而沒有辦法除去，並非他們不想除去，因為形勢上沒辦法，這種形勢的造成，應該是在剛有了人類的時候吧！若不是在一開頭就如此，以後也不會有封建了。封建並非是聖人所想要的！

人類初時與萬物一起生長，到處是草木茂密，到處是山豬野鹿，而人民卻無法去捕捉，更沒有羽翼毛皮來防衛自身。因此荀子認為人類必先假借外物以便為我所用。假借外物者必起爭執，爭執不休，只有去找一位公正明理者來裁判是非曲直了，而這其中特別有智慧者，相信他的人也就特別多。若告訴他正道卻依然不改，那就加以處分使他畏懼，因而國君就產生了，而各種刑罰制度也就應運而生。因而相聚在一起的就成為部落了，部落之間的紛爭必定很大，紛爭大了，就

要大動干戈。部落之間具有德威而勢力最強大者，必定為各部落的酋長所信服。這些酋長才能安撫他的部屬，因而形成了諸侯。諸侯之間，又彼此競爭，而又產生了力量及德威最大者，這些諸侯又聽命於他，以安定自己的勢力範圍，因而又產生了方伯、連帥等這些諸侯間的霸主。這些霸主間又彼此競爭，因而產生了力量及德威最強大者，大家都又聽他的命令，以求安定自己的人民，於是有了天子，天下就統一了。所以有了里長而後才有縣令，有了縣令後才有諸侯，有了諸侯後才有方伯、連帥，有了方伯、連帥才有天子。從天子到里長這些領袖中，凡是有恩德於百姓者，死了後，人民必定繼續事奉他的後代子孫，所以說封建這一制度，並非是聖人的本意，實在是形勢上不得不如此。

　　堯、舜、禹、湯時的事情已經很遙遠了，到了周朝，事情才能知道得較詳細。周朝有了天下後，把天下的土地分給諸侯，設立了五等的諸侯，各國所佔有的地域如同星辰一樣密佈在各地，又好像車輪轉動時，所有的輻線圈聚在軸心一樣。他們會見天子時有朝覲、會同等不同形式，離開天子時即成為守臣來保衛城池。等到後來，下堂迎接覲見的諸侯，不但違反禮節，而且降低了天子的尊嚴。到了宣王，雖然有中興復國及南征北討的德威，卻因魯國的繼承問題，而得罪魯國。到了幽王無道之後，犬戎入侵，而周室被迫東遷，周天子也一降而跟諸侯同列了。因而諸侯中有楚國來問寶鼎輕重的，有鄭國射中了桓王的肩膀的，也有劫持凡伯、誅殺萇弘的，諸侯囂張跋扈得很，已不把天子看成天子。我認為周朝其實早就滅亡了，只有空在諸侯之上保留個天子的虛名而已。這難道不是因諸侯過於強盛，以至於尾大不

掉的原因嗎？於是就由十二諸侯分別稱霸，到了戰國更是相互併吞而成為七國，而且更有一些國家被執政的大臣奪去了大權，而周室的威權也因而被繼起的秦國消滅。而周朝滅亡的原因，可以說就在封建制度上。

秦朝佔有天下後，割裂諸侯土地而分成各個郡縣，廢除諸侯，而改設郡守縣宰，有控制天下的雄圖遠略，也定國都在天下的上方所在，控制四海之內的百姓，這可算是秦國厲害的地方。但是沒幾年天下就起大亂了。這是有原因的。不停地驅使百姓，實施暴虐無道的政治和刑罰，又對百姓大加搜括，於是那些低賤的百姓，便相互聚集在一起，一呼四應，因而到處都有亂事。當時是有叛變的人民，卻沒有叛變的官吏，在下的百姓怨恨得很，但是在上的官吏卻畏懼得很。於是天下人有志於一同殺了郡縣的太守政官，一起造反。這問題的癥結實際在於百姓的怨恨，而不在於設立郡縣制度的錯誤！

漢朝有了天下以後，為矯正秦國的失敗所在，因而要依循周朝的封建制度，於是分割天下，分封給同姓諸王，及異姓功臣，結果接連好幾年，這些諸侯紛紛叛變，為了平定亂事，讓漢室疲於奔命，應接不暇。高祖劉邦就曾被圍困在平城，後來又被流矢所傷而病亡。如此拖了三代，到了景帝時，因晁錯等人的建議，而將所封之國全加以削弱，使他們僅僅可以自保。當初行封建時，郡縣和封國各占一半，卻只有封建國家叛變，而從沒有郡縣叛變的，秦國郡縣制度的正確，由此可見。繼漢朝而稱帝的，雖歷經百代也可以明白這個道理。

唐代興起之後，劃定各州縣，設立各級長官，這是正確的辦法，然而仍有一些大奸大惡之輩，起來造反，擾亂天下，像安祿山、史思

明等人。這種癥結所在，不在於州縣的缺失，而在於他們擁有重兵，當時只有將領叛變，卻沒有州縣叛變，可見州縣的設置，是不容更改的。

也許有人會說：「擁有封國的人，會把這受封之地看成自己的土地一樣去愛，把人民看成自己的孩子一樣去愛，因而會注意當地的風俗，會整理國政，以求能把百姓教化好，而那些郡守縣宰，只是苟且偷安，一心只想升遷而已，怎能料理政事呢？」我認為這也不對。

因為由周朝時的一些事情，已經很明顯地可以看出：諸侯驕傲過度，而且貪得無厭，又好惹是生非，大體上說來是好戰而戰亂不休的國家多，而真正好和平、享受太平的國家少。那些諸侯沒法在政治上加以變革，而天子也沒法撤換那些國君，能真正保衛領土，愛民如子的，一百個當中找不到一個。可見這是制度的過失，而不在於政治方面，由周朝的往事可證。

再由秦朝的往事也可以看出：有治理人民的良好制度，卻沒賦予這些地方政府有施政的權力；有治理人民的好臣下，卻不給他們做地方官，地方政府配合不上國家的制度，地方官吏也沒能有好辦法來施政，所見到的只有刑罰的嚴酷和勞役的辛苦，因而萬千百姓為之憤恨不已。這是由於政治的過失，而非制度，秦朝的往事如此。

到了漢朝，天子的政令能在各郡縣貫徹實行，但是到了各諸侯國就不能切實遵守了，所能要求的只有地方官吏，但這些諸侯國君就沒辦法管了。諸侯紊亂國政，朝廷也沒辦法改變他們，老百姓遭殃，卻也拿這些諸侯沒辦法。必定要等他們敢大逆不道興兵作亂，這才出兵去討伐而加以制裁。當他們惡行猶未明顯時，他們如何貪得無厭，枉

顧法令，作威作福，殘民以自肥，朝廷都拿他們沒辦法。但是各郡縣，就好得太多了！這是為什麼？漢朝時借著田叔而知道孟舒，借著馮唐而重用魏尚，知道黃霸做事詳明且審慎，也可看到汲黯的節要而不煩瑣，因此在想任用他們時，只要恢復其職位即可，叫他安心地負責，也都能聽話。有了罪過可以加以貶黜處罰，有了功勞也可以加以獎賞。早上用了他，如果他做得不好，晚上就可加以罷黜。晚上用了他，如果他不守法，第二天早上就能加以斥責。假若當初漢朝把各郡縣都分封給侯王，他們做得再差，也只有為可憐的百姓悲傷而已。那麼孟舒、魏尚對於防守邊疆的本領就無從發揮了，而黃霸、汲黯的教化也就無法實行了。對於侯王雖詳明地加以開導，表面上他們也接受，但是等到回到本國時就不聽命了。假若下道命令要削減其封地，他就會聯合同黨，反目成仇起來造反。假若他們沒興兵作亂，也削減了一半的土地。但是縱使削減了一半，其他的老百姓依然要受到他們的禍害。這如何比得上將其封地全改成郡縣來得好呢？漢朝的往事如此可見！

　　如今國家全部施行郡縣制度，各地方政府也都設置各級長官，這種制度是一定不可以改變了，只要能管理好三軍將領，並且好好選擇郡縣長官，就能天下太平了。

　　也許有的人會說：「夏商周漢等朝代，因封建制度，而國祚久長，秦朝實行郡縣制度，國祚就短促了。」這種說法更是不明理。曹魏繼承劉漢的時候，仍保留封建制度，晉朝承繼魏朝時，也沒有加以變更，但是這魏晉二朝都滅亡得很快，國運並不長久。如今我們改變他們的錯誤，國家已建立快二百年了，但是國家的基礎依然鞏固，可

見這跟封建與否是沒關係的。

　　有的人以為商湯及周文王、武王都是聖明天子，而不改革封建制度，可見這是不用加以討論的。這也是很嚴重的錯誤觀念。商朝、周朝之所以不改變是不得已。這是因為當時天下諸侯歸附商湯者有三千國，借此來推翻夏桀，因而商湯即位後，不能廢掉封建。到了商末時武王伐殷，歸附周朝者有八百國，武王以此來打敗紂王，因而他也沒能改變制度。為了安定，因而保留舊有的風尚，這是商湯周武的不得已所在。而這種不得已，並非基於大公無私的辦法，只是為了想借助這些諸侯來保衛他們的子孫罷了。而秦朝統一天下後加以改革，對於制度上來說，這是最公正的，但是他的本意卻是自私的，因為他只為一人的權威而已，想要全天下的百姓全都臣服於自己，但是秦朝的改革封建成郡縣的措施，卻啟動了公天下的開端。

　　治理天下的道理，就在於政治安定才能得到人民的擁護，讓賢能者居上位，不賢者處下位，才可以政治安定。如今封建制度都是世代相襲的，既是世襲者，在上者果真賢能嗎？在下者果真不肖嗎？那麼人民能否過安定的日子就很難說了。為了使他的國家能安定，讓他的百姓能聽話，於是又分封了卿大夫，也一樣世代相襲，享用封邑的收入，因而領土內全是封建的影子。縱使聖賢者生在這種情況下，也沒辦法有何作為了。這就是封建危害的後果，這哪裡是聖人的制度所造成的呢？因此我還是要肯定地說：封建制度的出現，並非是聖人的原意，這是形勢不同所產生的結果。

（周益忠、沈寶春 / 編寫整理）

《通典》序
李翰

　　李翰，唐趙州贊皇（今屬河北）人，開元進士，嘗為史官，翰林學士。 曾從張巡守睢陽，巡殉難，但有人批評巡嘗降賊，翰因作《張中丞傳》表彰其功。 上書肅宗，帝方感悟。 識者多稱之。 惜今已亡佚。 翰生平事蹟，《舊唐書》卷一百九十下、《新唐書》卷二百零三皆有傳。

背 景

　　李翰的《〈通典〉序》看似平凡，不過是為杜佑所著《通典》所作的一篇序文罷了。 其實不然！這篇文章雖然沒有驚天動地的氣勢、鏗鏘有力的語調、光華奪目的文采，但在平淡無奇中展現出中唐時期知識份子一股發自內心的、平和而深切的內省——如何透過對「儒」角色的認定、學術與政治的相關性、學界應如何對國事付予具體有效的關切……來盡一個知識份子對自身、對學術、對家國社會的責任，以使思想觀念落實到現實生活中。

　　李翰於開元時中進士。 他成長於盛唐，成熟於中唐，正是由一個光輝的大時代到暗夜即將來臨的轉變期。 我們相信，他對此轉變內心是充滿感慨的。 於是，他發出了這一項平和深切的內省，在史學史上、學術史上、儒的自覺上、學術理論與政治實務的配合上，做出了

深遠的貢獻。

影響

　　這是儒家典型的淑世主義精神的展現！它與歷史發展重要相關的地方在於：

　　一、杜佑的《通典》本身就是劃時代的巨作。因為中國自古便沒有西方知識分類型的百科全書，我們與之相似的是「類書」。類書也是分類的，但它的功能及性質乃是文學性的，用於幫助文人寫詩文，因此以典故和辭藻為主。由曹魏時期的《皇覽》到唐代大規模編修的《藝文類聚》《瑤山玉彩》《初學記》等都是如此。到了杜佑才改變，以典章制度為主。既是典章制度的匯總，又可以看出歷代之演變，因此既是類書又是史著，體現了司馬遷所強調的「通古今之變，成一家之言」的史家精神，等於也開創了一種新史體。經由它（**李翰所撰之文**），使得杜佑所創新的史學體例——有系統的、通貫性的制度史，普遍受到後世的肯定。在中國史學史的發展上，杜佑的開創新例與李翰的推介強調，將共垂不朽。因為它引導出政制史研究的新動向，一方面提升了制度史的地位，另一方面使具悠久研究傳統的中國史學在方法上、內容上更加豐富、多彩。

　　二、經由它，協助知識份子對自身角色及求知、為學之方法態度作了嚴肅的反省與整建；亦即明確地指出為學之道，當為回復先秦儒者博而精深、真知力行的素養與態度，做一個有為有守的知識份子，求知、為學之根本目的乃在於深體大道後經世致用以造福家國社會，而非以多閱為廣見卻茫然喪其根本，以異端為博聞卻只能滿足高

談之虛榮。簡言之，李翰此文向當時的知識份子提出了一項強有力的建議：「儒者光是勤苦力學是不夠的，請運用知識的力量提升政治水準，拿出政治實績來！」這對當時士大夫唯禪是主，終日夢蝶，脫離現世以圖清高的習尚來說，真是當頭棒喝！

　　三、它代表一種知識份子與時代相感通，與天下共興亡的精神。亦即求知、進德、自我鍛煉以成儒，其可貴就在為身處的時代、社會盡心盡力，遇狂瀾且莫懼、且莫避，坦然面對它，探究解決之道，毅然迎向它，挽狂瀾於既倒！如此，才不失真儒本色。

原 文

　　儒家者流，博而寡要，勞而少功，何哉[1]？其患在於習之不精，知之不明，入而不得其門，行而不由其道。何以征之？夫五經群史之書，大不過本天地設君主，明十倫五教之義，陳政刑賞罰之柄，述禮樂制度之統，究治亂興亡之由，立邦之道，盡於此矣[2]。非此典者謂之無益世教，則聖人不書，學者不覽，懼冗煩而無所從也。

　　先師宣尼祖述堯舜，憲章文武，七十子之徒，宣明大義，三代之道，百世可師，而諸子云云，猥復製作，由其門則其教已備，反其道

---

[1] 「博而寡要」二句：《史記・太史公自序》引司馬談《論六家要指》：「儒者博而寡要，勞而少功，是以其事難盡從。」
[2] 十倫五教：《禮記・祭統》：「夫祭有十倫焉，見事鬼神之道焉，見君臣之義焉，見父子之倫焉，見貴賤之等焉，見親疏之殺焉，見爵賞之施焉，見夫婦之別焉，見政事之均焉，見長幼之序焉，見上下之際焉。此之謂十倫。」五教，《書・舜典》：「敬敷五教在寬。」五教，即父義、母慈、兄友、弟恭、子孝。

則其人可誅³。而學者以多閱為廣見,以異端為博聞,是非紛然,頇洞茫昧而無條貫;或舉其中,而不知其本原⁴。其始而不要其終,高談有餘,待問則泥⁵。雖驅馳百家,日誦萬字,學彌廣而志彌惑,聞愈多而識愈疑,此所以勤苦而難成,殆非君子進德修業之意也。

今《通典》之作,昭昭乎其警學者之群迷歟!以為君子致用在乎經邦,經邦在乎立事,立事在乎師古,師古在乎隨時,必參古今之宜,窮終始之要,始可以度其古,終可以行於今,問而辨之,端如貫珠,舉而行之,審如中鵠⁶。夫然,故施於文學,可為通儒,施於政事,可建皇極⁷。故采五經群史,上自黃帝,至於有唐天寶之末,每事以類相從,舉其始終,歷代沿革廢置,及當時群士論議得失,靡不條載,附之於事,如人支脈,散綴於體。凡有八門,號曰通典⁸。非聖人之書,乖聖人之旨,不取焉,惡煩雜

敦煌一一二窟所見唐代樂舞圖

---

3 宣尼:指孔子,漢元始元年(1)追謚孔子為襃成宣尼公,後因稱孔子為宣尼。猥:眾,多。王充《論衡》:「周有三聖,文王、武王、周公,並時猥出。」製作:著述、著作,指諸子多人且又起而撰述。
4 異端:指異於五道經典的說辭,亦即邪說。《論語‧為政》:「攻乎異端,斯害也已。」頇洞:雲氣彌漫一片。
5 待問:準備他人發問。《孔子家語‧儒行解》:「夙夜強學以待問。」
6 貫珠:聯珠成串,形容其圓潤美妙。中鵠:射中目標。鵠,鵠的,箭靶的中心。
7 文學:指學術。皇極:帝王治世的要道,相傳的法度。
8 凡有八門:指《通典》分為八類,食貨門、選舉門、職官門、禮門、樂門、兵刑門、州郡門和邊防門。

也；事非經國禮法程制，亦所不錄，棄無益也。

若使學者得而觀之，不出戶知天下，未從政達人情，罕經事知時變；為功易而速，為學精而要；其道直而不徑，其文詳而不煩，推而通，放而准，語備而理盡，例明而事中，舉而措之，如指諸掌，不假從師聚學而區以別矣。非聰明獨見之士，孰能修之？

淮南元戎之佐，曰尚書主客郎京兆杜公君卿，雅有遠度，志於邦典，篤學好古，生而知之[9]。以大曆之始，實纂斯典，累年而成[10]。杜公亦自為序引，各冠篇首，或前史有闕，申高見發明，以示勸戒，用存景行。近代學士，多有撰集，其最著者，御覽、藝文、玉燭之類，網羅古今，博則博矣，然率多文章之事，記問之學[11]。至於刊列百度，緝熙王猷，至精至粹，其道不雜，比於《通典》，非其倫也[12]。

於戲！今之人賤近而貴遠，昧微而睹著，得之者甚鮮，知之者甚稀，可為長太息也。翰嘗有斯志，約乎舊史，圖之不早，竟為善述者所先，故頗詳旨趣而為之序，庶將來君子知吾道之不誣也。

左補闕李翰序[13]。

《通典》

---

9 淮南元戎之佐：指杜佑曾任淮南節度使。主客郎：官名，負責各藩屬國朝聘、接待、給賜等事。杜公君卿：即杜佑，字君卿，為京兆萬年（今陝西西安）人。
10 大曆：唐朝代宗之年號。
11 御覽：指天子所讀之書。《北史·齊後主紀》：武平三年（五七二）敕撰玄宗御覽。藝文：《藝文類聚》共一百卷，分四十六部，在類書中體類最完備，為歐陽詢等在唐武德年間奉敕編著。玉燭：即《玉燭寶典》，隋杜台卿撰，為詞家徵引典故的寶典。
12 刊列：改定陳述。緝熙王猷：顯揚王道。《詩經·大雅·文王》：「於緝熙敬止。」緝熙，光明貌。
13 補闕：唐官職名稱，職務為侍從諷諫，分左右兩補闕。

譯文

　　屬於儒家的學者，學問很廣博卻不夠切要，做起事來很勤奮、孜孜不倦，卻很少能成就功業。這是什麼原因呢？弊端就在於儒者對於所學不能專精，雖能認識一些，卻又不能徹底瞭解，往往不得其門而入，不知該用什麼方法去做。這如何見得呢？本來儒家所讀的《詩》《書》《禮》《易》《春秋》五經和班、馬等所撰的許多史書，大抵不過源本於天地，亦即為國君而設，來闡明人間倫常禮教的規範，陳述政令、刑法、賞善罰惡的權柄，記敘國家禮樂制度的結緒，窮究歷代何以有治有亂、或興或亡的根由。立國的大道理，全部都在此了。

　　若不是這類典籍，就稱為無益於世道教化的書，那麼聖人就不撰寫，學者也不閱讀，這是害怕該讀的書過於冗長煩瑣而讓人無所適從才如此。

　　至聖先師孔子遠則宗法堯舜的大道，近則效法文武的遺法，因此他的七十二名高足，聞明孔子的思想，加以發揚，這些夏、商、周三代所流傳下的道理，雖然百代之後仍可師法，可是所謂的諸子百家，卻又撰寫了許多書籍，這些著作若是遵守聖人的道理，那麼前賢闡述已經詳盡，若背離古聖的道理，那麼這些作家的心態可誅，因此可說不必再寫了。但是學者往往認為博覽群書，方可增廣見聞，而把多讀各家的邪說當作見聞廣博，因此是非的標準就紊亂了，迷蒙難識而且毫無條理。只能片段舉出一例，卻不知它的根本，或者雖推求其本原，卻不能有何結果。高談闊論好像綽綽有餘，若是待有識者一問，所答者卻又拘泥不通。因此雖然熟讀百家之說，一日可誦讀萬字以

上,所學越加廣博,心意卻越加迷惘,見聞越多,見識卻越淺薄。 這就是為什麼說儒者勤苦研讀卻難以有成就,因為這些都不是仁人君子德行精進、學業勤修的根本方法啊!

　　杜佑何以作《通典》?非常明顯地,他是在警醒天下讀書人的迷惑吧!認為讀書人若要學以致用,應該首要在於能治理國家;要治理國家,則要能為國做事;要能為國做事,就要效法古人的長處;要能效法古人,就得隨時應變,而且要參考古往今來最適當的方法,窮究事情的本末沿革,這樣才可以審度古人所為,最後可以施行於今日。他人詰問,皆能明辨其理,條理井然,聲音鏗然如珠圓玉潤,付諸實際行動,又皆能鞭辟入裡,切中要害。 就因如此,所以放在研究學問上,可以稱為博貫古今的通儒,放在治理國政上,可以建立國家的基本大法。 因此杜佑他作此書遠自黃帝開始,一直到唐朝玄宗天寶末年,大小事都以其事項來分類,並且分其本末,歷代各種制度的演變興廢,還有當時濟濟多士論辯國事的得失所在,無不逐條詳載,按照其類別來歸納,就好像人體的四肢經脈,散佈於身軀之上。 總共有八大類,名稱《通典》。 這本書對非議聖人的書籍、背離聖人精意的都不採用,這是厭惡煩瑣雜亂的原因,若非治理國家的禮節法律議程制度也都不採錄,是為了捨棄無用言論的緣故。

　　假使讀書人得了這本書來觀看,將可不出門而瞭解天下,不從政也可通達人情,雖少經歷事情,一樣也瞭解時世的變化,做起事業來容易且迅速,做起學問能精確而切要。 他的道理是直接的大道而不是小徑,他的文字周詳而不會煩瑣,推理即可通曉,放諸四海皆可為準,詞語完備而道理詳盡,舉例明切而事實中肯。 要拿來用,就如同

手指聽掌心的指揮一樣容易，不必向老師學習、向同學求取，就可以洞曉其中的分別了。這種書，若不是聰明睿智有獨到見解的人，誰能編寫得出？

　　淮南節度使、尚書主客郎、長安人杜佑這個人，向來就有高遠的抱負，立志撰寫經國的典冊，篤志於學，潛心於古籍，可說是生而知之的高人。在代宗大曆之初，就開始編纂這本書，經歷了好多年才完成。他也自己作了序文引言，放在各篇之前，若是前人的史冊有所闕失，就發表他獨到的見解，來作為規勸之用，以留作偉大的行誼。現代的士子學人，也都有所著作，最著名的如禦覽、《藝文類聚》及《玉燭寶典》等類，內容豐富，包羅古今，可說是很廣博了，然而大多是有關詩文等資料，雜記一些預供背誦的文字，若是要談到改定陳述國家的種種制度，顯揚帝王的大道，最精要純粹，且義理毫不駁雜，這些書跟《通典》一比較起來，就不能同日而語了。

　　唉！現在的人往往輕視近代人的著作，而看重古老的書籍，見不得精微的文章而只去爭看顯明的世事，能得到大道的已不多，能瞭解大道的更少，實在忍不住要為他們長歎一聲了。我李翰以前也有這種志向，要整理舊有的史籍來作《通典》這類的書，但是準備時間不夠早，竟然被善於著述的杜佑先完成了，因此只好詳列這書的要旨重典所在而作序，庶幾將來所有讀書人知道儒家的學說道理是不可隨便輕侮的。

　　左補闕李瀚作此序。

（周益忠、王樾／編寫整理）

復性書上篇
李翱

　　李翱（七七二一八三六），字習之，唐趙郡（治今河北趙縣）人。為韓愈的得意弟子。貞元進士，嘗為國子博士、知制誥、中書舍人、山南東道節度使等官。卒諡文。李翱闡揚韓愈的學說，提倡載道思想不遺餘力，著有《李文公集》。

背景

　　李翱的《復性書》代表了中唐時期漢族知識份子在異族文化強勢衝擊下，為延續、發揚中國本位文化——儒學所作的深刻思考與努力。

　　李翱生長在一個動盪的時代。在政治上，適承安史之亂之後，國家的創傷未復，民生凋敝，而藩鎮的割據，軍閥的亂紀，使當時的政治顯得依然昏暗；在思想上，佛、老掩脅天下，儒學幾無地位，無人深究，亦乏人信仰；在夷夏觀念上，由於自安史之亂以來，胡人兵團長年馬踏中原，攻略燒殺，華夏陵夷，激起漢族強烈的民族意識，夷夏觀念由寬變嚴。正是在這些因素的交互刺激下，有志之士發出了救亡圖存的呼號──「要文化自救！」這也是漢族知識份子在異族優越勢力（胡人兵團）、外來強勢文化（佛教）的強勢挑戰、高壓下，引發了高度的種族危機感與文化危機感，在此雙重危機感的驅迫下，重建中國本位文化的活動終於展開。像「文起八代之衰，道濟天下之溺」

的韓愈,就是這項文化建設運動的首倡者,他確立儒家道統,推尊師道,提倡古文,稱引《大學》,提升孟子地位……為儒家的復興打開了一條出路。

如果說韓愈是中唐時期從事中國本位文化建設的「文化戰鬥英雄」,那麼,李翱可被封為該建設中「搞理論的思想家」。也就是說,韓愈「打拚」開闢戰場在前,李翱以深入的思想支援在後,二者對宋代新儒學的誕生均有極大的貢獻。

影 響

李翱《復性書》之可貴,在於他透過心靈的自覺,將研究的觸角伸至儒家學術思想的內層深處,有系統地、說理明確地探討心、性等誠明之源,積極地扭轉了當時「性命之書雖存,學者莫能明,是故皆入於莊、列、老、釋」的習尚,更積極地以至誠、盡性、行之不息的「夫子之道」,喚醒「夫子之徒」窮性命之道,使儒家思想在先秦儒學基礎上精深化、哲學化,蛻變而新生。

宋代理學的創立就是自中唐以降中國本位文化建設運動的結果。這項民族活力與文化生命力的更新、再塑是透過長期的、艱苦的努力換來的。這是中國由唐到宋,或是說由中古到近古發展上一項極重大的成就。在這一儒學流變的過程中,李翱的《復性書》像引燃一堆柴薪的火種,他心靈的自覺,他深入儒家思想內層探源的研究方式,如火蔓延,終於將儒學帶入一嶄新境界。

李翱的《復性書》轉變了中國思想史。

原 文

人之所以為聖人者，性也；人之所以惑其性者，情也。喜、怒、哀、懼、愛、惡、欲七者，皆情之所為也。情既昏，性斯匿矣。非性之過也，七者循環而交來，故性不能充也。水之渾也，其流不清；火之煙也，其光不明，非水火清明之過。沙不渾，流斯清矣；煙不鬱，光斯明矣。情不作，性斯充矣。

性與情不相無也。雖然，無性則情無所生矣。是情由性而生，情不自情，因性而情；性不自性，由情以明。

性者，天之命也，聖人得之而不惑者也[1]。情者，性之動也，百姓溺之而不能知其本者也。聖人者豈其無情邪？聖人者寂然不動，不往而到，不言而神，不耀而光，製作參乎天地，變化合乎陰陽；雖有情也，未嘗有情也[2]。然則百姓者豈其無性者邪？百姓之性與聖人之性弗差也。雖然，情之所昏，交相攻伐，未始有窮，故雖終身而不自睹其性焉。火之潛於山石林木之中，非不火也。江、河、淮、濟之未流而潛於山，非不泉也。石不敲，木不磨，則不能燒其山林而燥萬物。泉之源弗疏，則不能為江為河，為淮為濟，東匯大壑，浩浩蕩蕩，為弗測之深。情之動弗息，則不能復其性而燭天地，為不極之明。

故聖人者，人之先覺者也。覺則明，否則惑，惑則昏。明與昏謂之不同。明與昏，性本無有，則同與不同二者離矣。夫明者所以對昏，昏既滅，則明亦不立矣。是故誠者，聖人性之也，寂然不動，廣大清明，照乎天地，感而遂通天下之故，行止語默無不處於極也。復

---

1 天之命也：《禮記・中庸》首句即云：「天命之謂性。」
2 寂然不動：《周易・繫辭》：「易無思也、無為也，寂然不動，感而遂通天下之故。」

其性者，賢人循之而不已者也，不已則能歸其源矣。《易》曰：「夫聖人者，與天地合其德，日月合其明，四時合其序，鬼神合其吉凶，先天而天不違，後天而奉天時[3]。天且弗違，而況於人乎！況於鬼神乎！」此非自外得者也，能盡其性而已矣。子思曰：「唯天下至誠為能盡其性；能盡其性，則能盡人之性；能盡人之性，則能盡物之性；能盡物之性，則可以贊天地之化育；可以贊天地之化育，則可以與天地參矣[4]。其次致曲，曲能有誠，誠則形，形則著，著則明，明則動，動則變，變則化，唯天下至誠為能化。」

聖人知人之性皆善，可以循之不息而至於聖也，故制禮以節之，作樂以和之。安於和樂，樂之本也；動而中禮，禮之本也。故在車則聞鸞和之聲，行步則聞佩玉之音。無故不廢琴瑟，視聽言行，循禮而動[5]。所以教人忘嗜欲而歸性命之道也。道者至誠也，誠而不息則虛，虛而不息則明，明而不息則照天地而無遺。非他也，此盡性命之道也。哀哉！人皆可以及乎此，莫之正而不為也，不亦惑邪！

昔者聖人以之傳於顏子，顏子得之，拳拳不失，不遠而復，其心三月不違仁[6]。子曰：「回也其庶乎[7]！屢空。」其所以未到於聖人者一息耳，非力不能也，短命而死故也。其餘升堂者，蓋皆傳也。一氣之

---

3 《易》曰：即《周易》乾卦文言所言。夫聖人者：《易》原作「夫大人者」。不違：《易》原作「弗違」。餘皆相同。
4 子思曰：即《中庸》所述之文。
5 無故不廢琴瑟：《禮記・曲禮下》：「士無故不徹琴瑟。」
6 拳拳不失：《中庸》：「子曰：『回之為人也，擇乎中庸，得一善，則拳拳服膺而弗失之矣。』」不遠而復：《周易・繫辭》曰：「不遠而復，無祇悔，元吉。」其心三月不違仁：語見《論語・雍也篇》。
7 回也其庶乎：語見《論語・先進篇》。

所養,一雨之所膏,而得之者各有淺深,不必均也。 子路之死也,石乞孟黶以戈擊之,斷纓。子路曰:「君子死,冠不免。」結纓而死[8]。由也非好勇而無懼也,其心寂然不動故也。 曾子之死也,曰:「吾何求哉,吾得正而斃焉斯已矣。」[9] 此正性命之言也。

　　子思,仲尼之孫,得其祖之道,述《中庸》四十七篇,以傳於孟軻[10]。軻曰:「我四十不動心[11]。」軻之門人,達者公孫丑萬章之徒,蓋傳之矣。 逮秦滅書,《中庸》之不焚者一篇存焉。 於是此道廢缺,其教授者唯節行、文章、章句、威儀、擊劍之術相師焉。 性命之源,則吾弗能知其傳矣。 道之極於剝也必復,吾豈復之時邪[12]?

　　吾自六歲讀書,但為詞句之學,志於道者四年矣,與人言之,未嘗有是我者也。 南觀濤江,入於越,而吳郡陸傪存焉。 與之言之。 陸曰:「子之言,尼父之心也。 東方如有聖人焉,不出乎此也;南方如有聖人焉,亦不出乎此也。 惟子行之不息而已矣。」

　　嗚呼! 性命之書雖存,學者莫能明,是故皆入於莊、列、老、釋。 不知者謂夫子之徒不足以窮性命之道,信之者皆是也。 有問於我,我以吾之所知而傳焉,遂書於書,以開誠明之源,而缺絕廢棄不揚之道幾可以傳於時,命曰復性書,以理其心,以傳乎其人[13]。 烏

---

8 結纓而死:子路參與衛國政變,為出公之父派石乞、孟黶所殺。詳見《史記·衛世家》及《史記·仲尼弟子列傳》。
9 曾子之死:詳見《禮記·檀弓篇》。
10 《中庸》四十七篇:未知其詳。《漢書·藝文志·諸子略》有《子思》二十三又六篇。《六藝略》:「《中庸說》二篇。」
11 四十不動心:見《孟子·公孫丑上》。
12 剝、復:皆《易經》卦名。剝為剝落,復即反本,借來指道衰極必盛。
13 誠明:《禮記·中庸》:「自誠明謂之性,自明誠謂之教。」

戲！夫子復生，不廢吾言矣。

《李文公集》

譯文

　　人之所以能成為聖人的條件就在於其本性，可是人會迷惑本性，那是因為情欲的原因。喜、怒、哀、懼、愛、惡、欲這七樣，就是因情欲才發出來的。情欲昏亂，那麼本性就要衰微以至於消失。這並不是本性的過失，而是因這七樣相互循環，接連而至，本性才不能伸張。水混濁是因流水流得不夠清澈，火若有煙霧，則它的光焰不能奪目。但這並不是水本身不清，火本身不明的原因。只要泥沙不來混淆，水流就清澈了；只要煙霧不瀰漫，那麼火就光亮了。同樣地，只要情欲不發作，本性也就可以伸張了。

　　性和情不能單獨生存。雖然如此，但是無本性，那麼情欲也就無從發生了。由此可知，情欲由本性而生，情欲不能自發，因本性才有感想，本性也不能單獨存有，由情欲才能顯明本性。

　　由《中庸》的「天命之謂性」這句話可知，本性是天所賜予的。聖人就是因得到本性且能不被迷惑者。情欲是本性的發動才產生的，但是一般人往往沉溺於情欲的發作，而不知其本性。聖人難道是沒有情欲的嗎？聖人的心境清靜不動。他雖不出戶，卻能知天下事；他雖不開口，可是大家都望之若神明；他雖不炫耀，可是卻光芒四射。他的一舉一動，及一切作為都是依據天地，都能合乎陰陽的變化。雖然說他也有情欲，卻不會有凡人的情欲。那麼一般人難道就沒有本性

嗎？一般人的本性跟聖人的本性，原來是沒有差別的。雖然這樣，但是因為一般人被情欲迷惑了，七情六欲，交相斲喪，彼此影響，無窮無盡，於是整日困在情欲中，終其一生就不能找到其本性了。火苗若隱藏於山石之中及林木之內，並非就不是火。長江大河尚未匯於巨流而隱藏於山中，並不能說它不是水泉。這是因為對於石頭木頭，不去敲它，不去磨它，那麼它就不會迸出火花而造成山林大火，甚至讓大地陷入火海。同樣地，水泉的源頭若不加以疏通，那麼它就不能匯成長江大河，浩浩蕩蕩地流聚成大海，那樣地深不可測。因此可知，情欲若不能讓它平息下來，就不能使其本性恢復，進而光耀天地發揚成為無窮無盡的光芒。

所以說，聖人是人類的先知先覺者，能夠覺悟，所以他能發出光明。若不能覺悟，就不能發揚，那就要迷惑於光明與昏暗。光明與昏暗這二者，本性原來不具有，可知他是因後來分出不同才產生的。本來光明是對昏暗而言的，既已不再有昏暗，那樣也就無所謂光明了。所以至誠，是聖人的本性所發作。清靜不動，又能廣大光明，照耀天地，相互感應，進而能透徹天地間的一切事物。一言一行、一舉一動，都能恰到好處。所謂回復本性，原是賢人必須遵守而且堅持不移的，那就能回到其本性了。《易經》上說：「聖人德行跟天地一樣，光明跟日月一樣，行動有序跟四時運行一樣。與人禍福吉凶，如同鬼神一樣，他走在時代的前端。而天地的運行在他的預料之中，雖在萬古之後，但是也都能依循著天地之道去做。上天尚且不能違背他的旨意，更何況是其他人類，或者鬼神呢？也都能在他的掌握之中啊！」這並非他從外得來的超人的能力，只不過是他能將其本性充分地發揮

而已。《中庸》上子思說：「只有天下的至誠才能充分發揚其本性；能充分發揚其本性，則能發揚人類的本性；能如此，那也就能將萬物的本性都發揚出來；能如此，就能贊助天地的生養教化；能如此，就可以跟天地並列為三了。 其次的賢人能致力於細小的事，雖致力於小者，若能有誠，則可表現於外，能表現即能顯著，能顯著則能發出光明，能發出光明，也就能感動他人，能感動他人，也就能使人改變習性，能如此也就能使天下化育成善良的習俗。 只有天下的至誠才有辦法化育天下百姓成為善良的習俗。」

聖人知道人本性善良，都可以依循著此本性，自強不息以成聖。所以製作禮儀來節制其行為，創作音樂來調和其性情。 性情能守於和樂，這是音樂的根本要求。 動作能合乎禮儀，這又是禮儀的根本。所以在車上則聽到鸞鈴的響聲，行路則可聽到身上佩玉的聲音。 若非有特別事故，一定要彈琴奏樂。 一切言行舉止，都按照禮儀來，這是為了教人忘掉情欲，而能返回到人性的根本上去。 所謂道就是至誠而已，能夠精誠，努力不輟，就能清虛，清虛而能再努力不輟就能空明，空明再能努力不輟，那麼光芒將能無所不在地照耀天地。 這並非有何特別，只因為能充分發揮人的本性罷了。 可歎呀！人本來都可以到達此種地步，但是還沒到達就不再努力地下去了，這不是很迷惘嗎？

以前孔子曾經以此傳給顏回，顏回領悟了這一番道理，懇切地牢記在心頭，不肯忘掉，不遷怒，不貳過。 雖離善不遠，皆能復歸於善，所以他的心才能三個月之久皆不違背仁道。 孔子即稱讚他說：「顏回他幾乎可以到達聖人的領域了，雖然屢屢貧乏，無以維生，

但是他依然能樂在其中。」他未能到達聖人的領域，也只差一點點而已，並非能力不及，只因他不幸短命而死，才不能到達。 至於其他能升堂入室的，都是孔子有所傳授的原因。 同樣是來自聖人春風化雨、滋潤栽培的結果，可是各人的成就有深有淺，並不一致。 子路死前，衛國的石乞、盂黶攻擊子路，以戈矛打斷了他的帽帶。 子路臨死前依然說道：「君子雖死，不可不戴冠。」因此依然繫上帽帶才死。 子路並非是好勇不怕死才如此，是因他的心已經能安靜不動的緣故。 曾子將死之前說道：「我還有什麼要求呢？我只要合乎正道而死就可以了。」這都是能歸於本性的話。

　　子思是孔子的孫子，得到他祖父的道統，曾傳述孔子學說而成《中庸》四十七篇，而後再給孟子。 孟子說過：「我四十歲後不再動心。」孟子的學生中，比較通達的如公孫丑、萬章這些徒弟，可說得到孟子學說的真傳。 後來秦始皇焚書，《中庸》也被燒到僅存一篇。 於是本性之道，就無法再傳播了。 以後儒家傳授學問，就只注意一些行為、節操、文章、字句及禮儀乃至於擊劍等技術方面的相承而已。 關於人性的本源，我就不知道是否還有流傳下來的了。 但是天地之道剝落衰微到極點之後，必定會復興。 難道我就是處在復興的時候嗎？

　　我六歲讀書後，只是讀些辭章文句等書，後來才有志於本性之道，如今已經四年了。 但是跟人家一談起，卻沒有能贊同我的。 我曾南去看錢塘潮，到了浙江後，吳郡的陸也在那裡，跟他談起此事，陸回答我說：「你所說的話，都是孔子要說的，東方若有聖人出現，不外乎講這些，南方如有聖人出，也不外乎談這些，只不過你能不停地實踐罷了。」

可歎啊！有關人的本性的書如今雖仍存在，可是卻沒有人能明白，所以都把它歸到莊子、列子、老子、佛家的領域，不知詳情的人，都以為孔子的門徒，實在不能夠窮究生命的本性，信仰儒家的也都是如此。有人以此問我，我就把所知道的告訴他，最後才寫成一書，以求能打開儒家詮說本性至誠的根源，而這久被廢棄不傳的天道或許可以繼續流傳下來，因而我叫它為《復性書》。用來整理人心，而傳給可傳者。唉！若是孔子再生，也會認為我所說的話是有道理的！

（周益忠、王檥／編寫整理）

與元九書
白居易

白居易（七七二—八四六），字樂天，唐太原（今山西太原西南）人。穆宗時仕至中書舍人，曾外放至江州、杭州等地，文宗時以刑部尚書退隱洛陽，自號香山居士。白居易是中唐的大詩人，所作詩關心民間疾苦，多所諷喻，人稱其為社會詩人。他詩作極多，盛極一時，故其又被推為「廣大教化主」。其所作詩尤以《長恨歌》《琵琶行》等最為世人喜愛。著有《白氏長慶集》。

白居易像

背景

憲宗元和十年（八一五），白居易被貶到了江州當司馬。當時元稹被貶到通州，一起當司馬的小官。二人俱因獲罪被貶在外，尤其白居易乃因盜匪刺殺宰相武元衡，見無人肯負責，而自己先前擔任過左拾遺，此時正擔任太子左贊善大夫的職務，即上書「急請捕賊，以雪國恥」。當時執政者與節度使等有所勾結，因而俱不敢詳言，白居易上書犯了大忌，因而被人斥為逾越職責，更且有人故意以其母親落井

而死，白居易卻作《新井》《落花》二詩實為不當來中傷他，因而白氏才被貶到九江去。

白居易關心時代，原想以詩來「救濟人病、裨補時闕」，以詩來「廣宸聰，副憂勤」，結果卻以詩招來怨尤，落得這種下場，因而不覺牢騷滿腹。文窮而後工，所以寫信給他的生平知己元稹，就不覺話多了！

在這封信中，白居易很明白地揭示出他對詩的瞭解，對詩的認識，更加鮮明地標出「文章合為時而著，歌詩合為事而作」的理論，建立了載道主義的文學觀。

白居易這話是有其來源的。最早的三百篇原是文學的作品，但是儒者給它作了詩序，以儒家載道的眼光來看詩，文學作品因而被提升到經典的地位，而成為六經的一經了！三百篇是四言作品，其後到漢魏，發展了五言詩及七言詩，但作詩者不過抒情言志而已，較之三百篇已然遜色。而後到了齊梁，聲律之詩大興，為詩者但著意於字句之宮商清濁；發展到了唐代，變本加厲，平仄對偶等無不講究，因而形成了所謂律體運動，進而有了律詩、絕句等近體詩。這些詩只注重格律而不知詩的原始意義及其功能，因而陳子昂先前曾提過「漢魏風骨，晉宋莫傳」，感歎「齊梁間詩，采麗競繁，而興寄都絕」。其後李白也感歎：「梁陳以來，豔薄斯極……將復古道，非我而誰？」但他們仍偏重個人心志的抒發，而鮮及對於社會的熱愛、對於百姓的關懷。至於杜甫，雖飽經天寶亂離之苦，也寫出了關心時代、關心黎民的偉大詩篇，但是他依然重視詩的格律，雖力親風雅，卻也不廢齊梁。白居易因而並不滿意，他說：「然撮其《新安吏》《石壕吏》《潼

關吏》《塞蘆子》《留花門》之章,『朱門酒肉臭,路有凍死骨』之句,亦不過十三四。杜尚如此,況不逮杜者乎?」既不滿這些前輩作家,因而他跟元稹等人,才如火如荼地展開新樂府運動,大量地寫作諷喻詩,詩篇是「為君為臣為民為物為事而作,不為文而作也」(《新樂府自序》)。如此創作與理論合一,使他在儒家的詩學理論上佔有極其重要的地位。

影響

對於文學,尤其是詩歌,歷來詩人們的主張不外乎言志、唯美和載道,言志者強調個人情思的表現,唯美者強調作品藝術的技巧,而載道者則強調文學的社會教育責任。言志者自從漢魏以來再加上六朝的詠懷傳統,可說源遠流長;而唯美者從六朝駢儷至唐代律體運動的發展,也是如日中天;只有載道者從《詩序》以後幾已沉寂幾千年,幸而白居易能加以發揚光大。他不但提出完整的理論,而且創作出許多重要的作品。理論與創作的結合,不但奠定了他在中唐詩壇「廣大教化主」的地位,並且使得載道文學的觀念能夠確立。而後不僅是宋明的理學家,寫出載道的詩篇,一般詩人除以詩篇來表情達意外,更以之來關心民瘼、關心社會,載道的理論在我國詩壇的地位遂能屹立不倒。

原文

某月某日居易白微之足下:

自足下謫江陵至於今,凡枉贈答詩僅百篇。每詩來,或辱序,或

辱書，冠於卷首，皆所以陳古今歌詩之義，且自敘為文因緣與年月之遠近也。僕既愛足下詩，又諭足下此意，常欲承答來旨，粗論歌詩大端，並自述為文之意，總為一書，致足下前。累歲已來，牽故少暇。間有容隙，或欲為之；又自思所陳，亦無出足下之見。臨紙復罷者數四，卒不能就其志，以至於今。今俟罪潯陽，除盥櫛食寢外無餘事。因覽足下去通州日所留新舊文二十六軸，開卷得意，忽如會面；心所蓄者，便欲快言，往往自疑，不知相去萬里也[1]！既而憤悱之氣，思有所泄，遂追就前志，勉為此書。足下幸試為僕留意一省！

　　夫文尚矣，三才各有文：天之文，三光首之；地之文，五材首之；人之文，六經首之。就六經言，詩又首之。何者？聖人感人心而天下和平。感人心者，莫先乎情，莫始乎言，莫切乎聲，莫深乎義。詩者，根情、苗言、華聲、實義；上自聖賢，下至愚騃，微及豚魚，幽及鬼神，群分而氣同，形異而情一，未有聲入而不應，情交而不感者。聖人知其然，因其言，經之以六義；緣其聲，緯之以五音。音有韻，義有類。韻協則言順，言順則聲易入；類舉則情見，情見則感易交。於是乎孕大含深，貫微洞密；上下通而一氣泰，憂樂合而百志熙。五帝三王所以直道而行，垂拱而理者，揭此以為大柄，決此以為大寶也。

　　故聞「元首明，股肱良」之歌，則知虞道昌矣；聞五子洛汭之歌，則知夏政荒矣[2]。言者無罪，聞者足戒；言者聞者，莫不兩盡其

---

1 通州：四川達縣。元和九年（八一四）春，元稹回京，白居易也回京，二人在長安見面，次年元稹又出京回通州任所。
2 元首明：此為帝舜和皋陶君臣相勉之語，見《書經・益稷》。

心焉。

洎周衰秦興,采詩官廢,上不以詩補察時政,下不以歌洩導人情,乃至於諂成之風動,救失之道缺。於時六義始刓矣。

國風變為騷辭,五言始於蘇李[3]。蘇李騷人,皆不遇者,各繫其志,發而為文。故「河梁」之句,止於傷別;「澤畔」之吟,歸於怨思。彷徨抑鬱,不暇及他耳。然去詩未遠,梗概尚存。故興離別,則引「雙鳧一雁」為喻;諷君子小人,則引「香草惡鳥」為比。雖義類不具,猶得風人之什二三焉。於時六義始缺矣。

晉宋已還,得者蓋寡。以康樂之奧博,多溺於山水;以淵明之高古,偏放於田園。江鮑之流,又狹於此。如梁鴻五噫之例者,百無一二焉。於時六義浸微矣,陵夷矣。

至於梁陳間,率不過嘲風雪、弄花草而已。噫!風雪花草之物,三百篇中豈舍之乎?顧所用何如耳。設如「北風其涼」,假風以刺威虐也;「雨雪霏霏」,因雪以湣征役也;「棠棣之華」,感華以諷兄弟也;「采采芣苢」,美草以樂有子也,皆興發於此而義歸於彼[4]。反是者,可乎哉?然則「余霞散成綺,澄江淨如練」,「離花先委露,別葉乍辭風」之什,麗則麗矣,吾不知其所諷焉。故僕所謂嘲風雪、弄花草而已。於時六義盡去矣。

唐興二百年,其間詩人不可勝數。所可舉者:陳子昂有《感遇詩》二十首,鮑防有《感興詩》十五首。又詩之豪者,世推李杜。李

---

[3] 蘇李:蘇武、李陵二人之詩,前人以為五言詩之祖,但也有人認為這是偽作。
[4] 北風其涼:見《詩經·邶風·北風》。雨雪霏霏:見《詩經·小雅·采薇》。棠棣之華:見《詩經·小雅·棠棣》。采采芣苢:見《詩經·周南·芣苢》。

之作，才矣，奇矣，人不逮矣；索其風雅比興，十無一焉。杜詩最多，可傳者千餘首。至於貫穿今古，覼縷格律，盡工盡善，又過於李焉。然撮其《新安吏》《石壕吏》《潼關吏》《塞蘆子》《留花門》之章，「朱門酒肉臭，路有凍死骨」之句，亦不過十三四。杜尚如此，況不逮杜者乎？

僕常痛詩道崩壞，忽忽憤發，或食輟哺、夜輟寢，不量才力，欲扶起之。嗟乎！事有大謬者，又不可一二而言，然亦不能不粗陳於左右。

僕始生六七月時，乳母抱弄於書屏下。有指「無」字「之」字示僕者，僕雖口未能言，心已默識；後有問此二字者，雖百十其試，而指之不差。則僕宿習之緣，已在文字中矣。及五六歲，便學為詩。九歲，諳識聲韻。十五六，始知有進士，苦節讀書。二十已來，晝課賦，夜課書，間又課詩，不遑寢息矣。以至於口舌成瘡，手肘成胝，既壯而膚革不豐盈，未老而齒髮早衰白，瞥瞥然如飛蠅垂珠在眸子中也，動以萬數。蓋以苦學力文所致，又自悲矣。家貧多故，二十七方從鄉試；既第之後，雖專於科試，亦不廢詩；及授校書郎時，已盈三四百首。或出示交友如足下輩，見皆謂之工。其實未窺作者之域耳。

自登朝來，年齒漸長，閱事漸多。每與人言，多詢時務；每讀書史，多求理道。始知文章合為時而著，歌詩合為事而作。是時皇帝初即位，宰府有正人，屢降璽書，訪人急病。僕當此月，擢在翰林，身是諫官，月請諫紙啟奏之外，有可以救濟人病、裨補時闕，而難於指言者，輒詠歌之。欲稍稍遞進聞於上，上以廣宸聰，副憂勤；次以

酬恩獎,塞言責;下以復吾平生之志。豈圖志未就而悔已生,言未聞而謗已成矣!

又請為左右終言之:凡聞僕《賀雨》詩,而眾口籍籍,已謂非宜矣;聞僕《哭孔戡》詩,眾面脈脈,盡不悅矣;聞《秦中吟》,則權豪貴近者相目而變色矣;聞《樂遊園》寄足下詩,則執政柄者扼腕矣;聞《宿紫閣村》詩,則握軍要者切齒矣。大率如此,不可遍舉。不相與者,號為沽名,號為詆訐,號為訕謗;苟相與者,則如牛僧孺之戒焉;乃至骨肉妻孥,皆以我為非也。其不我非者,舉世不過三兩人。有鄧魴者,見僕詩而喜,無何而魴死。有唐衢者,見僕詩而泣,未幾而衢死。其餘則足下,足下又十年來困躓若此。嗚呼!豈六義四始之風,天將破壞,不可支援耶?抑又不知天之意不欲使下人之病苦聞於上耶?不然,何有志於詩者,不利若此之甚也!

然僕又自思,關東一男子耳,除讀書屬文外,其他懵然無知;乃至書畫棋博,可以接群居之歡者,一無通曉,即其愚拙可知矣。初應進士時,中朝無緦麻之親,達官無半面之舊,策蹇步於利足之途,張空拳於戰文之場。十年之間,三登科第,名入眾耳,跡升清貫,出交賢俊,入侍冕旒[5]。始得名於文章,終得罪於文章,亦其宜也。

日者又聞親友間說,禮吏部舉選人,多以僕私試賦判,傳為准的;其餘詩句,亦往往在人口中。僕惡然自愧,不之信也。及再來長安,又聞有軍使高霞寓者,欲聘倡妓,妓大誇曰:「我誦得白學士《長恨歌》,豈同他哉!」由是增價。又足下書云,到通州日,見江

---

[5] 三登科第:白氏於貞元十六年(八〇〇)舉進士,次年中拔萃甲,元和六年(八一一)則考中才識兼茂明於體用科。

館柱間有題僕詩者。復何人哉？又昨過漢南日，適遇主人集眾樂娛他賓，諸妓見僕來，指而相顧曰：「此是《秦中吟》《長恨歌》主耳。」自長安抵江西三四千里，凡鄉校、佛寺、逆旅、行舟之中，往往有題僕詩者；士庶、僧徒、孀婦、處女之口，每有詠僕詩者。此誠雕蟲之戲，不足為多；然今時俗所重，正在此耳。雖前賢如淵雲者，前輩如李杜者，亦未能忘情於其間哉！

古人云：「名者公器，不可多取。」[6] 僕是何者，竊時之名已多。既竊時名，又欲竊時之富貴，使已為造物者，肯兼與之乎？今之迍窮，理固然也。

況詩人多蹇：如陳子昂、杜甫，各授一拾遺，而屯剝至死；李白、孟浩然輩，不及一命，窮悴終身[7]。近日孟郊六十，終試協律；張籍五十，未離一太祝。彼何人哉！彼何人哉！況僕之才，又不逮彼？今雖謫佐遠郡，而官品至第五，月俸四五萬，寒有衣，饑有食，給身之外，施及家人，亦可謂不負白氏之子矣！微之，微之，勿念我哉！

僕數月來，檢討囊帙中，得新舊詩，各以類分，分為卷：首自拾遺來，凡所適所感、關於美刺興比者；又自武德訖元和，因事立題，題為新樂府者，共一百五十首，謂之「諷諭詩」；又或退公獨處，或移病閑居，知足保和，吟玩性情者，一百首，謂之「閑適詩」；又有事物牽於外，情理動於內，隨感遇而形於歎詠者，一百首，謂之「感傷詩」；又有五言、七言、長句、絕句，自一百韻至兩韻者四百餘

---

6 「古人云」句：乃《莊子‧天運》假託老子對孔子所言。原文為：「名，公器也，不可多取。」

7 「李白、孟浩然輩」二句：李白雖被召得供奉翰林，但未及就任而卒；孟浩然則因「不才明主棄」一詩而不為皇帝所用，一生未仕。

首,謂之「雜律詩」。凡為十五卷,約八百首。異時相見,當盡致於執事。

微之!古人云:「窮則獨善其身,達則兼濟天下。」僕雖不肖,常師此語。大丈夫所守者道,所待者時。時之來也,為雲龍,為風鵬,勃然突然,陳力以出。時之不來也,為霧豹,為冥鴻,寂兮寥兮,奉身而退[8]。進退出處,何往而不自得哉!故僕志在兼濟,行在獨善。奉而始終之則為道,言而發明之則為詩。謂之「諷諭詩」,兼濟之志也;謂之「閒適詩」,獨善之義也。故覽僕詩,知僕之道焉。其餘「雜律詩」,或誘於一時一物,發於一笑一吟,率然成章,非平生所尚者。但以親朋合散之際,取其釋恨佐歡。今銓次之間,未能刪去,他時有為我編集斯文者,略之可也。

微之!夫貴耳賤目,榮古陋今,人之大情也。僕不能遠征古舊,如近歲韋蘇州,歌行才麗之外,頗近興諷;其五言詩,又高雅閑淡,自成一家之體。今之秉筆者,誰能及之?然當蘇州在時,人亦未甚愛重;必待身後,然後人貴之。今僕之詩,人所愛者,悉不過「雜律詩」與《長恨歌》已下耳。時之所重,僕之所輕。至於諷諭者,意激而言質;閒適者,思淡而詞迂,以質合迂,宜人之不愛也。今所愛者,並世而生,獨足下耳。然百千年後,安知復無足下者出而知愛我詩哉?

故自八九年來,與足下小通則以詩相戒,小窮則以詩相勉,索居則以詩相慰,同處則以詩相娛。知吾罪吾,率以詩也。如今年春遊

---

8 霧豹:《列女傳》:「南山有玄豹、霧雨七日而不下食者,何也?欲以澤其毛而成文章也,故藏而遠害。」

城南時，與足下馬上相戲，因各誦新豔小律，不雜他篇。自皇子陂歸昭國裡，迭吟遞唱，不絕聲者二十里餘。樊李在傍，無所措口。知我者以為詩仙，不知我者以為詩魔。何則？勞心靈，役聲氣，連朝接夕，不自知其苦，非魔而何？偶同人當美景，或花時宴罷，或月夜酒酣，一詠一吟，不知老之將至，雖驂鸞鶴遊蓬瀛者之適，無以加於此焉，又非仙而何？微之，微之！此吾所以與足下外形骸、脫蹤跡、傲軒鼎、輕人寰者，又以此也。

　　當此之時，足下興有餘力，且欲與僕悉索還往中詩，取其尤長者，如張十八古樂府、李二十新歌行、盧楊二秘書律詩、竇七元八絕句，博搜精掇，編而次之，號元白往還詩集。眾君子得擬議於此者，莫不踴躍欣喜，以為盛事。嗟乎！言未終而足下左轉，不數月而僕又繼行。心期索然，何日成就，又可為之歎息矣！

　　又僕常語足下，凡人為文，私於自是，不忍於割截，或失於繁多。其間妍媸，益又自惑，必待交友有公鑒無姑息者，討論而削奪之，然後繁簡當否，無不得其中矣。況僕與足下為文，尤患其多，己尚病之，況他人乎？今且各纂詩筆，粗為卷第，待與足下相見日，各出所有，終前志焉。又不知相遇是何年，相見在何地？溘然而至，則如之何？

　　微之，微之，知我心哉！潯陽臘月，江風苦寒。歲暮鮮歡，夜長無睡。引筆鋪紙，悄然燈前，有念則書，言無次第。勿以繁雜為倦，且以代一夕之話也。微之，微之，知我心哉！樂天再拜。

《白氏長慶集》

譯 文

某月某日居易致微之足下：

自從你被貶到湖北江陵到現在，寫給我的信已接近一百篇了。每次寄詩來，或而寫序，或而寫信，擺在詩篇的前面，都是用來說明自古以來為詩的大義，並且敘述作詩的因緣，及時日的遠近。我既如此愛你的詩，也能明白你的意思。常想對你的來信進行一番答覆，討論一下詩歌的大概，並說明我自己作詩的動機，寫在一封信上，寄給你。但是接連幾年，被許多事情牽絆住了，偶然有空隙，雖然想寫，又想自己的意見，沒有比你高明的，因而提起筆又擱下不知有多少次，到現在始終不能完成我的意願。現在我被貶到九江，除了食睡等日常生活之外並沒別的事，因而閱讀你去通州時所留下的詩歌二十六卷，打開卷軸，快樂得很，如同見了面一般，內心所藏的，就想一吐為快，直接跟你談，而忘了我倆相去有萬里之遠。但是內心所鬱積的話，不吐不快，於是就把以前所想到的一一寫下來了，希望你能夠好好看。

文章是最高貴的了！天地人都有文章：上天的文章，以日月星為首，大地的文章以金木水火土為首，而人間的文章則以《詩》《書》《禮》《樂》《易》《春秋》六經為首。在六經中又以《詩》為第一。為什麼呢？聖人要感化人心，天下才能和平。要感化人心，沒有比感情更急要，沒有比言語更早，沒有比聲音更切合，沒有比義理更深入的了！所謂詩，是以感情為根基，以言語為秧苗，以聲音為花朵，以義理為果實。上自聖賢，下到愚笨者，至於蟲魚鳥獸，或者高明如鬼神，種類雖有不同，但他們的本質是一樣的。雖然形體有別，但是性

情也沒什麼不同。只要接觸到聲音自然會反應，只要情感一交通就自會動心。聖王知道這種功效，就這些言語，以六義來加以貫串，因它的聲音，以五音來加以規範。五音都有韻律，六義也各以類相從，韻律協調則言語通順，言語通順則聲音容易感動人。既以類相從，那麼情思即容易呈現；情思容易呈現，那麼感情也就容易溝通了。因而內容可以無所不包，而思緒可以極其細密，上下溝通，天地交泰，可以調和人的喜怒及意志。古時帝王之所以能行使大道，居其所而天下大治，都在於能掌握此根本，用來作為教化！

所以聽到「元首明，股肱良」的詩歌，就可知道虞舜時政治的昌明；聽到五子在洛汭唱歌，就可知道夏朝的政治荒廢了。說出來的沒罪，聽到的就要以此為戒了！說者、聽者，都可以盡其心意。

自從周朝衰微，秦朝興盛後，采詩的官職被廢了，在上者不以詩來考察政治得失，在下者也無法以詩歌來抒發他的情思，只聽到一片歌功頌德的聲音，補救時政缺失的大道已失去了，因而六義已開始被割裂，有了損傷了。

《詩經・國風》一變而為屈原的《楚辭》，而蘇武、李陵也開始作五言詩。這些人都是遭遇不幸者，將他們心思表現而成詩篇，所以李陵「攜手上河梁」的句子，僅止於感傷別離，屈原行吟於澤畔，也只是在表達心中的哀怨，內心皆有千千結，因而沒辦法顧及其他。但是他們離《詩經》時代還不久，因而還留有一些味道，所以感傷離別就用「雙鳧一雁」作為比喻，諷刺君子小人的不同就用「香草惡鳥」來做形容。雖然所表達的並不很完整，但是還能夠有《詩經・國風》作者十分之二三的味道。當時六義已有些殘缺了。

晉宋以後，能得到作詩之旨的人就很少了。謝靈運學識如此廣博，卻偏沉溺於山水；像陶淵明那樣高古的胸懷，卻只作些田園詩；江淹、鮑照等人，所作的題材就更加狹小了。像梁鴻《五噫歌》那樣悲壯的，百不得一。這時六義已經衰微了，凋零了。

到了梁陳間，大家所作的不過吟風弄月、拈花惹草而已。哎呀！風花雪月這些東西，《詩經》中難道就沒有嗎？就要看有沒有意義了！就像「北風其涼」是假借北風來諷刺暴政的；就像「雨雪霏霏」是借雪來感歎在外打仗之苦的；就像「棠棣之華」是借花要來感化兄弟的；就像「采采芣苢」是借草來稱道君子的。都是言有所指，意有所托的。若違反此道，還能算是詩嗎？因此像謝朓的「余霞散成綺，澄江淨如練」，像鮑照的「離花先委露，別葉乍辭風」，這些詩篇，綺麗是很綺麗了，但是我不知道他有何深意在。所以我認為這些不過是吟風弄月、拈花惹草。當時六義已全都不見了。

大唐開國到現在已二百年了，詩人多到難以一一數清，但是可以拿得出來的，也不過陳子昂作了《感遇詩》二十首，鮑防作了《感興詩》十五首。其中最偉大的詩人，世人都以李白、杜甫二人並稱。李白的作品，的確可以看出他的才氣縱橫，不拘一格，是他人所跟不上的，但是要從他的詩中找到合於《詩經》六義風雅比興的，十篇中找不到一篇。杜甫的詩流傳最多，有一千多首，他對於古今古風體的貫通，對於詩律的創作，已達到極其工巧優美的地步。但是找出他關心社會、合於六義的詩篇如《新安吏》《石壕吏》《潼關吏》《塞蘆子》《留花門》等，以及「朱門酒肉臭，路有凍死骨」等句子，在他的作品中，也不過占了十分之三四而已，並不是很多。杜甫都尚且如此，

何況其他的人都遠不如他呢？

我常痛恨詩道的不振，就想要發憤圖強，幾乎已要廢寢忘食了。我不自量力，想要力挽狂瀾，但是卻事與願違，出了差錯，沒法一下子就說得明白，但卻又不能不向你說個清楚。

我生下來才六七個月時，奶媽抱著我在書屏下，有人指著「無」「之」兩個字給我看，當時我嘴巴雖不會說，但是心裡卻已能認識了，後來他人再怎麼問我，問了十遍百遍，我也能認出來，可見我跟文字已經結了不解之緣了。到了五六歲時，開始學作詩，九歲時已懂得音韻了。到了十五六歲才知道有進士這一回事，因而發憤讀書。二十歲以後，白天學著作賦，晚上攻讀經書，有空時又忙著學詩，都沒有空暇的時間，因而口舌居然結了瘡，手肘也結了一層老繭，到了壯年皮膚還是不夠紅潤，還沒老牙齒就掉了，頭髮也白了。老眼昏花，眼睛一瞥，就可看見幾萬隻蒼蠅如同珠子一般在眼珠中閃耀著。這就是苦讀所招來的後果。想到此，不禁為自己感到悲哀。由於家窮事情多，到了二十七歲時才去應考鄉試，考中以後，雖然專攻科舉方面，但也沒停止作詩，等到當了校書郎之後作的詩，已經有三四百首了。有時拿給像你這樣的朋友來看，都說不錯，其實當時，我離作家的地步，還差得遠呢！

自從到朝廷做官以來，年紀漸大，所閱歷的事情也漸多，每次和他人談話，多以時事為主，每次閱讀經書史書，多注重治國平天下的大道。這時我才知道文章應當要反映時代而作，詩歌應配合世事而寫。當時憲宗皇帝剛即位，宰相府中都是正人君子，政府屢次頒下詔令，訪求民隱，當時我被升至翰林院，擔任諫官，除了每月請諫表上

奏外，凡是可以救濟百姓疾苦，對時政有所幫助，而又不能直接指陳的，往往把它寫成詩歌，想要使它能慢慢地逐漸讓皇上知道。一方面可以使皇上更加瞭解世事，幫助皇上解決困難，為皇上分擔憂勞；其次可以用來報答皇上的恩賜，盡到我的責任；再其次可以一償夙願，伸展抱負。卻沒想到，願望沒實現，令人痛恨的事情已發生了；話還沒傳到上頭，已經被譭謗了。

現在再把心頭話全都說給你聽：凡是聽到我的《賀雨》詩，大家已經異口同聲，說我這篇太不得體了。聽到我的《哭孔戡》詩，大家面面相覷，都不高興了。聽到《秦中吟》這首詩，那麼所有王孫貴族、權臣近幸大家臉孔都變色了！聽到《樂遊園》寄足下詩，那些執掌大權的，不禁痛恨得握緊拳頭了！聽到我的《宿紫閣村》的詩，那麼掌握軍權的將領們更要咬牙切齒。我的詩風大概都像這樣，不勝枚舉。跟我不合的人，就指責我是沽名釣譽，是惡言譭謗；如果跟我在一起的，就像牛僧孺就以我為戒。其他如自家骨肉妻子，都認為我不對。能夠不認為我不對的，天下不過兩三人。有位叫鄧魴的，看到我的詩很高興，但是沒多久鄧魴就死了；有位叫唐衢的人，看到我的詩不禁就哭泣了，沒多久唐衢也死了！其他就剩你了，而你這十年來又落魄到這種地步！哎呀！難道《詩經》的六義、四始，將被上天毀掉，不再被支持了嗎？難道或者上天不想使在下者的疾苦，讓在上位的人知道？要不然，為何有志於作詩者，他的遭遇竟然如此地不利！

然而我又自己反省一下，我只是關東地區的一個人而已，除了讀書和作文之外，其他則茫然不知，乃至於書法、繪畫、下棋、博戲，可以跟大家一起歡樂者，沒一樣可以。我的愚昧是可想而知了。剛去

考進士時，朝中沒有一個親戚，達官貴人也沒一個認識的，只得在大家奔走前進時慢慢地走，似赤手空拳在戰場上獨立廝殺。十年之中，三次及第，聲名漸為大家知曉，結交者都是一時之秀，在朝中則可事奉皇上，然而我開始以文章得名，最後也以文章得罪，這不是應該的嗎？

以前我曾聽親友們說道，禮部吏部選拔人才時都以我當年應試的辭賦作為標準，其他我所寫的詩句，也往往流傳人口。我實在很慚愧，不敢相信。後來到了長安，又聽說有個叫高霞寓的軍官，想要買一個歌伎，有一個歌伎居然說道：「我能歌頌白居易的《長恨歌》，身價怎能跟他人相提並論。」因而身價大增。而你來信說道，剛到通州的時候，看到江邊小館的柱子上往往題上我的詩，這是誰題的呢？前日我經過漢南，恰巧碰到主人設歌舞以娛嘉賓，那些歌伎看到我來了，就指著我說道：「這就是《秦中吟》《長恨歌》的原作者啊！」從長安到江西有三四千里路，凡是學校、寺廟、旅館、船隻上往往題著我的詩句，百姓、僧侶及婦女的嘴上也往往掛著我的詩句。這些詩實在是雕蟲小技，不算什麼，但是現在世俗所推崇的卻往往是這些而已。雖然前輩高人像王子淵、楊子雲、李白、杜甫等人，也不能忘情於此。古人曾有言：「聲名是公器，不可以多取。」我是什麼人，所享有的聲名已經夠多了，又想要享有榮華富貴。若我自己是上帝，肯將兩樣都給嗎？現在的困窮不得意，實在是理所當然的。

何況歷來偉大詩人的遭遇都很差。像陳子昂和杜甫，都只做了拾遺的小官，就窮途潦倒地死了；李白、孟浩然連一個官都沒做，一生落魄到底。最近像孟郊已六十歲了，才擔任協律郎的小官；張籍五十

歲了，也一直擔任太祝的小官。他們是些什麼人還這麼委屈，何況我的才能，又比不上他們。現在雖被貶謫遠方，但是官階仍在第五品，每月仍有四五萬的收入，冷了有衣穿，餓了有食物，除了夠自己花銷外，還能補助家人，可以說不愧為白家的孩子了。微之啊！微之！不必掛念我啊！

最近幾個月我檢查舊稿，得到了古今詩，將它簡單地分類，從擔任拾遺以來，凡是有感而發，只要用比興和有所諷諭的詩，以及從武德到元和間所作的詩，因事項而標立題目，就題作新樂府，總共有一百五十首，叫作「諷諭詩」。另外下班在家，養病休息，樂天知命，怡情養性所作的也有一百首，就叫作「閒適詩」。因外物而動心，而有喜怒哀樂等感觸的也有一百首，叫作「感傷詩」。也有五言詩、七言詩、長句、絕句，長至一百韻，短到兩韻的詩共有四百多首，叫作「雜律詩」。共有十五卷八百多首，改日相見，當全都交給足下。

微之啊！古人說道：「窮困時要能獨善其身，發達了更要能救濟天下。」我雖不敏，也常以此自勵。一個大丈夫所要堅持的是大道，所要等待的是時機。時機一來，可以為騰雲駕霧的神龍，御風而行的大鵬，飛揚跋扈，無人可比擬。時機沒來時，就像南山的豹隱藏在大霧中，像鴻鳥飛在高遠的天空，寂寞、蕭颯，只求能保全自身。如此無論進退，有何不能從容自得的？所以我立志於救濟天下，但是操守為能獨善其身。如此，奉行不變的就是道，以言語文字說出來的是詩。把它叫作「諷諭詩」，是要救濟天下的大志；把它叫作「閒適詩」，是要獨善其身。所以只要一講我的詩，就知道我的心志。其他如「雜律詩」，只是感於事物，而隨意寫成的，並不是我推崇的，只

是在朋友聚合分離時，用來行樂解憂而已，現在並沒刪去，他年若有人給我編次詩集時，可以把它們刪去。

　　微之啊，一般人重視聽來的，輕視看到的。我不舉以前的例子，但就最近韋應物來說，他的作品，除了表現才情和文辭之美外，也頗為接近比興、諷諭，他的五言詩，高雅閒淡，也自成一家之言。現在寫詩的人，誰能比得上？但是他在世時，人們不太看重他，必定等到他死了以後才推崇他。現在我的詩，他人喜愛的不過雜律詩和《長恨歌》以下的詩篇而已。大家所推崇的，其實是我輕視的。至於諷諭詩，意義激昂，詞句質樸；閒適詩則思想淡泊，詞句迂闊，質樸加上迂闊，難怪一般人不太重視。現在能夠喜愛這些詩的，整個世間，只有你了！也許千百年後，也有人跟你一樣，喜歡我的詩吧！

　　所以這八九年來，只要稍微通達就和你以詩相警戒；只要稍為窮困，則和你以詩相勸勉；落魄就以詩來相安慰；在一起則以作詩來娛樂。瞭解我，錯怪我，全都在詩了。像今年春天遊長安城南，跟你在馬上遊戲，各人就創作吟誦新豔的小律詩，不夾雜其他篇章。從皇子陂回到昭國里，你一首，我一首，不停地吟唱了二十幾里路，當時樊言師、李建等人在旁，卻沒他們插嘴的餘地。知道我的人，以我為詩仙；不知我的人，卻以我為詩魔。為什麼呢？因為勞苦心性，役使聲氣，從早到晚，不以為病苦，這不是魔鬼是什麼？偶然和他人面對美景，或於花前月下，酒足餐飽，一歌一詠，不知已是年老的人了。縱使仙人乘鶴遊蓬萊仙島也沒有比這樣更快樂的了！這樣不是神仙是什麼？微之啊，微之！這是我用來和你擺脫俗累，超凡入聖的一大憑藉！

就在那時，你還興致勃勃，想要和我把所有往還贈答的詩篇，取出特別長的，像張十八古樂府、李二十新歌行、盧楊二秘書律詩、竇七元八絕句等唱和的作品，廣加搜羅，擇精選取，加以編次，又名為元白往還詩集。當時大家只要有詩在此，莫不高興萬分，認為這是太好的事了！可惜計畫還沒商討好，你就被貶謫了！不到幾個月我也跟你一樣，貶離長安。心已如死灰，哪一天才能再燃起呢？這真令人歎息啊！

我常跟你說，一般人作文，常自以為是，不忍割愛，因而失於繁多，顯得蕪雜，其間好壞雜陳，自己也無法分辨，必待有眼光不肯姑息苟且的朋友加以討論、刪去，這樣不管繁簡，才能算是恰到好處，何況我倆所作的詩篇，特別長，自己都認為不可了，他人更不用說了。現在各人若把自己的作品編纂出來，大致地分卷並且排次序，等將來和你見面時，各拿出自己的詩集來相互討論，了結以前的期盼。可是不知我們何時可再見面？在哪裡相逢？如果不幸大限已到，又該怎麼辦！

微之啊，微之！能瞭解我的心嗎？潯陽十二月的天氣，江風寒冷，歲末又了無樂趣，長夜漫漫，都睡不著，拿起紙筆在燈前寫信，想到就寫，毫無條理，可別因太繁雜而看不下去，就把它當作秉燭夜談的聊天吧！微之啊，微之！能瞭解我的心意嗎？樂天再拜。

（周益忠／編寫整理）

論維州事誼狀

李德裕

李德裕（七八七一八五〇），字文饒，李吉甫之子，唐趙郡（治今河北趙縣）人。少力學，卓犖有大節。敬宗時任浙西觀察使，因帝狎比群小，數出遊幸，上《丹扆六箴》。文宗立，裴度薦其材堪宰相，而李宗閔、牛僧孺等銜之，擯不得進。武宗時由淮南節度使入相。當國六年，弭藩鎮之禍，決策制勝，威權獨重。宣宗立，為忌者所構，貶崖州司戶，卒。

李德裕像

背 景

維州（今四川理番縣），在唐代正是吐蕃與唐帝國接鄰的南方重鎮，是漢人入邊之路、蕃人入侵之徑。吐蕃勢大，當時河隴區域盡被吐蕃占去後，只有維州城巍然獨存。後來吐蕃用計取之，於是關中形勢盡變。

原來關中是：「右隴蜀，左崤函，襟憑終南太華之險，背負清渭濁河之固。」可是自安史之亂後，河西隴右之地盡失，則喪失藩籬，首都暴露，吐蕃於是連歲寇邊。

這篇文章是唐代與吐蕃關係的集中體現。吐蕃崛起於現今青海、西藏地區,在唐代勢力擴及甘肅,還一度攻入長安。因此,唐朝的外寇中,回紇與吐蕃可說是最強的了。

吐蕃尤其強悍,因為它是一個居城郭而不失遊牧本性的軍國主義國家。《通鑒》高宗咸亨三年(六七二),記載了吐蕃使臣仲琮對高宗說他的國家是:「法令嚴整,上下一心,議事常自下而起,因人之所利而行之,斯所以能持久也。」

由此可以想見吐蕃國勢之一斑。唐朝和吐蕃之間除了兩次和親之事外,二百餘年中,一直處於戰爭狀態,而吐蕃對唐的侵擾也近乎無年或息。要解除這項邊患,就必須強化西南邊區,使劍南得到安定,所以維州的重要性,更是不可忽視。

李德裕就說過得到維州,可以「減八處鎮兵,坐收千里舊地」,對吐蕃則成為「大害之所逼」。

影 響

維州從至德元年(七五六)沒於吐蕃,至太和五年(八三一)悉怛謀請降,共淪陷七十五年。但是由於當時宰相牛僧孺是李德裕的政敵,雖然尚書省集百官會議皆贊同李德裕之策,但牛僧孺因惡李德裕,竟主張將維州交還吐蕃,並將悉怛謀及同來降者送還。吐蕃接受悉怛謀等後,盡殺之於境上,維州再度歸於吐蕃手中。

這個事件,使得朝廷之內的朋黨之爭更加激烈,使朝政益加不堪。文宗就曾說過:「除河北賊易,去朝廷朋黨難。」對外而言,使得當時有來歸之意者,因之止步。如當時吐蕃節度使尚婢婢即不敢來

降。不過,後來武宗朝,李德裕主政,在處理降將問題上已極慎重。更幸運的是,自開成三年(八三八)之後,吐蕃內部不靖,到大中三年(八四九)維州再為唐收復,大中五年(八五一)河湟之地重歸大唐。

原 文

臣在先朝,出鎮西蜀。其時吐蕃維州首領悉怛謀,雖是雜虜,久樂皇風,將彼堅城,降臣本道[1]。臣尋差兵馬,入據其城,飛章以聞,先帝驚歎。其時與臣不足者,望風嫉臣,遽獻疑言,上罔宸聽,以為與吐蕃盟約,不可背之,必恐將此為辭,侵犯郊境。詔臣還卻此城,兼執送悉怛謀等,令彼自戮。復降中使,迫促送還。昔白起殺降,終於杜郵致禍;陳湯見徙,是為郅支報仇,感歎前事,愧心終日[2]。今者幸逢英主,忝備台司,輒敢追論,伏希省察。

且維州據高山絕頂,三面臨江,在戎虜平川之沖,是漢地入兵之路。初,河、隴盡沒,此州獨存。吐蕃潛將婦人嫁與此州門子,二十年後,兩男長成,竊開壘門,引兵夜入,因茲陷沒,號曰「無憂」。因並力於西邊,遂無虞於博路,憑凌近甸,宵旰累朝。貞元中,韋皋欲經略河湟,須以此城為始,盡銳萬旅,急攻累年。吐蕃愛惜既甚,遂遣舅論莽熱來援。雉堞高峻,臨沖難及於層霄,鳥徑屈

---

1 維州:故城在今四川理番縣十里。
2 白起殺降:長平之戰,趙卒降者數十萬人,白起詐而盡坑之。後與秦昭王、應侯不和,秦王賜劍使其自刎於杜郵(在咸陽城)。陳湯見徙:陳湯素貧,所擄獲財物入塞多不法。司隸校尉移書道上,係吏士按驗之。湯上疏言:「臣與吏士共誅郅支單于,幸得擒滅,萬里振旅,宜有使者迎勞道路。今司隸反逆收系按驗,是為郅支報仇也。」

盤,猛士多靡於礧石。莫展公輸之巧,空擒莽熱而還。

及南蠻負恩,掃地驅劫。臣初到西蜀,眾心未安,外揚國威,中緝邊備。其維州執臣信令,乃送款與臣,臣告以須俟奏聞,所冀探其情偽。其悉怛謀尋率一城之兵眾,並州印甲仗,塞途相繼,空壁歸臣。臣大出牙兵,受其降禮。南蠻在列,莫敢仰視。況西山八國,隔在此州,比帶使名,都成虛語。諸羌久苦蕃中征役,願作大國王人。自維州降後,皆云但得臣信牒帽子,便相率內屬。其蕃界合水、棲雞等城,既失險厄,自須抽歸,可減八處鎮兵,坐收千里舊地。

臣見莫大之利,乃為恢復之基。繼具奏聞,請以酬賞,臣自與錦袍金帶,顒俟詔書。且吐蕃維州未降已前一年,猶圍魯州[3]。以此言之,豈守盟約?況臣未嘗用兵攻取,彼自感化來降。又沮議之人不知事實。犬戎遲鈍,土曠人稀,每欲乘秋犯邊,皆須數歲就食。臣得維州逾月,未有一使入疆。自此之後,方應破膽,豈有慮其後怨,鼓此遊詞。

臣受降之時,指天為誓,寧忍將三百餘人性命,棄信偷安。累表上陳,乞垂矜赦。答詔嚴切,竟令執還,加以體披桎梏,舁於竹畚。及將就路,冤叫呼天。將吏對臣,無不流涕。其部送者,便遭蕃帥譏誚曰:「既已降彼,何須送來?」乃卻將此降人,戮於漢界之上,恣行殘害,用固攜離。乃至擲其嬰孩,承以槍槊。

臣聞楚靈誘殺蠻子,春秋明譏;周文外送鄧叔,簡冊深鄙。況乎大國,負此異類,絕忠款之路,快凶虐之情,從古以來,未有此事。

---

3 魯州:今河南魯山縣。

臣實痛悉怛謀舉城受酷,由臣陷此無辜,乞慰忠魂,特加褒贈。

《舊唐書》

譯 文

臣在前朝,出守西蜀。那時吐蕃維州首領悉怛謀雖是雜虜,早已欣慕皇朝教化,率領所屬百姓將強固的城池,投降於臣管轄之下。臣隨即派兵馬進城統領,並迅速上奏朝廷,先帝大為驚歎。那時與臣不和的人,見如此情勢就獻上遲疑猶豫的論調,先帝誤聽疑言,以為和吐蕃結盟締約,不可以違背,一心害怕吐蕃會以此為藉口侵犯邊境。下詔令臣歸還此城,並命令將悉怛謀等人送回,命令他們自行處死。再有投降的,要盡快送還。以前白起殺害降者,最後在杜郵被迫自殺身亡;陳湯被遷徙,等於為郅支單于報仇。感歎前述這些事件,叫人終日愧疚不已。現幸遇主上英明,備位三公,才敢回頭追論,懇請明察。

維州雄踞於高山絕頂之上,三面臨江,位在吐蕃攻打四川的要衝,亦是中原進兵的通道。先前,河、隴兩地都陷於吐蕃,只有此州獨存。吐蕃暗中把女子嫁給州中守門的人,二十年後,兩個兒子長大成人,裡應外合,偷開城堡的門,引軍隊夜晚入城,因此陷落了,故號稱「無憂城」。因此合力侵擾西方的邊界,再不必憂慮南邊的危機了,從此侵略近郊之地,早晚使朝廷窮於應付。貞元年間,韋皋想要收復河湟之地,須從這裡開始,盡出精銳部隊一萬多人,猛烈地攻打了好多年。吐蕃極為珍惜看重此城,於是請國舅莽熱來援助。城牆高崇峻峭,面對要衝之處比之天空尤難通過,路徑曲折狹小,勇猛的戰

士比之大石還要更多。縱使有公輸般的高妙技能，也無法施展，雖然抓回莽熱，但城依然未攻下。

及至南蠻背負恩義，到處擄掠。臣剛到西蜀，民心尚未安定，生活困苦，因此更對外宣揚國威，對內加強邊界的警備。維州拿著臣的信令，向臣輸誠，臣告訴他們必須等上奏朝廷請示，目的是想探求他們的真意如何。悉怛謀不久便領著全城的軍民，以及州印軍備，一路上一大群人相隨而來，將全城盡歸於臣。臣派出麾下掌旗兵，接受降禮。南蠻在列中觀禮，不敢抬頭仰視。至於西山八國，就在此州旁邊，要排比官階宣稱名號，都成空談。所有的羌族長久苦於受吐蕃征役，更希望當本朝百姓。自維州投降後，都說只要得到臣的委任狀官帶，便相互引領歸順我朝。吐蕃邊境上的合水、棲雞等城，已經失去險阻，自當退回駐軍，歸我所有，如此可以減省八處的屯兵，輕易地收回千里的故土。

臣眼見這極大的利益，正是恢復失土的根本。隨之一一地奏聞朝廷，請求加以酬賞，臣自行給錦袍金帶，等待詔書下達。且吐蕃維州未投降以前一年，都還在包圍魯州。由這點來說，吐蕃怎會守盟約呢？何況臣不曾用軍隊攻打占取，他們自己受感化而來投降。那些阻止、批評的人，全不知事實。犬戎遲疑頑鈍，地廣人稀，每要趁秋收時節侵犯邊界，都得幾年的生聚。臣得到維州一個多月，沒有一個使者進入邊界。自此之後，吐蕃正應嚇破膽了，何必鼓動這種無根無據的話，憂慮他們事後怨怒呢？

臣接受投降時，對天發誓，哪裡忍心犧牲三百餘人的性命，不顧信義以求苟安。多次上表陳情，請求憐憫寬赦他們。詔書下來言辭峻

厲，竟命令押還，身上加以手桔腳鐐，裝在竹籠裡。等到快要上路，冤屈呼天搶地，悲憤無比。諸將官吏對著臣，無不為之淚下。負責送還的人受到吐蕃將領譏諷說：「已經投降你們了，何必送回來？」再把這些投降的人，在邊界上殺死，恣意放肆地殘害，以使那些懷有脫離吐蕃之心的人不敢再有舉動。甚至將他們的嬰兒投向空中，用槍槊去接去刺。

　　臣聽說楚靈王引誘蠻人投降加以殺害，《春秋》明白地加以譏刺，周文外送鄧叔，史書上極為鄙視。何況是大國，辜負了這些異族，斷絕了他們真誠效忠之心，使那些暴虐凶殘的人大為快意。自古以來，沒有這種事情發生過。臣實在痛心悉怛謀整城的人受到殘酷的殺害，是由臣陷他們於這種無辜的地步，請吊慰他們的忠魂，特別加以褒獎。

（簡松興／編寫整理）

罪言
杜牧

杜牧（八〇三一八五三），字牧之，號樊川。唐京兆萬年（今陝西西安）人，杜佑之孫。歷殿中侍御史、中書舍人等職。杜牧生性剛直，素懷奇節，敢論列大事，指陳利病尤切，詩作更是獨步晚唐，與杜甫並稱大小杜。著有《樊川集》等傳世，《舊唐書》卷一百四十七、《新唐書》卷一百六十六皆有傳。

杜牧像

背景

晚唐詩人中最著名的當推有「小杜」之稱的杜牧。杜牧世業儒學，且受祖父杜佑影響最深。杜佑寫過《通典》，對禮樂刑政的淵源，雖歷數千載卻瞭若指掌。杜牧繼承其志，於治亂興亡之跡、財賦兵甲之事、地形的險易遠近、古人的長短得失，無不知悉。

杜牧有經邦濟世的政治理想和憂國憂民的情懷，在晚唐多事之秋，有感於中央對藩鎮的姑息政策，以及藩鎮的驕縱跋扈，極力主張削平藩鎮割據，統一全國，以便減輕人民的痛苦。尤其河北三鎮，朝廷鞭不及腹，不能調動，也放棄了對它們統一的期望，一任其世襲、

擁戴和廢立，而這種風氣再傳播到全國，就造成了後來五代十國的分裂局面。杜牧預見及此，在文宗太和七年（八三三），以劉從諫守澤潞，何進滔據魏博，河朔三鎮桀驁不循法度，而朝廷議者專事姑息，遂追咎長慶以來朝廷措置無術，復失山東，大封要鎮，認為關係天下輕重的都是國之大事。言語激切，深中時弊，《罪言》一文實為唐末國家大勢洞燭先機的重要篇章，也預示了後來五代十國分裂的形勢。

影 響

　　杜牧之文，傳世者不多，眾口交譽的篇章，則為《罪言》《原十六衛》《戰論》《守論》。《罪言》一篇，宋祁於《唐書》、司馬光在《資治通鑑》裡都抄入。蓋以杜牧識略宏毅，於天下形勢、古今成敗，無不了然於胸。所談皆經濟名言，有關國家大計、民生安危，因憤恨藩鎮為患，又憂外虜未平，其忠愛情忱，不可遏抑，於是發而為文，雄渾磅礡。其《答莊克書》曾說：「文以意為主，以氣為輔，以辭彩章句為之兵衛。」是以為文洋洋灑灑，大抵因意氣充實的緣故。李慈銘推其為晚唐第一人；歐陽修稱其筆力不可及；黃宗羲以杜牧、韓愈並稱；徐乾學謂其力追《長短經》；張文虎更是認為杜牧為文的雄奇超邁，實為蘇氏父子的先導，其影響不可謂不大。

　　況唐末黃巢、王仙芝之亂，兩人都從山東起家。亂雖被平定，但因為戡亂的是各地藩鎮，這之後更是形成割據的局面，終使偉大的唐朝走向滅亡。而後唐莊宗用兵累年，不能大勝，得魏之後，也僅是暫時擁有，亦是當時大勢所趨。《罪言》所論，如聚米畫沙，不爽尺寸，非徒托浪語而已。

原 文

　　國家大事，牧不當言，言之實有罪，故作罪言[1]。

　　生人常病兵，兵祖於山東，胤於天下，不得山東，兵不可死[2]。山東之地，禹畫九土，曰冀州野[3]。舜以其分太大，離為幽州並州，程其水土，與河南等，常重十一二[4]。故其人沉鷙多材力，重許可，能辛苦。自魏、晉已下，胤浮羨淫，工機纖雜，意態百出，俗益蕩弊，人益脆弱。唯山東敦五種，本兵矢，他不能蕩而自若也。復產健馬，下者日馳二百里，所以兵常甲天下。冀州，以其恃強不循理，冀其必破弱，雖已破，冀其復強大也。並州，力足以併吞也。幽州，幽陰慘殺也。故聖人因其風俗，以為之名。

　　黃帝時，蚩尤為兵階，自後帝王，多居其地，豈尚其俗都之邪？自周劣齊霸，不一世，晉文，常傭役諸侯[5]。至秦萃銳三晉，經六世乃能得韓，逐折天下脊，復得趙，因拾取諸國[6]。秦末韓信聯齊有之，故

1　言之實有罪：《論語・泰伯》：「不在其位，不謀其政。」
2　「不得山東」二句：山東指崤山以東，亦即關東。唐代割據之藩鎮以河北之魏博、成德、盧龍及山東之淄青，及河南之淮西等五鎮為大，俱在山東。
3　禹畫九土：《尚書・禹貢篇》「書序」曰：「禹別九州，隨山浚川任土作貢。」九州即冀、兗、青、徐、揚、荊、豫、梁、雍九州。
4　離為幽州並州：《尚書・堯典》：「肇十有二州。」禹作堯水分九州，舜攝政增開、營、幽三州，始有十二州，亦即就冀州地分出幽州、並州。常重十一二：言山東之地較河南多出十分之一二。
5　不一世：一世三十年。齊桓公在位時為西元前六八五年至西元前六四三年。死後七年，西元前六三六年而晉文公即位，霸業在晉。
6　「秦萃銳三晉」二句：秦自孝公變法後，經惠文王、武王、昭王、孝文王、莊襄王，至秦王政始滅韓，時在西元前二三〇年。

蒯通知漢、楚輕重在信。光武始於上谷，成於鄗[7]。魏武舉官渡，三分天下有其二[8]。晉亂胡作，至宋武號為英雄，得蜀得關中，盡得河南地，十分天下有八，然不能使一人渡河以窺胡[9]。至於高齊荒蕩，宇文取得，隋文因以滅陳，五百年間，天下乃一家[10]。隋文非宋武敵也，是宋不得山東，隋得山東，故隋為王，宋為霸。由此言之，山東，王者不得，不可為王；霸者不得，不可為霸；猾賊得之，是以致天下不安。

國家天寶末，燕盜徐起，出入成皋、函、潼間，若涉無人地，郭、李輩常以兵五十萬，不能過鄴[11]。自爾一百餘城，天下力盡，不得尺寸，人望之若回鶻、吐蕃，義無有敢窺者[12]。國家因之畦河修障戍，塞其街蹊，齊、魯、梁、蔡，被其風流，因亦為寇。以裡拓表，以表撐裡，混涽回轉，顛倒橫斜，未嘗五年間不戰，生人日頓委，四夷日猖熾，天子因之幸陝、幸漢中，焦焦然七十餘年矣，嗚呼！運遭孝武，浣衣一肉，不畋不樂，自卑冗中拔將取相，凡十三年，乃能盡得河南、山西地，洗削更革，罔不順適，唯山東不服，亦再攻之，皆不利以返。豈天使生人未至於怗泰耶？豈其人謀未至耶？何其艱哉，何

---

7 上谷：郡谷，戰國燕地，自漢至晉，郡治在沮陽，即今河北懷來縣東南。鄗：指光武即位所在。漢時為侯國，地在今河北柏鄉縣東北，光武即位後因避諱，改名高邑。
8 魏武舉官渡：指建安五年（二〇〇），曹操於官渡之戰大敗袁紹軍隊，官渡在今河南中牟縣東北，以臨古官渡水而得名。
9 宋武：即劉裕，於東晉末年北伐，攻滅南燕、後秦，入長安，後篡晉自立，為宋武帝。
10 「高齊荒蕩」二句：高歡子高洋篡東魏為北齊，宇文泰之子篡西魏為北周，高洋荒誕，後北齊遂為北周所滅。
11 燕盜徐起：指安祿山作亂，建號大燕，起於玄宗天寶十四年（七五五），歷肅宗，至代宗時始平定。
12 回鶻：即回紇，其先本匈奴，崛起於突厥亡後，安史之亂因求助於回紇，故東京、長安遭其殺掠。吐蕃：今西藏地，於安史之亂後屢入寇。回鶻、吐蕃均為中唐邊境之大患。

其艱哉！

　　今日天子聖明，超出古昔，志於平理。若欲悉使生人無事，其要在於去兵，不得山東，兵不可去，是兵殺人無有已也。今者上策莫如自治。何者？當貞元時，山東有燕、趙、魏叛，河南有齊、蔡叛，梁、徐、陳、汝、白馬津、盟津、襄、鄧、安、黃、壽春皆戍厚兵，凡此十餘所，才足自護治所資，實不輟一人以他使，遂使我力解勢弛，熟視不軌者，無可奈何。階此，蜀亦叛，吳亦叛，其他未叛者，皆迎時上下，不可保信。自元和初至今二十九年間，得蜀得吳，得蔡得齊，凡收郡縣二百餘城，所未能得，唯山東百城耳。土地人戶，財物甲兵，校之往年，豈不綽綽乎？亦足自以為治也。法令制度，品式條章，果自治乎？賢才奸惡，搜選置舍，果自治乎？障戍鎮守，干戈車馬，果自治乎？井閭阡陌，倉廩財賦，果自治乎？如不果自治，是助虜為虐，環土三千里，植根七十年，復有天下陰為之助，則安可以取。故曰，上策莫如自治。

　　中策莫如取魏。魏於山東最重，於河南亦最重。何者？魏在山東，以其能遮趙也，既不可越魏以取趙，固不可越趙以取燕，是燕、趙常取重於魏，魏常操燕、趙之性命也。故魏在山東最重。黎陽距白馬津三十里，新鄉距盟津一百五十里，陣壘相望，朝駕暮戰，是二津虜能潰一，則馳入成皋不數日間，故魏於河南間亦最重。今者願以近事明之。元和中，纂天下兵，誅蔡誅齊，頓之五年，無山東憂者，以能得魏也。昨日誅滄，頓之三年，無山東憂者，亦以能得魏也。長慶初誅趙，一日五諸侯兵四出潰解，以失魏也。昨日誅趙，罷如長慶時，亦以失魏也。故河南、山東之輕重，常懸在魏，明白可知也。

非魏強大能致如此，地形使然也。故曰取魏為中策。

最下策為浪戰，不計地勢，不審攻守是也。兵多粟多，驅人使戰者，便於守；兵少粟少，人不驅自戰者，便於戰。故我常失於戰，虜常困於守。山東之人，叛且三五世矣，今之後生所見，言語舉止，無非叛也，以為事理正當如此，沉酣入骨髓，無以為非者。指示順向，詆侵族讎，語曰叛去，酋酋起矣。至於有圍急食盡，餒屍以戰，以此為俗，豈可與決一勝一負哉。自十餘年來，凡三收趙，食盡且下。堯山敗，趙復振；下博敗，趙復振；館陶敗，趙復振。故曰，不計地勢，不審攻守，為浪戰，最下策也。

《樊川文集》

譯　文

國家的大事，我杜牧實在不該說，說出了恐怕有罪，所以把這一篇叫罪言。

一般老百姓幾乎都以兵亂為最大的憂患，亂發源於山東地區，蔓延到天下，因此如沒得到山東地區，兵亂不可能平定。山東地區，在大禹治洪水時所劃分的九州中，叫作冀州。但是大舜認為冀州土地太大了，因此又從冀州分出了幽州和並州，衡量它的面積，跟河南比較，要多出十分之一二。那兒的人性格沉穩、雄鷙，氣力既大，又講信用，不輕易許人，而且更能吃苦耐勞。自從魏、晉以來，世人爭相模仿，而流為輕浮，又羨慕虛榮、淫蕩過度，因而投機取巧，氣質變得柔弱且雜亂，而且搔首弄姿，以形態惑人，而民俗更加淫蕩，流弊百出，許多百姓也就更加無可救藥了。只是山東仍有百姓努力耕種農

作，不忘勤練兵器弓箭，因而為其他地區所不能騷擾，而能保守舊有風格。又生產好馬，就是最普通的一天也能跑個二百里路，所以山東的力量往往可以與全天下為敵。至於冀州這個地方，當初命名就是因為它仗恃著強大，不肯依循法理，因而希望它必被攻破而弱小；但是已經破了之後，又希望它能再度強大，所以叫冀州。而并州，就是國家的力量，足以來併吞它；幽州則為該地幽暗陰森，淒慘肅殺之故。所以古聖王是因該地區的特點來加以命名的。

　　黃帝的時候，蚩尤為兵亂的根源，所以後來堯舜帝王多在其地定都，難道是因崇尚山東的風俗才定都的嗎？自從周室衰微後，齊桓稱霸於春秋，然而不到一世，晉文公又強大了，經常驅使諸侯各國。後來戰國之時，秦國傾全國之力攻打三晉，經過六代才能滅掉韓國，等於折斷天下的脊樑一樣，再攻下趙國之後，就輕而易舉地把各國拿下來了。所以當初蒯通知道漢楚兩國成敗的關鍵就在擁有山東的韓信。光武帝中興漢室，奠基於上谷，而成事於鄗地，地點也都在山東。魏武在官渡一戰得到大勢，有了山東，因此天下雖三分，他卻占了二分的絕對優勢。晉代之時，五胡亂華，只得南遷，而劉裕號稱英雄，曾經攻下了蜀國，收回了關中，滅了後秦，並且把黃河以南地方都光復了，天下十分，劉裕佔有了十分之八，但是只因沒得到山東，因而沒有辦法指揮一人渡過黃河，以窺探胡人的虛實，北方因此又失陷。後來北齊高洋因荒淫無道為北周所消滅，到了楊堅篡周，繼承了北周的基業，因而消滅了陳國，經過了近五百年的分裂，天下終於又統一。說起來，隋文帝楊堅比不上宋武帝劉裕的能幹，只因宋代沒有得到山東，而隋朝卻得到了，所以隋文帝稱王於天下，而宋武帝卻只能擁有

一方的霸業。因此來說，要稱王於天下，沒有得到山東就不可稱王；要擁有霸業，沒有山東也就不能維持霸業。如今山東卻被狡猾的匪徒占去了，以至於天下不安。

　　本朝玄宗天寶末年，河北亂賊起來興兵作亂，出沒於成皋、函谷關及潼關間，到處橫行無止，可說是如入無人之地。而郭子儀、李光弼帶領著五十萬大軍，卻不能越過鄴城。從此山東一百餘座城池，耗盡了全天下的力量去攻打，也沒法得到尺寸之地。人人看到了這些地方，都覺得好像看到回紇、吐蕃一樣，沒有膽敢去窺探的。中央只好以黃河為疆界，修築邊城來防衛並堵住往山東的大小通路。但是此後，齊、魯、梁、蔡各地的節度使受到此風的感染，也因而異地稱雄，當起寇盜來了。大家都以內部實力來擴充疆界，並以對外的擴張來支撐其內部。因而天下局勢混沌不明，曲回轉折，撲朔迷離，五年之間，沒有不打仗的日子。人民的生活日漸困難，而四方的胡人因而更加猖獗，天子也為了避難而逃到陝縣，甚至到漢中去，天下一片焦土，到現在已經七十多年了。哎呀！時運不濟，像當年孝武帝時一樣，自己洗衣，所食僅一種菜肴，沒有心思去田獵享樂。後來從根救起，於卑微冗雜的兵士中去拔取將相，經過十三年的努力，才攻下河南、山西這些地方，將被敵人佔領的土地全都收復回來，重新整頓，無不順利妥當。但只有山東地區不肯歸順，天子一再派兵前去討伐，都沒能成功。這難道是上天要讓人民不能享受太平嗎，還是因為大家的努力還不夠？為何天下一統那樣困難，那樣困難！

　　當今皇上，聖睿明智，超出以往任何皇帝，有志於平定天下，治理國家。假若想要使得全天下人都能相安無事，最主要的就在停戰，

但是若不能得到山東，戰爭將不可能停止，那麼戰爭不斷，殺人之事也就將無窮無盡了。 現在最好的策略，莫過於讓其自行治理（放過他們）。 為什麼這麼說呢？德宗貞元年間，山東有幽州鎮、河東鎮、魏博鎮的叛變，河南有淄青鎮、蔡州鎮的叛變，汴宋、徐泗、陳許、陝虢等鎮及白馬津、孟津、襄陽鎮、鄂岳鎮及淮南鎮等各地皆駐屯重兵，這十幾處地方力量都足以自治，也無法隨意地攻討它們，因而使得國家力量削弱，眼睜睜地看著不軌之事，卻無可奈何。 就在此時，四川、江南也都跟著叛變了。 其他沒有叛變的，也都跟著時局而搖擺不定，不能相信其忠心。 從憲宗元和初年到現在二十九年間，收回了四川，收回了江南，平定了蔡州，平定了淄青鎮，總共收回的郡縣有兩百多城，未能得到的，只是山東這地方而已。 國家所有的土地、人口、財物、軍隊裝備，比起往日，難道不是多了很多嗎？也足夠來自治了。 但是要自治時可得要想一想，當今各種法令制度，九品的制度及規章，果真自治了嗎？選拔賢才，拋棄奸邪之事果真自治了嗎？防禦邊疆，鎮守要境，果真自治了嗎？市井閭巷，田地阡陌，倉庫的稅收，果真自治了嗎？如果不能實行自治，是幫助敵人為惡，他們所擁有土地周圍三千里，紮根也已七十年了，更有天下一些奸人暗中幫助，怎麼能攻取下呢？所以說最好的計策莫過於自治。

　　中策莫過於取下魏博鎮。 魏博對於山東最重要，對於河南也一樣。 這是為何？魏博在山東，因它能遮掩河東鎮，因而國家既不能越過魏博來攻打河東，當然就不可能越過河東來攻打幽州，所以幽州、河東常借重於魏博；魏博鎮經常關係著幽州、河東的安危，所以魏博在山東地位最重要。

黎陽距離白馬津僅有三十里，新鄉距離盟津也只有一百五十里，地方相近，堡壘甚至可以相望，距離短，能朝發暮至，是以若這兩處渡口敵人能攻破一處，那麼馳入成皋不過幾天之間，所以魏博對於河南間接地說也很重要。現在願以最近的事來說明。元和年間，聚集天下的兵士，平定蔡州及淄青，整頓五年，使得山東不再有憂患，是為了魏博田弘正來降的原因。昨日平定滄州，整頓三年，使得山東不再有憂患，也是因為能得到魏博的緣故。穆宗長慶初年去討伐河東，一日之中，五節度使的軍隊四處流竄而潰敗，是因為失去魏博的緣故。昨日討伐河東，軍隊衰疲如同長慶年間，亦是因為失去魏博的緣故。所以河南、山東成敗的關鍵所在，經常依靠著魏博，是很明白不過的事，並非魏博的強大才導致如此，這是地形使它如此，所以說攻打魏博鎮是中策。

　　最糟糕的是猛浪地打仗，不計算地勢，不研究攻守的形勢，軍隊多，糧草足，可以驅使人民來打仗的，便於防守；軍隊少，糧草缺，人民不待驅使而自己來打仗的，便於攻打。因而我們常失之於攻打，敵人常困於防守。

　　山東地區叛變已經將要有三世、五世之久了，現在該地區後輩所表現出的言語舉止，也無非是叛逆性格，他們認為這是理所當然的，而且已經病入膏肓，深入骨髓，沒有人認為這是錯的，因此任意而行，詆毀侵略等無惡不作，動輒說些悖逆不道的話，以致越來越不像話。甚至於也有被包圍急了，食物吃光，竟然吃屍體來繼續打仗，而且以此為風俗。像這種強悍之輩，怎麼可以跟他一決勝負呢？

　　這十多年來，國家共三次收復河東，每次都已把河東圍困得彈盡

糧絕，就要攻下了，但是郗尚書在堯山一敗，河東馬上又起來了；杜叔良在下博一敗，河東又起來叛變；李聽在館陶一失敗，河東又起來叛變。所以說，不計算地形，不研究攻守的情勢，是猛浪的打法，這是最糟糕而沒效果的策略。

（周益忠、沈寶春 / 編寫整理）

毀佛寺勒僧尼還俗制
李炎

　　李炎，唐武宗，穆宗第五子。《新唐書》本紀說：「昔武丁得一傅說，為商高宗。武宗用一李德裕，遂成其功烈。」武宗之所以滅佛，一是因為他本人奉道，親近道士趙歸真，對佛教早有成見；二是因為想收沒僧尼的產業，以裕財政。

背景

　　中國佛教之發展有所謂三武之禍，指北魏太武帝、北周武帝和唐武宗三人發起的裁抑佛教政策。本文所顯示的就是武宗滅佛的實況。
　　唐朝是中國歷史上宗教思想發達的時期，尤以佛教為最盛。最初，佛道兩教都很盛行，並有激烈的爭論。道教盛行原因有二：一是老子與李唐同姓，二是唐室皇帝喜食丹藥以求長生，而此正是道士的專長，所以他們受皇帝寵信。又，唐初三帝鑒於南北朝、隋後佛法大盛，其勢足以敵國，恐有不測，所以對佛教採壓抑方式。如高祖即曾下令沙汰僧尼，太宗提高道教的地位來打擊佛教。
　　佛教由於長久受百姓王公的信仰，所以佛像的鑄造、寺院的興建以及土地的奉獻，一天比一天隆盛；甚至僧尼、寺院的奴僕，人數一天比一天增加。他們生活奢華的景象，不下於王公巨室。
　　到了武宗時，由於安史之亂後，國家財政匱乏，民生凋敝；再

者,武宗好道,寵信道士趙歸真、劉玄靖、鄧元起等人,並於殿修「金籙道場」,且親臨道場,親受法籙。趙歸真等人於是趁勢進言,排毀佛教,說佛教非中國之教,蠹耗生靈,應盡行除去。基於上述兩個原因,武宗乃於會昌五年(八四五)七月,下詔禁止道教以外的所有宗教,佛教首當其衝,受害最大。

影　響

　　武宗之禁佛,其實會昌五年之前就已陸續行之,到了五年七月才大規模且普遍地嚴禁。武宗毀廢佛教,在財政上收穫最大。一是還俗的僧尼、大量的寺院田產,是一大筆豐富的人力、物力資源;二是可以間接得到貴族富室借寺院名義逃的稅、兼併的土地;其三才是除佛法。唐代後期,由於戰亂、逃稅、逃役的情況很嚴重,這次的毀佛教,使此一問題紓解了一些。

　　然而,佛教的勢力源遠流長,武宗去世,宣宗即位,下令恢復佛教,則以前的盛況即刻重現。亦有人說,武宗的敕令僧尼還俗,頓使許多人生活失去依憑,後來之王仙芝、黃巢相繼起事,山東江淮之民於短期間從之者數萬,是必社會百姓之困乏有以致之。而武宗之毀法,未詳為僧人謀生計,應該也是其中一個原因吧?另,佛教之高僧大德之走向深山,亦其影響之一。此外,由於滅佛,外來的景教、祆教、摩尼教也受到波及,一部分消亡,一部分走入地下,成為秘密社團,更是宗教史、社會史上的大事。

原 文

朕聞三代已前，未嘗言佛，漢魏之後，象教浸興[1]。是由季時，傳此異俗，因緣染習，蔓衍滋多。以至於蠹耗國風，而漸不覺；誘惑人意，而眾益迷。洎於九州山原，兩京城闕，僧徒日廣，佛寺日崇。勞人力於土木之功，奪人利於金寶之飾，遺君親於師資之際，違配偶於戒律之間。壞法害人，無逾此道。

且一夫不田，有受其饑者；一婦不蠶，有受其寒者。今天下僧尼，不可勝數，皆待農而食，待蠶而衣。寺宇招提，莫知紀極，皆云構藻飾，僭擬宮居，晉、宋、齊、梁，物力凋瘵，風俗澆詐，莫不由是而致也[2]。

況我高祖、太宗，以武定禍亂，以文理華夏，執此二柄，足以經邦，豈可以區區西方之教，與我抗衡哉？貞觀開元，亦嘗釐革，剗除未盡，流衍轉滋。朕博覽前言，旁求輿議，弊之可革，斷在不疑。而中外誠臣，協予至意，條疏至當，宜在必行。懲千古之蠹源，成百王之典法，濟人利眾，予何讓焉。

其天下所拆寺四千六百餘所，還俗僧尼二十六萬五百人，收充兩稅戶，拆招提、蘭若四萬餘所，收膏腴上田數千萬頃，收奴婢為兩稅戶十五萬人，隸僧尼屬主客，顯明外國之教[3]。勒大秦穆護祆二千餘人還俗，不雜中華之風[4]。

於戲！前古未行，似將有待；及今盡去，豈謂無時。驅遊惰不

---

1 象教：佛教。
2 招提：佛寺的別名。
3 兩稅戶：百姓家。蘭若：寺院之稱。
4 穆護：祆教教士。

業之徒，已逾十萬，廢丹膴無用之室，何啻億千[5]。自此清淨訓人，慕無為之理；簡易齊政，成一俗之功。將使六合黔黎，同歸皇化。尚以革弊之始，日用不知，下制明廷，宜體予意，宣佈中外，咸使聞知。

《舊唐書》

譯 文

朕聽說以前夏商周三代，不曾說佛的事情；漢魏以後，佛教逐漸興起。於是從後期開始流傳這種異俗，由於感染薰陶，愈傳愈廣，以至於腐蝕了國人良好的風俗而令人毫不察覺，迷惑了善良的民心而使眾人更沉迷，以至於全國各地山川田原、兩京都城中僧尼徒眾日益增多，佛殿寺廟日益高大。為了建築寺廟而勞動人力，為了金銀寶器的裝飾而奪取人民財貨；因尊崇師祖而廢棄尊君親師的倫常，因奉守戒律而違反夫婦關係。破壞法度殘害人情，再沒有比這種方式更嚴重的了。

況且，一個男人不去耕田種作，就有因此而受饑餓的人；一個婦人不養蠶織布，就有因此而受寒凍的人。現在全國的僧尼多得不可勝數，都等待農人耕作而後有糧食，等待婦女養蠶織布而後有衣穿。寺廟的構築不知道適度的節制，都蓋得高聳華麗，超出了應守的規模，甚至高於宮廷。晉、宋、齊、梁，國家財力衰退疲憊，風俗澆薄，民情矯詐莫不因此而造成。

---

5 丹膴：采邑之稱。

況且我高祖太宗借軍力勘定禍亂，用文治教化治理天下。掌握這兩種方式，來治理國家，怎可用狹陋的西方的教化，來與我朝之大經大綸相抗衡呢？貞觀、開元年間也曾經加以改革，但消除未盡，散佈流傳愈加廣闊。朕博覽前賢的言論，廣求今人的議論。佛教弊端之要革除，絕無疑義，而朝廷內外諸大臣，誠心盡力地協助我，對事情的分析歸納極為明晰確當，實在有必要加以實行。除去千古以來腐壞國本的根源，完成後世百王的典則律法，救濟百姓福利眾民，我還要推讓什麼呢？

今全國所拆寺廟有四千六百餘所，僧尼還俗的有二十六萬五百人，收充兩稅戶，拆掉私人建的小型寺院有四萬餘所，沒收肥沃的上等田有數千萬頃。僧尼所豢養的奴婢，收充兩稅戶有十五萬人。將僧尼改隸於鴻臚寺之主客郎中管理，以闡明外國之宗教。勒令大秦祆教徒二千余人還俗，不要混亂了中華淳良之風俗。

嗚呼！前代未及實行，似乎有所等待，到今天全部除去，豈有不可能的呢？驅散遊閑怠惰不事生產的人，已超過十萬，廢除華麗無用的屋宇，何止億千。從此以清淨來教化人民，一切崇尚無為，政事以簡易為尚，以促成整合風俗的功效，使天下所有百姓都能向慕朝廷的教化。如果因為改革積弊才開始，日常行事之間不知者，朝廷諸臣應瞭解我的意思，宣告布達中外，都使知道。

（簡松興／編寫整理）

《景德傳燈錄》序
楊億

　　楊億（九七四——一○二○），字大年，建州浦城（今屬福建）人。在宋太宗、真宗二朝，歷任翰林學士、侍郎、史館修撰等官。他作詩崇尚李商隱的風格，與友人劉筠、錢惟演等人交際唱和，一時風從，號為「西崑體」。他曾禮拜汝州廣慧禪師，被當時的學佛士大夫尊為領袖。又屢次奉詔命編制《大藏》目錄，校刊《景德傳燈錄》於潤文譯經院。

背　景

　　《景德傳燈錄》三十卷，是北宋真宗景德元年（一○○四）僧人道原搜輯了禪宗歷代大師的對話和許多原始資料，依據時代先後編次而成的專書。

　　書名《傳燈錄》，就是說禪宗歷代的傳法機緣，都是以法傳人，譬如燈火相傳，輾轉不絕。

　　《傳燈》之類的著作，萌芽於南北朝，天竺僧耶舍帶了漢譯的梵本《祖偈因緣》（敘述七佛至二十八祖的傳法事蹟），到東土高齊境內。南朝梁簡文帝又派人北上傳寫，因而得以流布於江南各地。唐德宗時，僧人惠炬將此本連同唐初以來傳法宗師機緣，合併集成《寶林傳》一書。此後經過百餘年的陸續增修，到了南唐中主保大十年（九

五二），終於有了正式傳燈錄的作品——《祖堂集》三十卷問世。這也是禪宗現存最古的燈史。

道原就是將《寶林傳》和《祖堂集》等書，加以編排整理，使得條理貫串，資料完備，可說是宋代最早完成的一本最完備的禪宗學術史。

禪宗南派在五代末年已分為五家，道原是天台韶國師的弟子，法眼宗清涼文益的子孫，也是南宗第十世，住蘇州承天寺。所以《傳燈錄》中，對青原系諸家的記載特別詳細。世系也是從七佛到法眼宗的文益禪師為止，凡五十二世，共一千七百零一人。

又有一種說法，《傳燈錄》其實是湖州鐵觀音院僧拱辰纂修的。書寫好以後，準備到京師投獻朝廷。在路上與另一僧人同舟，談起了這件事，並且把書給該僧觀賞，不料那僧人竟悄悄把書拿走了。拱辰到了京師，就聽見有個叫作道原的僧人，已經因進書而受封賞。

影　響

無論如何，《傳燈錄》由皇帝詔命當時的大文豪楊億等人刪改修定，去蕪存菁，使得可讀性大增。即使後來南宋僧人普濟，結合五種燈錄寫成的《五燈會元》問世，《景德傳燈錄》還是盛行不衰，就是因為它的編次、文字都非常清楚，為有心研究禪宗學術的人，提供了極大的方便。直到今日，大學裡所開的佛學課程中，只要談到禪宗公案禪宗史，仍避不開這一本書。

原文

昔釋迦文以受然燈之夙記,當賢劫之次補,降神演化四十九年,開權實頓漸之門,垂半滿偏圓之教¹。隨機悟理,爰有三乘之差;接物利生,乃度無邊之眾²。其濟廣大矣!其軌式備具矣!而雙林入滅,獨顧於飲光;屈眴相傳,首從於達摩³。不立文字,直指心源;不踐階梯,徑登佛地。逮五葉而始盛,分千燈而益繁⁴。達寶所者蓋多,轉法

---

1 釋迦文:即佛教始祖釋迦牟尼,簡稱釋迦。釋迦本為印度種族名,在當時印度政治形勢中,並無顯著地位。有些佛書又說釋迦是「能力」的意思,文是「靜寂入道」的意思。受然燈之夙記:《瑞應經》上卷說:然燈佛出世時,釋迦還是一個名叫「摩納」的孩童。摩納見王家小女兒名叫瞿夷的,拿了七枝青蓮花,就買下了五枝,加上瞿夷託付的兩枝,共七枝青蓮,去供奉然燈佛。又見地上泥濘,就解下鹿皮衣覆在地上,見長度不夠,又將頭髮鋪地,讓佛走過。所以然燈佛就授記給他說:「是後九十一劫,名賢劫,汝當做佛,號釋迦文如來。」《心地觀經》卷一也說:「釋迦昔為摩納仙人時,布髮供養然燈佛,以是精進因緣故,入劫超於生死海。」摩納是梵音,意即「儒童」。然燈,即燃燈佛。《智度論》卷九說:此佛出世時,身畔光明,如燈光照耀,所以稱為「然燈太子」,成佛以後就稱作「燃燈佛」。賢劫:過去之住劫,名為莊嚴劫;未來之住劫,名為星宿劫;現在之住劫,名為賢劫。現在之住劫二十增減中,有千佛出世,故稱之為賢劫,亦名善劫。賢,善也;劫,時分之意。賢劫即為善的時分,也就是千佛賢聖出世的時分。四十九年:一般說法是,釋迦十九歲出家,三十歲成佛,說法住世凡四十九年,至七十九歲入滅。約當周穆王四年至五十三年(前九九八—前九四九)。權實:謂佛法二教。佛說法有權、實的分別,適於一時權宜之法的是權,法理比較明淺;終始不變之法的是實,法理較深。頓漸:是頓悟和漸悟二法。偏圓:偏空、圓空二種。著於空白偏空;並空亦空之,一無所著,曰圓空,即第一義空。
2 三乘:小乘之三乘,是大乘、中乘、小乘。大乘之三乘,是聲聞乘(小乘)、緣覺乘(辟支佛乘)、菩薩乘(大乘)。
3 雙林:娑羅樹林中的兩株娑羅樹。入滅:入於滅度,即涅槃、寂滅(脫離煩惱曰寂,絕生死之苦果曰滅)。釋迦在入滅前,叫阿難尊者在娑羅林中,兩株娑羅樹中間,鋪一張臥榻,不久釋迦就在榻上入滅了。飲光:釋迦十大弟子之一,即摩訶迦葉,因為拈花微笑的緣故,獨得釋迦「實相無相,涅槃妙心」的教外別傳。屈眴相傳:即衣缽相傳。佛家稱布帛為屈眴。《寶林傳》說:即達摩所傳之衣七條也。
4 五葉:《傳燈錄·達摩章》:「傳法救迷情,一華開五葉,結果自然成。」是禪宗分為五派之讖語。後來禪宗果在宋代分為溈仰、臨濟、雲門、曹洞、法眼等五派。千燈:喻禪師在各地傳他心法,如明燈處處散佈。燈是明燈。佛語說:「傳法他人,燈燈相傳,心心相印。」

輪者非一[5]。蓋大雄付囑之旨，正眼流通之道，教外別行，不可思議者也[6]。

聖宋啟運，人靈幽贊，太祖以神武戡亂，而崇淨剎、辟度門；太宗以欽明御辯，而述秘詮、暢真諦；皇上以睿文繼志，而序聖教、繹宗風[7]。煥雲章於義天，振金聲於覺苑[8]。蓮藏之言密契，竺乾之緒克昌[9]。殖眾善者滋多，傳了義者閑出。圓頓之化，流於區域。有東吳僧道原者，冥心禪悅，索隱空宗，披奕世之祖圖，采諸方之語錄，次序其流派，錯綜其辭句，由七佛以至大法眼之嗣，凡五十二世，一千七百一人，成三十卷，目之曰《景德傳燈錄》[10]。詣闕奉進，冀於流布。皇上為佛法之外護，嘉釋子之勤業，載懷重慎，思致遠久，乃詔翰林學士左司諫知制誥臣楊億、兵部員外郎知制誥臣李維、太常丞臣王曙等，同加刊削，俾之裁定[11]。

臣等昧三學之旨，迷五性之方；乏臨川翻譯之能，憎毗邪語默之

---

5 寶所：藏珍寶之所，喻涅槃境界。法輪：佛的教法，如車輪旋轉，能轉凡成聖，能輾碎眾生一切煩惱。
6 大雄：釋迦佛祖的德號。佛祖具足大力，能降伏四魔，故尊曰大雄。正眼：即正法眼藏。佛的心眼初見正法，名正法眼；深廣而萬德含藏，謂之藏。也就是禪宗教外別傳的心印。
7 淨剎：清淨的佛剎。度門：出離世俗，超脫生死之門。度，即超度、出離之意。
8 覺苑：佛苑寺廟。
9 蓮藏：即蓮華藏世界之略稱。諸佛報身的淨土，是由寶蓮華所成，故名蓮藏。竺乾：即竺乾公，中國對佛的別稱。白居易詩：「大抵宗莊叟，私心事竺乾。」
10 禪悅：入於禪定時所得之喜悅。奕世：累世。七佛：諸佛降世，前後無慮千數，但是佛家只取其中七佛為代表。七佛是毗婆屍佛、屍棄佛、毗舍浮佛、拘留孫佛、拘那含牟尼佛、迦葉佛、釋迦牟尼佛。
11 外護：佛家二護之一，供給我衣服飲食之親屬檀越。

要[12]。恭承嚴命,不敢牢讓。竊用探索,匪遑寧居。考其論撰之意,蓋以真空為本,將以述曩聖入道之因,標昔人契理之說[13]。機緣交激,若拄於箭鋒;智藏發光,旁資於鞭影[14]。誘導後學,敷暢玄猷。而捃摭之來,徵引所出,糟粕多在,油素可尋[15]。其有大士示徒,以一音而開演;含靈聳聽,乃千聖之證明[16]。屬概舉之是資,取少分而斯可。若乃別加潤色,失其指歸,既非華竺之殊言,頗近錯雕之傷寶。如此之類,悉仍其舊。

　　況又事資紀實,必由於善敘;言以行遠,非可以無文。其有標錄事緣,縷詳軌跡;或辭條之糾紛,或言筌之猥俗,並從刊削,俾之綸貫。至有儒臣居士之問答,爵位姓氏之著明,校歲曆以愆殊,約史籍而差謬,咸用刪去,以資傳信。自非啟投針之玄趣,馳激電之迅機;開示妙明之真心,祖述苦空之深理,即何以契傳燈之喻,施刮膜之功。若乃但述感應之徵符,專敘參遊之轍跡,此已標於僧史,亦奚取於禪詮。聊存世系之名,庶紀師承之自。然而舊錄所載,或掇粗而遺精,別集具存,當尋文而補闕。率加採擷,爰從附益。逮於序論之作,或非古德之文,間廁編聯,徒增楦釀[17]。亦用簡別,多所屏去。訖

---

12 三學:戒、定、慧三學,即禁戒、禪定與智慧。五性:法相宗將一切眾生的根機分為五類,即:定性聲聞、定性緣覺、定性菩薩、不定性、無性。語默:悉達多太子始入劫毗羅城時,使諸釋子寂靜無言,故其父淨飯王附以「牟尼(Muni)」之稱。牟尼,寂也,即寂默、寂靜之義。出家後,常修禪行而寂默無言,故曰「語默之要」。
13 真空:出一切色相意識的境界。
14 智藏:智慧廣大,含藏一切諸法。鞭影:佛語,如世良馬見鞭影而行。語出《五燈會元》。
15 油素:素為精白之絹,其光如油,故名油素。古人書畫多用之。
16 一音:佛只以一種聲音來宣說一切教法,轉謂代佛說法者,皆曰一音。《維摩經佛國品》云:「佛以一音演說法,眾生隨類各得解。」
17 楦釀:雜湊,湊搭。

茲周歲，方遂終篇。

臣等性識愧於冥煩，學問慚於涉獵，天機素淺，文力無餘。妙道在人，雖刳心而斯久；玄言絕俗，固牆面以居多[18]。濫膺推擇之私，靡著發揮之效；已克終於紬繹，將仰奉於清閒。莫副宸襟，空塵睿覽。謹上。

《景德傳燈錄》

譯 文

以前佛祖釋迦牟尼的前身，還是一個印度孩童的時候，因為禮拜供養燃燈佛，所以能受記轉世為如來佛，作為千佛傳承中的一環。自從他三十歲成佛後，住世說法，推演變化，共四十九年，開啟了入佛的權宜之法、不變之教，與漸進、頓悟的修道法門，留下了圓融無礙及偏空論理的不同教義。受教者可隨自己的稟賦與當時機宜，各自了悟佛理，因此有了三乘宗派的區別。佛祖慈待萬物，利益眾生，化度無盡的生靈；他慈悲濟人的胸懷，實在廣大，他的軌範法則，也具備完全了。後來，佛祖在娑羅樹林的兩株樹中間寂滅了，入滅前傳給弟子摩訶迦葉「涅槃妙心，實相無相」的悟道大法；由此一脈相傳，直到第二十八代菩提達摩，在南北朝時東渡中國，於嵩山上面壁九年，建立了「不立文字，直指心源」的中國禪宗。不經由文字宣佛，直接就可達到了悟的境地。到了唐朝，六祖弘忍南下廣東，建立南宗頓悟一派，又由此行分為溈仰、臨濟、雲門、曹洞、法眼五宗，禪宗勢力

---

18 刳心：洗心。《莊子・天地篇》：「君子不可以不刳心焉。」剖其心而空之也。

因此逐漸昌盛，各地禪寺也更加繁衍。 了悟法義的固然很多，轉凡成聖的也不在少數。 這些都是佛祖傳授的旨意，正法流通的原則，在教法經典之外，另行傳佈，不能空憑理念去思考呀！

　　我們宋朝得到天佑民助，太祖皇帝神武英明，平定亂事，統一天下，即位後，非常尊崇佛教，開啟了超度入佛的大門。 太宗皇帝以睿智明辯的口才來暢述佛理，通達經義。 當今仁宗皇帝，天縱英明，繼承德業，發揚佛教，演繹佛理，對佛界有發聲振聵的功業，就如在青天鋪灑錦雲般的顯眼。 他所說的，與佛經真義緊密契合，佛教的流傳也因此更加昌盛。 行善的人愈來愈多，傳佈佛義的人也不斷出現；圓教、頓教的法義，得以流布在宋朝疆域之中。 此時有一位東吳來的僧人，法號道原，潛心研究以空為義、不立文字的禪宗。 他披閱禪宗歷代祖師的事蹟行誼，採擷各類語錄的記載，歸納他們的源流宗派，開始撰寫專書，從印度七佛，到中國法眼宗的繼承人文益禪師為止，共有五十二世，一千七百零一人，寫成三十卷，書名叫作《景德傳燈錄》。 道原寫完此書後，來到朝廷，希望能夠使它廣為流傳。 皇上對佛教愛護有加，鼓勵釋子勤力學佛，所以詔命朝臣楊億、李維、王曙等人，加以刊削，以便裁定出書。

　　我們這幾個主事的臣子，不明了佛家戒、定、慧三學的旨要，又不清楚眾生根基的五性，缺乏信雅達的翻譯能力，又不知道禪宗不立文字的教義，真不知該如何是好。 可是詔命既下，唯有戒慎恭敬地接受，不敢推讓。 於是竭力探究這本書的義理，一點都不敢怠忽。 稽考道原論撰此書的用意，大概是依據禪宗空無不執著的觀念，來敘述以前聖賢大師悟覺正道的緣故，標明前人契合佛理的言論。 書中所說的

義理，精切機妙，能讓人智慧頓開。 啟發導引佛教後進，使精深的佛理得以顯達四方。 可是道原所搜輯的資料、徵引的原文，精義深理雖時而可見，而雜言廢語也不在少數。 一般說來，菩薩開導門生，只用一種聲音說法，而有靈性的眾生都在專心聽受，這就是人皆有佛性的明證。 此書所載，以列舉事例為主，只需擷取諸書中相關文字即可；如果自行加以潤色，便失去了原文的宗旨意義，就不是佛家的真言，反而造成錯誤，損傷佛理法義了。 所以像這一類的文辭，都完全依照舊文，不加刪改。

不過，此書既是實事的記載，一定要敘述得有技巧，才能引人入勝。 而且文字記載的目的，是想將事理廣為流傳，使之萬世不朽，所以敘述事例的時候，又不能不加以文飾。 書中有標明摘錄事例緣由的，就將它的原始本末，一絲一縷，詳盡記載； 如果是文辭條理糾纏不清，或解釋的用詞猥俗不堪，就都將它刪削，使全書前後的體例能夠系統條貫。 至於書中所記載儒臣居士的答問之語，或談到姓名、爵位的地方，如果考諸史籍、校以年代，都不能吻合，就將它們刪除，以使傳言信實。 如果不能啟發深幽細微的佛意，暢達石火電光的機悟，開示神妙明澈的真心，遠宗佛祖苦性、空無的深理，那又怎能契合傳承明燈的事業，施展刮削琢磨的工夫呢？ 如果僅是敘述菩薩顯靈、願求應現的事例，以及僧人參悟遊方的事蹟，這些都寫明在《高僧傳》這些佛史典籍之中了，又怎能助於禪悟的詮義呢？ 道原的《傳燈錄》，算是保存了禪宗歷代傳承的世系，以及師承的流衍； 只是選用的史料比較粗陋，如果可用其他書籍的資料加以補充，也大多予以採用，以增益加詳。 至於序論的文字，不是古代佛師的創作，如果雜

在書中，只顯得散亂冗長。所以也予以簡化，或捨棄不用。從受命刪削到現在，已滿一年了，才完稿成書。

　　微臣三人，才性識度實在是昏昧不明，學問也不夠用心；天機向來淺薄，文辭工力也不夠深厚。不過，神妙的佛道自在人心，只要虛心追求就能獲得；佛道的精義，超邁流俗，當然是不瞭解的人居多。我們輕易地接下了推闡佛義的責任，卻沒有發揮顯著的成效；只是完成了初步的探討工作，現在就進呈給皇上，請皇上閒暇時略加過目。我們實在沒有達成皇上的詔命，只是枉費皇上的聖鑒。微臣楊億等謹上。

（黃復山 / 編寫整理）

復宋誓書
耶律隆緒

耶律隆緒（九七一——一○三一），即遼聖宗，是遼朝第六位皇帝。他非常欽慕漢族的文物制度，尤好讀唐《貞觀政要》；曾經親自以契丹文譯白居易的《諷諫集》，命番臣誦讀。他是一位漢化很深，又有志於修明內政的君主。在位期間，曾經出兵攻宋，結果締結澶淵之盟，使宋、遼兩國維持了長期的和平。

背景

契丹是北宋初期的主要外患之一。太祖時，因全心統一國內，無暇北顧。太宗降服北漢，完成國內的統一後，企圖乘勝追擊，一併收復久為遼人佔據的燕、雲地區，不幸大敗於高梁河。接著又有瓦橋關、歧溝關之敗，從此不再有恢復燕、雲的念頭。遼人反而因為幾次勝利，更加輕視宋朝，常常越過邊界，劫掠人民財物。因此，兩國經常處於緊張戒備的狀態。

遼聖宗在位時，主持朝政的蕭太后與朝中的大臣已對戰爭感到厭倦，想要終止雙方的衝突，但為取得較大的戰果，遂決意傾國南征。於是在統和二十二年（一○○四），即宋真宗景德元年九月，出兵二十萬大舉入侵，聲勢浩大。宋人大驚，朝臣多主張遷都避禍，只有寇準力勸真宗赴澶淵，御駕親征。真宗接受了寇準的建議，渡河至澶州督

軍。深入宋境的遼軍,攻戰並不順利;加上真宗親征,聚集了數十萬宋兵,讓契丹大為震驚。恰巧遼國統軍的撻覽中伏弩而卒,軍心渙散。宋朝方面則因真宗的怯懦,也無心戀戰,因此雙方進行和議。

　　由於遼兵的攻勢受挫,所以求和的心意甚為迫切。前此為遼人俘獲的宋雲州觀察王繼忠,素受真宗信任,又感於蕭太后的器重禮遇,全力促成宋、遼和議。最初,寇準堅決反對議和,但因真宗厭戰,遂退而主張命遼稱臣,並歸還幽州,可惜並未被真宗採納。同時有人誣陷寇準想擁兵以自重,真宗乃應允了王繼忠的請和。宋朝派遣曹利用到遼營談判,允許歲輸銀十萬兩、絹二十萬匹,宋以叔母禮事遼太后,遼帝以兄禮事宋帝。這就是有名的「澶淵之盟」。本文即遼主答覆宋帝議和的誓書。

契丹使朝聘圖 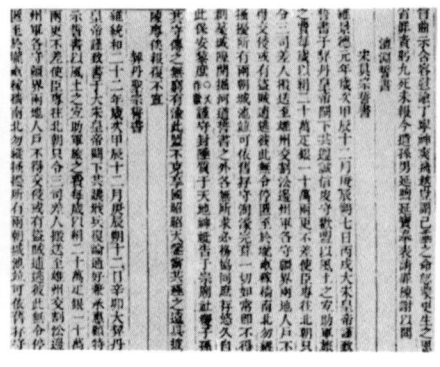　　　　　　　　　宋遼交換國書

影　響

　　澶淵定盟之後,宋、遼兩國雖偶有糾紛,但是使節往返不絕,大致上得以維持和平的局面,對北宋的政治穩定很有幫助。其和議之模

式也成為宋代基本國策。

原 文

維統和二十二年,歲次甲辰,十二月庚辰朔,十二日辛卯,大契丹皇帝謹致誓書於大宋皇帝闕下,共議戢兵,復論通好,兼承惠顧,特示誓書云[1]:

以風土之宜,助軍旅之費,每歲以絹二十萬匹、銀一十萬兩,更不差使臣專往北朝,只令三司差人搬送至雄州交割;沿邊州軍各守疆界;兩地人戶不得交侵;或有盜賊逋逃,彼此無令停匿;至於隴畝稼穡,南北勿縱驚騷[2]。所有兩朝城池,並可依舊存守,淘濠完葺,一切如常,即不得創築城隍,開掘河道。誓書之外,各無所求,必務協同,庶存悠久。自此保安黎庶,慎守封陲。質於天地神祇,告於宗廟社稷,子孫共守,傳之無窮。有渝此盟,不克享國。昭昭天鑒,當共殛之!

孤雖不才,敢遵此約,謹當告於天地,誓之子孫:苟渝此盟,神明是殛!專具諮述,不宣,謹白。

《續資治通鑑長編》

譯 文

遼聖宗統和二十二年(一〇〇四)十二月十二日,大契丹皇帝慎

---

1 「維統和二十二年」四句:古人以干支紀年月日,歲次甲辰,即指此年為甲辰年;十二月庚辰朔,指十二月初一是庚辰日;十二日辛卯,謂十二日這天是辛卯日。
2 三司:宋沿五代之制,置三司使總理國計,承應各地的貢賦,通管鹽錢、度支、戶部,號曰「計省」,地位次於宰相,有「計相」之稱。因此,運送歲幣的任務,便由三司使負責。

重地致送誓書到大宋皇帝的住處，共同討論停戰，以及繼續交好的事，同時承蒙您的愛顧，特意呈示誓書的內容：

　　由於民風土俗的合宜，每年提供二十萬匹絹、十萬兩銀，作為軍隊的費用，不必另外派遣使臣專程前往（遼國），只要下令三司調派人員運送到雄州交接；雙方邊界各州的軍隊，謹守各自的疆土；雙方人民不可互相攻擊；如果有逃亡的盜賊，雙方都不可讓他們居留、藏匿；至於田地裡的農作物，大家都不能縱容軍民擾亂。兩國原有的城牆和護城河，一切照舊，挖浚護城河、修補城牆，也完全依平常的辦法。只是不得再建造新的城池、挖掘新的河道。除此之外，雙方都沒有其他的要求，然而一定要協力同心地遵守，才能保持長久。今後，各自照顧自己的子民，謹慎地固守邊界。雙方定盟於天神地祇之前，祭告於彼此的宗廟社稷，讓子孫共同遵守，流傳不息。如違背這項盟約，就不能保有國家。英明監視的上天，一定會予以誅除的。

　　我雖然不聰敏，卻願意遵守這個和約，並且恭敬地祭告天地，告誡子孫：如果違背這項盟約，上天會施予誅懲的。專門述說，不公開說，謹啟。

（蔣秋華／編寫整理）

《御制冊府元龜》序

趙恒

趙恒（九六八一一〇二二），即宋真宗，為宋代第三任皇帝。景德元年（一〇〇四），遼軍入寇，真宗用寇準議親征，結果訂立「澶淵之盟」。事後真宗深以為恥，遂與大臣偽造天書《大中祥符》，並更改年號，舉行封禪，建立宮祠，由於花費過巨，使得財用不足，國勢衰頹。

背景

宋太宗時曾下令編纂三部大書：約取經史子集和百家之言而成《太平御覽》一千卷，集六朝至唐代類書的大成；收集一些稗官野史、筆說小說而成《太平廣記》五百卷，集小說的大成；精擇諸家文集而成《文苑英華》一千卷，是六朝以後，以唐代為主的詩文選集。這三部書對於保存宋代以前的文獻資料，有很大的貢獻。太宗之所以敕纂諸書，有人認為具有政治目的，即意在羈縻降國舊臣。然據今人考證，認為編纂和歸附的時間不能配合，降臣對故國的忠心亦不牢固，所以編書的政治作用不大。其最大的目的，是因中國古代素有「盛世修典」的傳統，太宗此時大力修典，正好表揚君主崇儒好學，點綴升平，以獲右文令主的美譽。

唐末五代長期紛亂，使得典籍散亡，百不存一。宋太祖即位以

後，厲行文治，曾有「欲武臣盡讀書以通治道」的計畫。只因全國尚未統一，所以文教仍未興盛。到太宗時，宇內粗定，國基漸固，遂有餘力宣導文教。太平興國二年（九七七），詔命儒臣纂修編輯，先後完成《太平御覽》《太平廣記》《文苑英華》三部大書。真宗澶淵之盟以後，力求在文化上有所表現，也鋪陳出一種「盛世」景象，乃於景德二年（一〇〇五）覆命群儒綴輯，完成《冊府元龜》一書。這四部書的卷帙相當繁富，為藝林一大盛事，所以後人以「宋匯部四大書」稱之。

影 響

　　本文為宋真宗自撰的《冊府元龜》序文，敘述他踵繼太宗之志，

太清觀書

敕纂此書。《冊府元龜》共計一千卷，乃匯聚歷代治亂興衰、君臣得失事蹟而成，相當於一部「歷史辭典」。

此書為宋四大書最後完成的一部，也是花費時間最久的一部。由於真宗有意使此書成為後世法典，所以收錄的事蹟都寓有懲勸目的，不同於太宗敕編的三書。

類書的編輯，往往可以保存古書的部分面貌，唐代的《北堂書鈔》《藝文類聚》，是早期重要的類書，可惜卷帙不多，收錄有限。宋四大書的卷帙浩瀚，收錄的古籍不在少數。因此，對後人輯佚古書，提供了相當大的幫助。如嚴可均的《全上古三代秦漢三國六朝文》、黃奭的《黃氏佚書考》，就從宋四大書中採擇了不少資料。

原　文

太宗皇帝始則編小說而成《廣記》，纂百氏而著《御覽》，集章句而制《文苑》，聚方書而撰《神醫》；次復刊廣疏於九經，校闕疑於三史，修古學於篆籀，總妙言於釋老，洪猷丕顯，能事畢陳[1]。

朕遹遵先志，肇振斯文，載命群儒，共司綴緝。粵自正統至於閏位，君臣善跡，邦家美政，禮樂沿革，法令寬猛，官師議論，多士名

---

1 《神醫》：即《神醫普救》，有一千卷，原為宋太宗詔編的四部書之一，因不傳於世，後人乃以《冊府元龜》與太宗詔編的三書，合稱「宋四大書」。刊廣疏於九經：宋太宗端拱元年（九八八），詔令刊行《五經正義》，至淳化五年（九九四）全部完成。至道二年（九九六），又下令校定《周禮》《儀禮》《公羊》《穀梁》傳疏。校闕疑於三史：淳化五年，分校《史記》《漢書》《後漢書》，刻於杭州。修古學於篆籀：宋太宗雍熙三年（九八六），國子監刊行《說文解字》。總妙言於釋老：宋太宗於興國寺之西置譯經院，名「傳法院」，其東為印經院。以印度法天、吉祥、天息災、法進、法賢、施護等主持譯經，自太平興國七年（九八二）到至道末年，共成二百五十三卷。太平興國六年（九八一），益州呈進《大藏經》雕板三萬板，一千零七十六部，五千零四十八卷，即世稱的《官蜀本大藏經》。

行,靡不具載,用存典型[2]。凡敕成一千一百四門,門有小序,述其指歸;分為三十一器,

部有總序,言其經制:凡一千卷[3]。

《玉海》

譯文

太宗皇帝最初彙集小說野史,編成《太平廣記》一書;纂輯百家之言,成為《太平御覽》一書;聚集詩賦文章,製成《文苑英華》一書;收聚醫藥書籍,撰成《神醫普救》一書。接著又刊行九經注疏,校正《史記》《漢書》《後漢書》的缺漏、疑問,整理古文字學,匯刻佛家、道家的書籍。偉大的功績十分顯著,精明的事務全都完成。

我遵從先人的志業,大力振興禮樂教化,命令眾儒臣,共同從事編纂工作。從正統的王朝到閏位的王朝,凡是君臣的善良事蹟,國家的和美政治,禮樂制度的演變,寬鬆或嚴厲的法令,百官的議論,士人的善行,無不記載,以保存模範標準。一共下令完成一千一百零四門,各門都有小序,敘述意旨歸向;分成三十一部,各部有總序,說明規模制度:總共有一千卷。

(蔣秋華/編寫整理)

---

2 正統:古代王朝繼承的嫡正統緒。此論在宋代相當熱烈,如歐陽修、司馬光、朱熹等人,都有辯論的文章。即針對一些篡位或分裂的朝代,爭論它們的合法性、代表性,以串成合法王朝的繼承系統。閏位:指不得正統之命的朝代,如同歲月之餘分置閏年、閏月。
3 一千一百四門:今本僅一千一百零二門,為原來計算錯誤,或為後人傳抄而誤,已不得而知。

朋黨論
歐陽修

　　歐陽修（一〇〇七—一〇七二），字永叔，自號醉翁、六一居士，諡文忠，宋吉州吉水（今屬江西）人。少讀韓愈文章，非常喜歡，日後主持科考，極力排抑詭怪的太學體，宣導古文，改變了當時的文風。他的詩、文、詞均佳，為北宋文壇領袖。又樂於提拔後進，蘇軾、曾鞏、王安石等人，都受過他的提攜和鼓勵。著有《新唐書》《新五代史》《毛詩本義》《集古錄》《六一詩話》《六一詞》《文忠集》等書。

歐陽修像

背景

　　宋太祖鑒於唐末五代以來長期的武人干政，於是對武人採取壓抑的政策，而特別重用文人，曾立下「不殺士人」的訓示。備受禮遇的士大夫，有感於朝廷的尊崇，自我期許也就相對增高。

　　不過宋朝的士大夫喜歡議論朝政，往往持論嚴苛，而未必切於事理，因此常起爭辯，進而形成派系。另外，為了防止大臣專權，允許諫官在沒有真憑實據的情況下也可以提出彈劾，這又引發大臣相互的

攻訐、報復，逐漸形成朋黨對峙。

朋黨是惡辭，指小人朋比為奸，結成黨羽。宋仁宗景祐三年（一〇三六），范仲淹上《百官圖》，指責宰相呂夷簡任用私人，又進《帝王好尚》《選賢任能》《近名》《推諉》四論，譏切時弊。也就是批評他們是朋黨。呂夷簡則反過來說范仲淹越職言事，離間君臣，引用朋黨，以致范仲淹落職出知饒州。余靖、尹洙、歐陽修為他訴不平，同遭貶斥。韓縝為迎合呂夷簡，竟奏請以范仲淹等人為朋黨，宜將其名張榜於朝堂，用以禁戒百官越職言事，其議為朝廷接受。

慶曆三年（一〇四三），增置諫官，歐陽修、王素、蔡襄、余靖等皆入選。歐陽修每次入對，仁宗都向他詢問執政官員施政的得失，他便乘機勸勉仁宗進賢去邪。然而自范仲淹等人外放後，朝中小人將他們視為黨人，於是遂有朋黨的非議。至此，歐陽修乃撰《朋黨論》，進呈仁宗。文中借古事為諷喻，由於論事切直，所以深受嘉獎。如此一來，更加刺激了反對一派的人，彼此對立、爭論的情形日益惡化。這就是史家所稱的「慶曆黨議」。

影　響

從政治的辯論，演變成意氣的爭執，其間雖然不乏正直大臣的為國籌謀，卻因彼此膠固己見，不能坦誠合作，再加上奸邪小人從中攛掇，終於造成凡事必爭、黨同伐異的局面。因此，北宋中葉以後的政局，幾乎與朋黨脫離不了關係，且相互指責對方是朋黨。例如英宗朝的濮議、神宗朝的變法，都出現了大臣對立爭執的激烈場面。尤其是變法的論爭，表面上新、舊兩派相互攻擊，然而兩派內部又有歧見，

派系更顯得複雜,有蜀黨、洛黨、朔黨等。得勢者固然大行其道,失意者乃亟思平反,就在這種此起彼伏的黨派傾軋下,結束了北宋的政權。

原 文

臣聞朋黨之說,自古有之,惟幸人君辨其君子、小人而已。大凡君子與君子,以同道為朋;小人與小人,以同利為朋:此自然之理也。

然臣謂小人無朋,惟君子則有之。其故何哉?小人所好者,利祿也;所貪者,貨財也。當其同利之時,暫相黨引以為朋者,偽也。及其見利而爭先,或利盡而交疏,則反相賊害,雖其兄弟親戚,不能相保。故臣謂小人無朋,其暫為朋者,偽也。君子則不然。所守者道義,所行者忠信,所惜者名節。以之修身,則同道而相益;以之事國,則同心而共濟。終始如一,此君子之朋也。故為人君者,但當退小人之偽朋,用君子之真朋,則天下治矣。

堯之時,小人共工、驩兜等四人為一朋,君子八元、八愷十六人為一朋,舜佐堯,退四凶小人之朋,而進元、愷君子之朋,堯之天下大治[1]。及舜自為天子,而皋陶、夔、稷、契等二十二人,並立於

---

[1] 小人共工、驩兜等四人為一朋:帝堯時的四凶是共工、驩兜、三苗、鯀,分別為舜流放竄誅,見《尚書‧堯典》。又《左傳‧文公十八年》,以窮奇、渾敦、饕餮、檮杌為帝堯時的四凶,朋比為惡,遭到舜的驅逐。明周祈的《名義考》,認為窮奇就是共工、渾敦就是驩兜、饕餮就是三苗、檮杌就是鯀。君子八元、八愷十六人為一朋:八元、八愷是帝舜的賢臣,據《左傳‧文公十八年》,高陽氏有才子八人:蒼舒、隤敱、檮戭、大臨、尨降、庭堅、仲容、叔達,民謂之八愷;高辛氏有才子八人:伯奮、仲堪、叔獻、季仲、伯虎、仲熊、叔豹、季狸,民謂之八元。這十六人經由舜的推薦,為帝堯任用。元,善;愷,和。

朝,更相稱美,更相推讓,凡二十二人為一朋,而舜皆用之,天下亦大治[2]。《書》曰:「紂有臣億萬,惟億萬心;周有臣三千,惟一心。」[3]紂之時,億萬人各異心,可謂不為朋矣,然紂以亡國;周武王之臣三千人為一大朋,而周用以興。後漢獻帝時,盡取天下名士囚禁之,目為黨人;及黃巾賊起,漢室大亂,後方悔悟,盡解黨人而釋之,然已無救矣[4]。唐之晚年,漸起朋黨之論,及昭宗時,盡殺朝之名士,咸投之黃河,曰:「此輩清流,可投濁流。」[5]而唐遂亡矣。

　　夫前世之主,能使人人異心不為朋,莫如紂;能禁絕善人為朋,莫如漢獻帝;能誅戮清流之朋,莫如唐昭宗之世:然皆亂亡其國。更相稱美推讓而不自疑,莫如舜之二十二臣,舜亦不疑而皆用之。然而後世不誚舜為二十二人朋黨所欺,而稱舜為聰明之聖者,以能辨君子與小人也。周武之世,舉其國之臣三千人共為一朋,自古為朋之多

---

2 「臯陶、夔、稷、契等二十二人」二句:《尚書·堯典》:舜命九官:臯陶作士,掌刑法;夔典音樂,教歌舞;棄為后稷,掌農事;契作司徒,掌教化;禹作司空,平水土;垂為共工,掌百工;益為虞官,管草木鳥獸;伯夷作秩宗,典三禮;龍作納言,司諫誡。並且說:「咨!汝二十有二人,欽哉!」二十二人未有定說,或以九官加四岳(一人)、十二牧,成二十二人;或以四岳(四人)、十二牧加六官(除去棄、契、臯陶),成二十二人。
3 「《書》曰」句:見《尚書·泰誓上》,原文「紂」作「受」、「周」作「予」。為周武王說的話。
4 目為黨人:後漢桓帝延熹九年(一六六),李膺、陳寔、范滂等名士,為宦官誣告,指他們共為部黨,圖謀不軌,被逮捕下獄者達二百餘人。次年遇赦放還,惟禁錮終身。靈帝建寧二年(一六九),宦官又大捕天下名士,殺李膺、陳蕃等百餘人。這就是漢末的兩次黨錮之禍。本文謂獻帝興黨禍,乃作者誤記。黃巾賊起:靈帝中平元年(一八四),巨鹿人張角挾妖術起事,以黃巾裹頭,抗擾數十年,史稱黃巾之亂。盡解黨人而釋之:黃巾軍起,四方震動,皇甫嵩和呂強請朝廷開放黨禁,大赦黨人。此亦靈帝時事。
5 「唐之晚年」二句:唐朝自穆宗起,有牛(牛僧孺、李宗閔)、李(李德裕)黨爭,雙方各樹朋黨,互相傾軋,前後達四十年。咸投之黃河:唐昭宣帝天祐二年(九〇五),朱全忠聚朝臣裴樞、獨孤損等三十餘人於白馬寺,其謀士李振因屢考進士不第,對朱全忠說:「此輩常自謂清流,宜投之黃河,使為濁流。」全忠依言而行。此為昭宣帝時事,作者誤為昭宗。

且大莫如周,然周用此以興者,善人雖多而不厭也。 夫興亡治亂之跡,為人君者可以鑒矣。

《歐陽修全集》

譯 文

我聽說朋黨的事情,從古代就有了,幸好君主還能夠辨別誰是君子,誰是小人。 大致上,君子和君子因為道義相同而成為朋友,小人和小人因為共同的利益而成為朋友: 這是自然的道理。

但是我認為小人沒有朋友,只有君子才有。 那是什麼原因呢?小人喜好的是利益爵祿,貪戀的是金錢貨物。 當他們擁有共同利益的時候,暫時結黨援引成為朋友,那是虛情假意的。 等到他們見到好處而搶先爭奪時,或利益結束而交情疏遠時,便會反過來互相殘害,雖然是他們的兄弟親戚,也不能保全。 所以我說小人沒有朋友,他們暫時的結交,是虛情假意的。 君子就不是這樣了。 他們信守的是道德仁義,實行的是忠誠信用,愛惜的是名譽節操,用這些來修養自己,會因理想相同而彼此幫助,用來報效國家,就會團結一心而共同努力,從開始到終結都不會變,這就是君子的結交。 所以君王只要斥廢小人虛偽的黨羽,進用君子真誠的朋黨,那麼就會天下太平了。

在帝堯的時候,小人共工、驩兜等四人結成一個朋黨,君子八元、八愷十六人結成一個朋黨,舜輔佐帝堯,斥退四凶小人的朋黨,而進用八元、八愷君子的朋黨,使當時的天下安和太平。 等到舜自己當了天子,皋陶、夔、后稷、契等二十二人同在朝中,他們互相辭讓,但是這二十二個人的朋黨,帝舜都予以用,天下因此而太平。

《尚書》說：「商紂有億萬臣民，卻有億萬條心；周武王只有三千臣民，卻能團結一條心。」商紂的時候，億萬臣民各懷異心，可說是不能成為朋黨，所以商紂因此亡國；周武王的三千臣民，能結合成一個大朋黨，所以周朝因此興盛。東漢獻帝時，逮捕囚禁全國所有的知名人士，當作黨人看待；等到黃巾賊起來作亂，天下大亂之後，才後悔覺悟，把所有黨人都赦免釋放，但是已無法挽救敗亡了。唐朝末年，漸漸興起朋黨的議論，等到昭宗時，朱全忠殺死朝中所有的知名人士，將屍體都丟入黃河，李振竟然說：「這些人自認為德行高潔，可以丟到汙濁的河水裡。」唐朝也就因此滅亡了。

　　前代的君王，使得人人不同心而無法團結，沒有像商紂這樣的；禁錮斷絕善人結黨的，沒有像漢獻帝這樣的；誅殺屠戮德行高潔的大臣，沒有像唐昭宗的時候；然而都使他們的國家衰亂敗亡。互相讚美辭讓而不猜疑的，沒有像帝舜的二十二個臣子，帝舜也不懷疑而全部重用。但是後世之人不責備帝舜被二十二人的朋黨欺蒙，卻稱頌帝舜為聰明的聖王，因為他能夠分辨君子和小人。周武王的時候，使全國三千臣民結成一個大朋黨，從古以來，結成朋黨人數的多而大，沒有像周武王這樣的，但是周朝因此而興盛，因為善人是不嫌多的。這些興盛衰亡、安定敗亂的例子，可供君王作為鑒戒。

（蔣秋華／編寫整理）

畢昇發明活字板
沈括

沈括（一〇三一——〇九五），字存中，宋杭州錢塘（今浙江杭州）人。仁宗嘉祐八年（一〇六三）舉進士第。王安石推行變法時，他積極參與，頗受王安石的信任與器重。變法失敗，他也因此貶官。哲宗元祐三年（一〇八八），定居潤州夢溪園（在今江蘇鎮江東），度其餘生。沈括博學多才，為宋代的大學者，著作大都亡佚，今存《夢溪筆談》《孟子解》《蘇沈良方》《長興集》等。

沈括像

背 景

印刷術是我國古代四大發明（另外三項是羅盤、造紙、火藥）之一，對世界文明有很大的貢獻。這項偉大的技術，究竟何時發明，今已無法詳知。不過根據留存的實物和學者的考證，唐代以前還沒有雕板印刷，大約到唐代初期才有。

雕板印刷是受印章與石經摹拓啟示所產生的技術，可以省卻讀書人抄書的麻煩。可是唐代的雕板印刷並不盛行，多半用來印行農書、

曆書、佛經、佛像。因為一頁刻一板，費時又費力；而刻好的板片保存不易，又不能重複使用，印他書需另找刻板，並不十分經濟便利。因此，若非需求眾多的書籍，實在不適於雕板印刷。到了宋代，畢昇發明活字板，始解決這個困擾。

影響

畢昇是北宋仁宗時的印刷工匠，他用膠泥刻字，一字刻一印，聚合眾印排成一板，印後拆散，仍可使用。跟現代排版印刷同一原理。這種方式比起雕板印刷，不但快捷，而且經濟，是一大進步。由於畢昇的重大改革，降低了製作的成本，使得印刷事業蓬勃興盛，書肆林立，經籍的流傳日益普遍，造成有宋一代輝煌燦爛的學術發展。活字印刷術，經由蒙古人西征，傳到歐洲。歐洲人將這種技術加以改進，也使他們的印

畢昇像

刷事業突飛猛進，對於文藝復興運動，有相當重要的影響。沈括這篇文章記載了這件事，使這一件影響巨大的發明得以留下歷史性的記錄。

不過，由於實物資料缺乏，沈括此文之記載只是孤證，科技史界爭議很大，尤其是韓國因保存的活字印刷實物時代比我國的早，故一直主張印刷術是韓國發明的。近年黑水城考古後，發現西夏的活字，才解決了這項爭議。因為西夏建國即在北宋時期的中國北方寧夏地

區，與沈括記載的印刷術發明時代相近。當時此項技術既已被西夏採用，足證活字印刷術在中原一帶已經非常流行了。西夏黑水城文物，以活字實物，用來印《大藏經》。

原文

　　板印書籍，唐人尚未盛為之，自馮瀛王始印五經，已後典籍，皆為板本[1]。慶曆中，有布衣畢昇，又為活板[2]。其法：用膠泥刻字，薄如錢唇，每字為一印，火燒令堅[3]。先設一鐵板，其上以松脂、蠟和紙灰之類冒之。欲印，則以一鐵範置鐵板上，乃密佈字印。滿鐵範為一板，持就火煬之。藥稍熔，則以一平板按其面，則字平如砥[4]。若止印三二本，未為簡易，若印數十百千本，則極為神速。常作二鐵板，一板印刷，一板已自布字，此印者才畢，則第二板已具，更互用之，瞬息可就。每一字皆有數印，如「之」「也」等字，每字有二十餘印，

---

1 板印書籍：以木板印刷書籍，即雕板印刷。古人用棗木或梨木，鋸成一塊塊長方形同樣大小的木板，反貼寫字的透明薄紙，再用刻刀挖去無字的部分，成為凸雕的文字，此即印板。刷上油墨，敷紙輕刷，即得所印的書籍。唐人尚未盛為之：根據考證，唐代的雕板印刷已相當發達，不過大多用來印製佛經和曆書，而且一度遭受朝廷的禁止，所以印刷術的使用在唐代還不是很普遍。始印五經：後唐明宗長興三年（九三二），宰相馮道、李愚等奏請刊刻經典，朝廷令國子監田敏等校正九經，刻板印行，經過二十餘年，至後周太祖廣順三年（九五三），才全部完成。九經指《周易》《尚書》《詩經》、三禮（《周禮》《儀禮》《禮記》）、《春秋》三傳（《左傳》《公羊傳》《穀梁傳》），將三禮合稱為《禮》，三傳合稱為《春秋》，即為五經。
2 活板：即活字板，指以活字排成的印板。畢昇最先發明用膠泥刻字，後來有用瓦字、木字、銅字、錫字等排版的，近世則使用鉛字。
3 火燒令堅：由於膠泥含水分時較軟，容易刻字，用火燒乾水分，則較為堅固，印書時才不致癱軟。
4 藥稍熔：藥指松脂、蠟，只可稍微熔化，不可完全熔化，否則變成液體，無法黏著字模。

以備一板內有重複者。不用,則以紙帖之,每韻為一貼,木格貯之[5]。有奇字素無備者,旋刻之,以草火燒,瞬息可成。不以木為之者,木理有疏密,沾水則高下不平,兼與藥相黏不可取,不若燔土,用訖再火,令藥熔,以手拂之,其印自落,殊不沾汙[6]。昇死,其印為予群從所得,至今寶藏[7]。

《夢溪筆談》

譯文

　　以木板印刷書籍,唐朝還不太盛行,自從馮道開始刊印五經以後,所有的書籍才全用木板刻印。 宋仁宗慶曆年間,有一個叫畢昇的老百姓,又發明了活字板。 他用膠泥刻字,所刻的字像銅錢的邊緣那麼薄,每一個字刻一個字印,用火燒乾,使它堅硬。 先鋪設一塊鐵板,在上面覆蓋用松脂、蠟與紙灰攪和成的藥劑。 要印刷的時候,把一個鐵框放在鐵板上,然後緊密地排上字印,放滿整鐵框就是一板,拿去用火加熱,等到藥劑稍微熔化,就用一塊平滑的木板壓在上面,使排列的字模像磨刀石一樣平滑。 如果只是印刷兩三本,並不覺得簡單省事,但若印上幾十、幾百、幾千本,就覺得十分快速了。 常常是先做兩塊鐵板,一塊拿去印刷,另一塊也排好了字印,這一板才

---

5 帖:原指用帛製成的書籤,這裡作動詞用,同「貼」字,即貼上紙做的標籤。「每韻為一貼」二句:將同屬一韻的字,存放在一個木格之中,並貼上各韻的名稱。檢字的工人即自各個木格中選取所要排印的字樣。韻,指詩韻,隋、唐以後,韻書流行,供詩人作詩之用。宋代陳彭年、邱雍等奉敕修輯《大宋重修廣韻》,共有二百零六個韻目。
6 沾水則高下不平:由於木頭會吸水,吸水後體積膨脹,而膨脹的情形並不一致,往往高低不平,不能印出平整的書籍。
7 群從:謂子侄輩。同宗曰從,同宗兄弟總稱曰群從。

印完，第二板已經準備好了，兩塊鐵板交替地使用，轉眼之間便可印完。每一個字都有好幾個字印，例如「之」「也」這些字，每個字便有二十多個字印，以供同一塊鐵板內重複使用。不用的時候，貼上紙做的標籤，每一個韻目貼一張，存放在不同的木格裡。有時遇到平常沒有準備的罕見字，馬上用膠泥刻字，燃草烘乾，轉眼間便能完成。不用木頭作字印，因為木頭的紋理有疏鬆、緊密的差別，沾水以後會高低不平，而且會和藥劑黏在一起，不容易分開。比不上用火燒膠泥，用完以後再加熱，讓藥劑融化，只要用手拍打，字印自然脫落，一點也不會沾染上藥劑而弄髒。畢昇死後，他所製造的字印被我的子姪們得到，一直到現在，都好好地珍藏著。

（蔣秋華／編寫整理）

上仁宗皇帝言事書

王安石

　　王安石（一○二一—一○八六），字介甫，號半山，宋撫州臨川（今江西撫州）人。因受神宗的信任，用他為相，致力改革弊政，施行青苗、免役、保甲、保馬、方田、均輸、市易諸法。由於朝中舊臣不肯配合，以致新法失敗，朝中因此形成新、舊黨爭，導致北宋覆亡。元豐中，受封荊國公。卒後謚文，追封舒王。著有《臨川集》一百三十卷，及《周官新義》《唐百家詩選》等。

王安石像

背 景

　　宋仁宗嘉祐三年（一○五八），王安石提點江東刑獄，次年去官，回京報命，乃上仁宗這篇萬言書。全文暢論當世之務，十分激切，大有矯世變俗的意思，可惜沒有受到仁宗的重視。

　　宋神宗是一位亟思作為的君主，未登位時，即思改善民生之道，並經常聽到王安石的行誼。即位後，神宗立刻召見安石，共同推行變法。

王安石自中進士以後，到上這篇萬言書時，擔任地方行政工作將近二十年，對於實際的政事，有深刻的體認，所以能夠確切地指出弊病所在。根據他的經驗，總結當時的缺失，就是人才的不足。人才之所以不足，牽涉的問題很廣泛，而最重要的是培養和任用的方法不當。因此日後王安石施行變法時，科舉制度與學校升貢法成為改革的重點，大致即以萬言書中的意見為藍本。

影　響

　　宋初科考採用背誦默寫的方式，頗受非議。王安石主張以經義策論為考試科目，可是卻由政府頒佈「大義式」，令士子遵效，則難免限制太過，開後世八股文的先河，影響了元明清幾朝的文風及科舉選官制度。又為了統一經義，遂於熙寧六年（一〇七三）奏請置設經義局，編修《周禮》《詩經》《尚書》三經新義。這些官修經義與後來安石撰作的《字說》，代表了王安石一家之學，隨著新法的實行，影響宋代科舉甚巨。

　　王安石變法，構想雖然不錯，卻由於得不到其他大臣的支持，而不得不起用一些不適當的人選，終於招致失敗。換句話說，新法失敗的重大原因，正是安石在上仁宗萬言書中所指出的「人才不足」。他能夠洞察時弊，卻無法將其矯正，對他而言，或許頗有「志不得伸」的慨歎吧！但是，他新法的宏模和遠見，對後世的影響卻是既深且遠的。

原　文

　　臣愚不肖，蒙恩備使一路；今又蒙恩召還闕廷，有所任屬，而當以使事歸報陛下[1]。不自知其無以稱職，而敢緣使事之所及，冒言天下之事，伏惟陛下詳思而擇其中，幸甚！

　　臣竊觀陛下有恭儉之德，有聰明睿智之才，夙興夜寐，無一日之解，聲色狗馬、觀遊玩好之事，無纖介之蔽，而仁民愛物之意，孚於天下；而又公選天下之所願以為相輔者，屬之以事，而不貳於讒邪傾巧之臣。此雖二帝三王之用心，不過如此而已[2]！宜其家給人足，天下大治。而效不至於此，顧內則不能無以社稷為憂，外則不能無懼於夷狄，天下之財力日以困窮，而風俗日以衰壞，四方有志之士，諰諰然常恐天下之不久安。此其故何也？患在不知法度故也。今朝廷法嚴令具，無所不有，而臣以謂無法度者，何哉？方今之法度，多不合乎先王之政故也。孟子曰：「有仁心仁聞，而澤不加於百姓者，為政不法先王之道故也。」[3]以孟子之說，觀方今之失，正在於此而已。

　　夫以今之世，去先王之世遠，所遭之變、所遇之勢不一，而欲一

1　備使一路：指仁宗嘉祐三年（一〇五八），王安石受命提點江東刑獄。
2　二帝三王：帝堯、帝舜為二帝，夏禹、商湯、周武王為三王。
3　「孟子曰」句：見《孟子·離婁上》。原文作：「今有仁心仁聞而民不被其澤，不可法於後世者，不行先王之道也。」

二修先王之政，雖甚愚者，猶知其難也。然臣以謂今之失，患在不法先王之政者，以謂當法其意而已。夫二帝三王，相去蓋千有餘載，一治一亂，其盛衰之時具矣。其所遭之變、所遇之勢，亦各不同，其施設之方亦皆殊，而其為天下國家之意，本末先後，未嘗不同也。臣故曰：當法其意而已。法其意，則吾所改易更革，不至於傾駭天下之耳目，囂天下之口，而固已合乎先王之政矣。雖然，以方今之勢揆之，陛下雖欲改易更革天下之事，合於先王之意，其勢必不能也。陛下有恭儉之德，有聰明睿智之才，有仁民愛物之意，誠加之意，則何為而不成？何欲而不得？然而臣顧以謂陛下雖欲改易更革天下之事，合於先王之意，其勢必不能者，何者？以方今天下之人才不足故也。

臣嘗試竊觀天下在位之人，未有乏於此時者也。夫人才乏於上，則有沉廢伏匿在下，而不為當時所知者矣。臣又求之於閭巷草野之間，而亦未見其多焉，豈非陶冶而成之者非其道而然乎？臣以謂方今在位之人才不足者，以臣使事之所及，則可知矣。今以一路數千里之間，能推行朝廷之法令，知其所緩急，而一切能使民以修其職事者甚少，而不才苟簡貪鄙之人，至不可勝數。其能講先王之意，以合當時之變者，蓋閭郡之間，往往而絕也。朝廷每一令下，其意雖善，在位者猶不能推行，使膏澤加於民；而吏輒緣之為奸，以擾百姓。臣故曰：在位之人才不足，而草野閭巷之間亦未見其多也。夫人才不足，則陛下雖欲改易更革天下之事，以合先王之意；大臣雖有能當陛下之意，而欲領此者；九州之大，四海之遠，孰能稱陛下之指，以一二推行此，而人人蒙其施者乎？臣故曰：其勢必未能也。孟子曰：「徒法

不能以自行⁴。」非此之謂乎？

　　然則方今之急，在於人才而已。誠能使天下之才眾多，然後在位之才，可以擇其人而取足焉。在位者得其才矣，然後稍視時勢之可否，而因人情之患苦，變更天下之弊法，以趨先王之意，甚易也。今之天下，亦先王之天下，先王之時，人才嘗眾矣，何至於今而獨不足乎？故曰：陶冶而成之者非其道故也。商之時，天下嘗大亂矣，在位貪毒禍敗，皆非其人；及文王之起，而天下之才嘗少矣。當是時，文王能陶冶天下之士而使之皆有士君子之才，然後隨其才之所有而官使之。《詩》曰：「豈弟君子，遐不作人⁵？」此之謂也。及其成也，微賤兔罝之人，猶莫不好德，「兔罝」之詩是也⁶。又況於在位之人乎？夫文王惟能如此，故以征則服，以守則治。《詩》曰：「奉璋峨峨，髦士攸宜⁷。」又曰：「周王于邁，六師及之⁸。」言文王所用文武各得其才，而無廢事也。及至夷、厲之亂，天下之才又嘗少矣。至宣王之起，所與圖天下之事者，仲山甫而已。故詩人歎之曰：「德輶如毛，維仲山甫舉之，愛莫助之。」⁹蓋閔人士之少，而山甫之無助也。宣王能用仲山甫，推其類以新美天下之士，而後人才復眾。於是內

---

4 徒法不能以自行：見《孟子・離婁上》。謂法令仍須靠人推行，始見功效。
5 「豈弟君子」二句：見《詩經・大雅・旱麓》。謂有盛德的君主，何不造就人才呢。
6 「兔罝」之詩：見《詩經・周南》。鄭玄箋曰：「罝兔之人，鄙賤之事，猶能恭敬，則是賢者眾多也。」
7 「奉璋峨峨」二句：見《詩經・大雅・棫樸》。指文王身邊有很多賢能的人。奉，捧。璋，璋瓚，祭祀時用以灌酒之器。峨峨，盛壯的樣子。士，才俊之士。
8 「周王于邁」二句：亦見《詩經・大雅・棫樸》。謂周王往何處去，六軍即與之俱往。六師，六軍，古時只有天子才能擁有六軍。《周禮・夏官・大司馬》：「凡制軍，萬有二千五百人為軍，王六軍。」
9 詩人歎之曰：見《詩經・大雅・烝民》。原文作「德輶如毛，民鮮克舉之。我儀圖之，維仲山甫舉之。愛莫助之。」周宣王命仲山甫築城於齊，吉甫作此詩以送之。

修政事，外討不庭，而復有文、武之境土。故詩人美之曰：「薄言采芑，於彼新田，於此菑畝。」[10] 言宣王能新美天下之士，使之有可用之才，如農夫新美其田，而使之有可采之芑也。由此觀之，人之才未嘗不自人主陶冶而成之者也。

所謂陶冶而成之者，何也？亦教之養之、取之任之有其道而已。所謂教之之道，何也？古者天子諸侯自國至於鄉黨皆有學，博置教導之官而嚴其選，朝廷禮樂刑政之事皆在於學。士所觀而習者，皆先王之法言德行、治天下之意，其才亦可以為天下國家之用。苟不可以為天下國家之用，則不教也。苟可以為天下國家之用者，則無不在於學。此教之之道也。所謂養之之道，何也？饒之以財，約之以禮，裁之以法也。何謂饒之以財？人之情，不足於財，則貪鄙苟得，無所不至。先王知其如此，故其制祿，自庶人之在官者，其祿已足以代其耕矣。由此等而上之，每有加焉，使其足以養廉恥而離於貪鄙之行。猶以為未也，又推其祿以及其子孫，謂之「世祿」。使其生也，既於父子兄弟妻子之養、昏姻朋友之接，皆無憾矣！其死也，又於子孫無不足之憂焉。何謂約之以禮？人情足於財，而無禮以節之，則又放僻邪侈，無所不至。先王知其如此，故為之制度，婚喪祭養燕享之事，服食器用之物，皆以命數為之節，而齊之以律度量衡之法。其命可以為之，而財不足以具，則弗具也。其財可以具，而命不得為之者，不使有銖兩分寸之加焉。何謂裁之以法？先王於天下之士，教之以道藝矣，不帥教，則待之以屏棄遠方、終身不齒之法；約之以禮矣，不

---

10 詩人美之曰：見《詩經・小雅・采芑》。此詩讚美宣王的南征。

循禮，則待之以流殺之法[11]。《王制》曰：「變衣服者，其君流。」[12]《酒誥》曰：「厥或誥曰：『群飲。』汝勿佚，盡執拘以歸於周，予其殺。」夫群飲、變衣服，小罪也；流殺，大刑也。加小罪以大刑，先王所以忍而不疑者，以為不如是，不足以一天下之俗而成吾治。夫約之以禮，裁之以法，天下所以服從無抵冒者，又非獨其禁嚴而治察之所能致也。蓋亦以吾至誠懇惻之心，力行而為之倡。凡在左右通貴之人，皆順上之欲而服行之，有一不帥者，法之加必自此始。夫上以至誠行之，而貴者知避上之所惡矣，則天下之不罰而止者眾矣。故曰：此養之之道也。

所謂取之之道者，何也？先王之取人也，必於鄉黨，必於庠序；使眾人推其所謂賢能，書之以告於上而察之。誠賢能也，然後隨其德之大小、才之高下，而官使之。所謂察之者，非專用耳目之聰明，而聽私於一人之口也。欲審知其德，問以行；欲審知其才，問以言。得其言行，則試之以事。所謂察之者，試之以事是也。雖堯之用舜，亦不過如此而已。又況其下乎？若夫九州之大，四海之遠，萬官億醜之賤，所須士大夫之才則眾矣。有天下者，又不可以一二自察之也，又不可以偏屬於一人，而使之於一日二日之間，考試其行能，而進退之也。蓋吾已能察其才行之大者，以為大官矣，因使之取其類，以持久試之；而考其能者，以告於上，而後以爵命祿秩予之而已。此取之之道也。所謂任之之道者，何也？人之才德，高下厚薄不同，其所任

---

11 教之以道藝：《周禮‧地官‧保氏》：「養國子以道，乃教之六藝。」
12 「《王制》曰」句：《禮記‧王制》云：「變禮易樂者為不從，不從者，君流；革制度衣服者為畔，畔者，君討。」此處乃約舉其文。

有宜有不宜。先王知其如此，故知農者以為后稷，知工者以為共工[13]。其德厚而才高者，以為之長；德薄而才下者，以為之佐屬。又以久於其職，則上狃習而知其事，下服馴而安其教。

賢者則其功可以至於成，不肖者則其罪可以至於著。故久其任而待之以考績之法。夫如此，故智能才力之士，則得盡其智以赴功，而不患其事之不終，其功之不就也。偷惰苟且之人，雖欲取容於一時，而顧僇辱在其後，安敢不勉乎？若夫無能之人，固知辭避而去矣。居職任事之日久，不勝任之罪不可以幸而免故也。彼且不敢冒，而知辭避矣，尚何有比周讒諂爭進之人乎？取之既已詳，使之既已當，處之既已久，至其任之也又專焉，而不一二以法束縛之，而使之得行其意。堯、舜之所以理百官而熙眾工者，以此而已。《書》曰：「三載考績，三考，黜陟幽明[14]。」此之謂也。然堯、舜之時，其所黜者，則聞之矣，蓋四凶是也；其所陟者，則皋陶、稷、契，皆終身一官而不徙[15]。蓋其所謂陟者，特加之爵命祿賜而已耳。此任之之道也。

夫教之養之、取之任之之道如此，而當時人君，又能與其大臣，悉其耳目心力，至誠惻怛，思念而行之。此其人臣之所以無疑，而於天下國家之事，無所欲為而不得也。

方今州縣雖有學，取牆壁具而已，非有教導之官，長育人才之事

---

13 「知農者以為后稷」二句：《尚書・舜典》：「帝（舜）曰：『棄！黎民阻飢。汝后稷，播時百穀。』……帝曰：『俞咨！垂，汝共工。』」
14 「三載考績」三句：見《尚書・舜典》。
15 四凶：《左傳・文公十八年》：「舜臣堯，流四凶族：渾敦、窮奇、檮杌、饕餮，投諸四裔，以禦魑魅。」《尚書・舜典》：「流共工于幽州，放驩兜於崇山，竄三苗於三危，殛鯀於羽山，四罪而天下咸服。」明周祈的《名義考》認為「四凶」即「四罪」。皋陶、稷、契：據《舜典》，舜任皋陶為士師，掌刑法；棄為后稷，掌農事；契為司徒，教人倫。

也。唯太學有教導之官,而亦未嘗嚴其選。朝廷禮樂刑政之事,未嘗在於學。學者亦漠然,自以禮樂刑政為有司之事,而非己所當知也。學者之所教,講說章句而已。講說章句,固非古者教人之道也。近歲乃始教之以課試之文章。夫課試之文章,非博誦強學窮日之力則不能。及其能工也,大則不足以用天下國家,小則不足以為天下國家之用。故雖白首於庠序,窮日之力以帥上之教,及使之從政,則茫然不知其方者,皆是也。蓋今之教者,非特不能成人之力而已,又從而困苦毀壞之,使不得成才者,何也?夫人之才,成於專而毀於雜。故先王之處民才,處工於官府,處農於畎畝,處商賈於肆,而處士於庠序。使各專其業,而不見異物,懼異物之足以害其業也。所謂士者,又非特使之不得見異物而已;一示之以先王之道,而百家諸子之異說,皆屏之而莫敢習者焉。今士之所宜學者,天下國家之用也。今悉使置之不教,而教之以課試之文章,使其耗精疲神,窮日之力以從事於此,及其任之以官也,則又悉使置之,而責之以天下國家之事。夫古之人以朝夕專其業於天下國家之事,而猶才有能有不能。今乃移其精神,奪其日力,以朝夕從事於無補之學。及其任之以事,然後卒然責之以為天下國家之用,宜其才之足以有為者少矣。臣故曰:非特不能成人之才,又從而困苦毀壞之,使不得成才也。

又有甚害者:先王之時,士之所學者,文、武之道也。士之才有可以為公卿大夫,有可以為士,其才之大小、宜不宜則有矣。至於武事,則隨其才之大小,未有不學者也。故其大者,居則為六官之卿,

出則為六軍之將也[16]。其次則比閭族黨之師,亦皆卒兩師旅之帥也[17]。故邊疆宿衛,皆得士大夫為之,而小人不得奸其任。今之學者,以為文武異事,吾知治文事而已,至於邊疆宿衛之任,則推而屬之於卒伍。往往天下奸悍無賴之人,苟其才行足自托於鄉里者,亦未有肯去親戚而從召募者也。邊疆宿衛,此乃天下之重任,而人主之所當慎重者也。故古者教士,以射御為急。其他技能,則視其人才之所宜,而後教之;其才之所不能,則不強也。至於射,則為男子之事。人之生,有疾則已,苟無疾,未有去射而不學者也。在庠序之間,固當從事於射也。有賓客之事則以射,有祭祀之事則以射,別士之行同能偶則以射;於禮樂之事,未嘗不寓以射,而射亦未嘗不在於禮樂祭祀之間也。《易》曰:「弧矢之利,以威天下[18]。」先王豈以射為可以習揖讓之儀而已乎?固以為射者,武事之尤大,而威天下、守國家之具也。居則以是習禮樂,出則以是從戰伐。士既朝夕從事於此,而能者眾,則邊疆宿衛之任,皆可以擇而取也。夫士嘗學先王之道,其行義嘗見推於鄉黨矣,然後因其才而托之以邊疆宿衛之事。此古之人君所以推干戈以屬之人,而無內外之虞也。今乃以夫天下之重任,人主所當至慎之選,推而屬之奸悍無賴,才行不足自托於鄉里之人。此方

---

16 六官之卿:即六卿,其職掌見《尚書・周官》:「塚宰掌邦治,統百官,均四海;司徒掌邦教,敷五典,擾兆民;宗伯掌邦禮,治神人,和上下;司馬掌邦政,統六師,平邦國;司寇掌邦禁,詰奸慝,刑暴亂;司空掌邦土,居四民,時地利。六卿分職,各率其屬,以倡九牧,阜成兆民。」
17 比閭族黨:《周禮・地官・大司徒》:「五家為比,五比為閭,四閭為族,五族為黨。」卒兩師旅:《周禮・地官・小司徒》:「五人為伍,百人為卒,五百人為旅,二千五百人為師。」
18 「弧矢之利」二句:見《易・繫辭下》。

今所以諰諰然常抱邊疆之憂,而虞宿衛之不足恃以為安也。今孰不知邊疆宿衛之士不足恃以為安哉?顧以為天下學士以執兵為恥,而亦未有能騎射行陣之事者,則非召募之卒伍,孰能任其事者乎?夫不嚴其教,高其選,則士之以執兵為恥,而未嘗有能騎射行陣之事,固其理也。凡此皆教之非其道故也。

方今制祿,大抵皆薄。自非朝廷侍從之列,食口稍眾,未有不兼農商之利而能充其養者也。其下州縣之吏,一月所得,多者錢八九千,少者四五千,以守選待除守闕通之,蓋六七年後得三年之祿。計一月所得,乃實不能四五千,少者乃實不能及三四千而已。雖廩養之給,亦窘於此矣,而其養生喪死、婚姻葬送之事,皆當於此。夫出中人之上者,雖窮而不失為君子;出中人之下者,雖泰而不失為小人。唯中人不然,窮則為小人,泰則為君子。計天下之士,出中人之上下者,千百而無十一;窮而為小人,泰而為君子者,則天下皆是也。先王以為眾不可以力勝也,故制行不以己,而以中人為制。所以因其欲而利道之,以為中人之所能守,則其制可以行乎天下,而推之後世。以今之祿制,而欲士之無毀廉恥,蓋中人之所不能也。故今官大者,往往交賂遺,營貲產,以負貪汙之毀。官小者,販鬻乞丐,無所不為。夫士已嘗毀廉恥以負累於世矣,則其偷惰取容之意起,而矜奮自強之心息,則職業安得而不弛,治道何從而興乎?又況委法受賂、侵牟百姓者,往往而是也。此所謂不能饒之以財也。

婚喪奉養、服食器用之物,皆無制度以為之節,而天下以奢為榮,以儉為恥。苟其財之可以具,則無所為而不得;有司既不禁,而人又以此為榮。苟其財不足,而不能自稱於流俗,則其婚喪之際,往

往得罪於族人親姻,而人以為恥矣。故富者貪而不知止,貧者則勉強其不足以追之。此士之所以重困,而廉恥之心毀也。凡此所謂不能約之以禮也。

方今陛下躬行儉約,以率天下,此左右通貴之臣所親見,然而其閨門之內,奢靡無節,犯上之所惡,以傷天下之教者,有已甚者矣,未聞朝廷有所放絀以示天下。昔周之人拘群飲而被之以殺刑者,以為酒之末流生害,有至於死者眾矣,故重禁其禍之所自生。重禁禍之所自生,故其施刑極省,而人之抵於禍敗者少矣。今朝廷之法,所尤重者,獨貪吏耳。重禁貪吏,而輕奢靡之法。此所謂禁其末而弛其本。然而世之識者,以為方今官冗,而縣官財用已不足以供之,其亦蔽於理矣[19]!今之入官誠冗矣,然而前世置員蓋甚少,而賦祿又如此之薄,財用之所不足,蓋亦有說矣,吏祿豈足計哉?臣於財利固未嘗學,然竊觀前世治財之大略矣。蓋因天下之力,以生天下之財;取天下之財,以供天下之費。自古治世,未嘗以不足為天下之公患也,患在治財無其道耳。今天下不見兵革之具,而元元安土樂業,人致己力,以生天下之財。然而公私常以困窮為患者,殆以理財未得其道,而有司不能度世之宜而通其變耳。誠能理財以其道而通其變,臣雖愚,固知增吏祿不足以傷經費也。

方今法嚴令具,所以羅天下之士,可謂密矣。然而亦嘗教之以道藝,而有不帥教之刑以待之乎?亦嘗約之以制度,而有不循理之刑以待之乎?亦嘗任之以職事,而有不任事之刑以待之乎?夫不先教之

---

19 縣官:指朝廷。《史記・食貨志》:「皆得厚賞,衣食仰給縣官。」所言縣官即指朝廷。

以道藝，誠不可以誅其不帥教；不先約之以制度，誠不可以誅其不循禮；不先任之以職事，誠不可以誅其不任事。此三者，先王之法所尤急也，今皆不可得誅。而薄物細故，非害治之急者，為之法禁，月異而歲不同，為吏者至於不可勝記，又況能一二避之而無犯者乎？此法令所以玩而不行，小人有幸而免者，君子有不幸而及者焉，此所謂不能裁之以刑也。凡此皆治之非其道也。

方今取士，強記博誦，而略通於文辭，謂之茂才異等、賢良方正；茂才異等、賢良方正者，公卿之選也[20]。記不必強，誦不必博，略通於文辭，而又嘗學詩賦，則謂之進士；進士之高者，亦公卿之選也。夫此二科所得之技能，不足以為公卿，不待論而後可知。而世之議者，乃以為吾常以此取天下之士，而才之可以為公卿者，常出於此，不必法古之取人，而後得士也。其亦蔽於理矣。先王之時，盡所以取人之道，猶懼賢者之難進，而不肖者之雜於其間也。今悉廢先王所以取士之道，而驅天下之才士，悉使為賢良、進士，則士之才可以為公卿者，固宜為賢良、進士。而賢良、進士，亦固宜有時而得才之可以為公卿者也。然而不肖者，苟能雕蟲篆刻之學，以此進至乎公卿；才之可以為公卿者，困於無補之學，而以此絀死於岩野，蓋十八九矣[21]。夫古之人有天下者，其所以慎擇者，公卿而已。公卿既得其人，因使推其類以聚於朝廷，則百司庶物，無不得其人也。今使不肖之人，幸而至乎公卿，因得推其類聚之朝廷。此朝廷所以多不肖之

---

20 茂才異等、賢良方正：兩種都是漢代選舉人才的科目，均出於推薦。宋代也有相同的科目，然而需經過考試。
21 雕蟲篆刻：原指賦而言。揚雄《法言·吾子篇》：「或問：『吾子少而好賦？』曰：『然！童子雕蟲篆刻。』俄而曰：『壯夫不為也。』」後來用以泛指文章詩賦。

人，而雖有賢智，往往困於無助，不得行其意也。且公卿之不肖，既推其類以聚於朝廷；朝廷之不肖，又推其類以備四方之任使；四方之任使者，又各推其不肖以布於州郡。則雖有同罪舉官之科，豈足恃哉？適足以為不肖者之資而已。

其次九經、五經、學究、明法之科，朝廷固已嘗患其無用於世，而稍責之以大義矣[22]。然大義之所得，未有以賢於故也。今朝廷又開明經之選，以進經術之士[23]。然明經之所取，亦記誦而略通於文辭者，則得之矣。彼通先王之意，而可以施於天下國家之用者，顧未必得與於此選也。其次則恩澤子弟，庠序不教之以道藝，官司不考問其才能，父兄不保任其行義，而朝廷輒以官予之，而任之以事[24]。武王數紂之罪，則曰：「官人以世[25]。」夫官人以世，而不計其才行，此乃紂之所以亂亡之道，而治世之所無也。又其次曰流外，朝廷固已擯之於廉恥之外，而限其進取之路矣[26]。顧屬之以州縣之事，使之臨士民之上，豈所謂以賢治不肖者乎？以臣使事之所及，一路數千里之間，州縣之吏，出於流外者，往往而有，可屬任以事者，殆無二三，而當防閑其奸者，皆是也。蓋古者有賢不肖之分，而無流品之別。故孔子之聖，

---

22 九經、五經、學究、明法之科：都是宋初禮部貢舉所設的科目，此外還有進士、《開元禮》、三史、三禮、三傳、明經等科。
23 明經：宋仁宗嘉祐二年（一〇五七），將進士和諸科原有的名額減半，增設明經，測試兩經或三經、五經，各問大義十條，兩經通八、三經通六、五經通五為合格。
24 恩澤子弟：靠父祖關係而得到官位的子孫。這種方式又叫作「蔭」。多半是職位較高或有功勳的大臣，朝廷為表示對他們的禮遇、酬謝，特別授官予他們的子弟。
25 官人以世：見《尚書・泰誓中》。即以父子相承的方式任官。
26 流外：古代官制，自一品至九品謂之流內，屬於正式的品第；不入於九品者謂之流外，都屬征末的官職。

而嘗為季氏吏,蓋雖為吏,而亦不害其為公卿[27]。及後世有流品之別,則凡在流外者,其所成立,固嘗自置於廉恥之外,而無高人之意矣。夫以近世風俗之流靡,自雖士大夫之才,勢足以進取,而朝廷嘗獎之以禮義者,晚節末路,往往怵而為奸。況又其素所成立,無高人之意,而朝廷固已擠之於廉恥之外,限其進取者乎?其臨人親職,放僻邪侈,固其理也。至於邊疆宿衛之選,則臣固已言其失矣。凡此皆取之非其道也。

　　方今取之既不以其道,至於任之,又不問其德之所宜,而問其出身之後先;不論其才之稱否,而論其歷任之多少。以文學進者,且使之治財。已使之治財矣,又轉而使之典獄。已使之典獄矣,又轉而使之治禮。是則一人之身,而責之以百官之所能備,宜其人才之難為也。夫責人以其所難為,則人之能為者少矣。人之能為者少,則相率而不為。故使之典禮,未嘗以不知禮為憂。以今之典禮者,未嘗學禮故也。使之典獄,未嘗以不知獄為恥。以今之典獄者,未嘗學獄故也。天下之人,亦已漸漬於失教,被服於成俗;見朝廷有所任使,非其資序,則相議而訕之;至於任使之不當其才,未嘗有非之者也。且在位者數徙,則不得久於其官。故上不能狃習而知其事,下不肯服馴而安其教。賢者則其功不可以及於成,不肖者則其罪不可以至於著。若夫迎新將故之勞,緣絕簿書之弊,固其害之小者,不足悉數也。設官大抵皆當久於其任,而至於所部者遠,所任者重,則尤宜久於其官,而後可以責其有為。而方今尤不得久於其官,往往數日

---

[27] 嘗為季氏吏:《史記・孔子世家》:「孔子貧且賤,及長,嘗為季氏史。」《史記索隱》:「有本作『委吏』。」委吏,主委積倉庫文史。

輒遷之矣。取之既已不詳，使之既已不當，處之既已不久，至於任之則又不專，而又一二以法束縛之，不得行其意。臣故知當今在位多非其人，稍假借之權而不一二以法束縛之，則放恣而無不為。雖然，在位非其人，而恃法以為治，自古及今，未有能治者也。即使在位皆得其人矣，而一二以法束縛之，不使之得行其意，亦自古及今，未有能治者也。夫取之既已不詳，使之既已不當，處之既已不久，任之又不專，而一二之以法束縛之，故雖賢者在位，能者在職，與不肖而無能者，殆無以異。夫如此，故朝廷明知其賢能足以任事，苟非其資序，則不以任事而輒進之。雖進之，士猶不服也。明知其無能而不肖，苟非有罪，為在事者所劾，不敢以其不勝任而輒退之。雖退之，士猶不服也。彼誠不肖無能，然而士不服者，何也？以所謂賢能者任其事，與不肖而無能者，亦無以異故也。臣前以謂不能任人以職事，而無不任事之刑以待之者，蓋謂此也。

夫教之養之、取之任之，有一非其道，則足以敗天下之人才。又況兼此四者而有之，則在位不才苟簡貪鄙之人，至於不可勝數，而草野閭巷之間，亦少可任之才，固不足怪。《詩》曰：「國雖靡止，或聖或否。民雖靡膴，或哲或謀，或肅或艾。如彼泉流，無淪胥以敗。」[28] 此之謂也。

夫在位之人才不足矣，而閭巷草野之間，亦少可用之才，則豈特行先王之政而不得也？社稷之托，封疆之守，陛下其能久以天幸為常，而無一旦之憂乎？蓋漢之張角，三十六萬同日而起，所在郡國莫

---

28 「《詩》曰」句：見《詩經・小雅・小旻》。為諷刺王惑於邪謀之詩。

能發其謀。唐之黃巢,橫行天下,而所至將吏無敢與之抗者。漢、唐之所以亡,禍自此始。唐既亡矣,陵夷以至五代,而武夫用事,賢者伏匿消沮而不見,在位無復有知君臣之義、上下之禮者也。當是之時,變置社稷,蓋甚於弈棋之易。而元元肝腦塗地,幸而不轉死於溝壑者,無幾耳。夫人才不足,其患蓋如此。而方今公卿大夫,莫肯為陛下長慮後顧,為宗廟萬世計,臣竊惑之。昔晉武帝趣過目前,而不為子孫長遠之謀。當時在位,亦皆偷合苟容,而風俗蕩然,棄禮儀,捐法制,上下同失,莫以為非,有識固知其將必亂矣。而其後果海內大擾,中國列於夷狄者,二百餘年。伏惟三廟祖宗神靈,所以付屬陛下,固將為萬世血食而大庇元元於無窮也[29]。臣願陛下鑒漢、唐、五代之所以亂亡,懲晉武苟且因循之禍,明詔大臣,思所以陶成天下之才。慮之以謀,計之以數,為之以漸,期為合於當世之變而無負於先王之意,則天下之人才不勝用矣。人才不勝用,則陛下何求而不得,何欲而不成哉?夫慮之以謀,計之以數,為之以漸,則成天下之才甚易也。

臣始讀《孟子》,見孟子言王政之易行,心則以為誠然。及見與慎子論齊、魯之地,以為先王之制國,大抵不過百里者,以為今有王者起,則凡諸侯之地,或千里,或五百里,皆將損之至於數十百里而後止[30]。於是疑孟子雖賢,其仁智足以一天下,亦安能毋劫之以兵革,而使數百千里之強國,一旦肯損其地之十八九,比於先王之諸侯?至

---

29 三廟:指宋太祖、宋太宗、宋真宗。
30 論齊、魯之地:《孟子・告子下》:「魯欲使慎子為將軍,孟子曰:『……一戰勝齊,遂有南陽,然且不可。……周公之封於魯,為方百里也……太公之封於齊也,亦為方百里也。……今魯方百里者五,子以為有王者作,則魯在所損乎?在所益乎?』」

其後觀漢武帝用主父偃之策,令諸侯王地,悉得推恩封其子弟,而漢親臨定其號名,輒別屬漢[31]。於是諸侯王之子弟,各有分土,而勢強地大者,卒以分析弱小。然後知慮之以謀,計之以數,為之以漸,則大者固可使小,強者固可使弱,而不至乎傾駭變亂敗傷之釁,孟子之言不為過。又況今欲改易更革,其勢非若孟子所為之難也。臣故曰:慮之以謀,計之以數,為之以漸,則其為甚易也。

然先王之為天下,不患人之不為,而患人之不能;不患人之不能,而患己之不勉。何謂不患人之不為,而患人之不能?人之情所願得者,善名美行、尊爵厚利也,而先王能操之以臨天下之士。天下之士有能遵之以治者,則悉以其所願得者以與之。士不能則已矣,苟能,則孰肯舍其所願得,而不自勉以為才?故曰:不患人之不為,患人之不能。何謂不患人之不能,而患己之不勉?先王之法,所以待人者盡矣。自非下愚不可移之才,未有不能赴者也。然而不謀之以至誠惻怛之心,力行而先之,未有能以至誠惻怛之心,力行而應之者也。故曰:不患人之不能,而患己之不勉。陛下誠有意乎成下之才,則臣願陛下勉之而已。

臣又觀朝廷異時欲有所施為變革,其始計利害,未嘗不熟也。顧有一流俗僥倖之人,不悅而非之,則遂止而不敢。夫法度立,則人無獨蒙其幸者。故先王之政,雖足以利天下,而當其承弊壞之後,僥倖之時,其創法立制,未嘗不艱難也。使其創法立制,而天下僥倖之人,亦順說以趨之,無有齟齬,則先王之法,至今存而不廢矣。惟

---

[31] 推恩封其子弟:《漢書・中山王傳》:「其後(武帝)更用主父偃謀,令諸侯以私恩自裂地分其子弟,而漢為定制封號,輒別屬漢郡。」此偃銷弱之計。

其創法立制之艱難,而僥倖之人,不肯順悅而趨之,故古之人欲有所為,未嘗不先之以征誅,而後得其意。《詩》曰:「是伐是肆,是絕是忽,四方以無拂[32]。」此言文王先征誅,而後得意於天下也。夫先王欲立法度以變衰壞之俗,而成人之才,雖有征誅之難,猶忍而為之,以為不若是,不可以有為也。及至孔子,以匹夫遊諸侯,所至則使其君臣捐所習,逆所順,強所劣,憧憧如也,卒困於排逐。然孔子亦終不為之變,以為不如是不可以有為。此其所守蓋與文王同意。夫在上之聖人莫如文王,在下之聖人莫如孔子,而欲有所施為變革,則其事蓋如此矣。今有天下之勢,居先王之位,創立法制,非有征誅之難也。雖有僥倖之人,不悅而非之,固不勝天下順悅之人眾也。然而一有流俗僥倖不悅之言,則遂止而不敢為者,惑也。陛下誠有意乎成天下之才,則臣又願斷之而已。夫慮之謀,計之以數,為之以漸,而又勉之以成,斷之以果,然而猶不能成天下之才,則以臣所聞,蓋未有也。

然臣之所稱,流俗之所不講,而今之議者,以謂迂闊而熟爛者也。竊觀近世士大夫,所欲悉心力耳目,以補助朝廷者有矣。彼其意非一切利害,則以為當世所能行者。士大夫既以此希世,而朝廷所取於天下之士,亦不過如此。至於大倫大法,禮義之際,先王之所力學而守者,蓋不及也。一有及此,則群聚而笑之,以為迂闊。今朝廷悉心於一切之利害,有司法令於刀筆之間,非一日也,然其效可觀矣。則夫所謂迂闊而熟爛者,惟陛下亦可以少留神而察之矣。昔唐太宗正觀之初,人人異論,如封德彝之徒,皆以為非雜用秦、漢之

32「是伐是肆」三句:見《詩經・大雅・皇矣》。乃敘述周文王伐密、伐崇之事。

政，不足以為天下[33]。能思先王之事開太宗者，魏文正公一人爾[34]。其所施設，雖未能盡當先王之意，抑其大略可謂合矣。故能以數年之間，而天下幾致刑措，中國安宇，蠻夷順服。自三王以來，未有如此盛時也。唐太宗之初，天下之俗，猶今之世也。魏文正公之言，固當時所謂迂闊而熟爛者也，然其效如此。賈誼曰：「今或言德教之不如法令，胡不引商、周、秦、漢以觀之？」[35]然則唐太宗之事，亦足以觀矣。

臣幸以職事歸報陛下，不自知其駑下無以稱職，而敢及國家之大體者，以臣蒙陛下任使，而當歸報。竊謂在位之人才不足，而無以稱朝廷任使之意，而朝廷所以任使天下之士者，或非其理，而士不得盡其才。此亦臣使事之所及，而陛下之所宜先聞者也。釋此不言，而毛舉利害之一二，以汙陛下之聰明，而終無補於世，則非臣所以事陛下倦倦之義也。伏惟陛下詳思而擇其中，天下幸甚！

《臨川集》

譯 文

我很愚昧，先前蒙受大恩，讓我擔任一路的提點刑獄史；現在又蒙受恩澤，召回朝廷，將有新的任命，所以應該把任內的事情，向皇帝報告。對自己是否稱職都不知道，竟然敢借任內相關的事情，大膽地議論國家大事，只希望皇帝仔細地思考而選取適合的意見，天下就

---

33 正觀：即貞觀，因避宋仁宗名諱而改作「正」。
34 魏文正公：即魏徵，其死後謚文貞，貞字亦因避仁宗名諱而改作「正」。
35 「賈誼曰」句：見《漢書・賈誼傳》。原文作：「今或言禮誼之不如法令，教化之不如刑罰，人主胡不引殷、周、秦事以觀之也？」

有福了。

　　我暗自觀察,發現皇帝有謙恭勤儉的美德,有聰明通達的才智,早起晚睡,沒有一日懈怠,聲色犬馬、觀賞嬉遊的事情,一點也沒有蒙蔽皇帝,而且愛護百姓的心意,獲得全國人民的信賴;又公開選拔人民所希望擔任宰相的人,將政事交付給他,並且不因巧言令色的人而改變主意。這些表現,連堯、舜、禹、湯、武王的存心,也不會超過啊!應該造成地方富庶,人人富足,天下太平的局面。然而卻沒有達到這個效果,對內不能不憂慮國家的大事,對外不能不畏懼異族的威脅,國家的財力日漸困窘,而社會風氣也日漸敗壞,各地有志氣的讀書人,經常害怕國家無法獲得長久的安定。這是什麼原因呢?錯在不知道法度。現在朝廷的法令嚴厲完備,無所不包,而我卻認為沒有法度,是什麼道理呢?因為今日的法度大都不能合乎先王的標準。孟子說:「有仁愛的存心和仁愛的聲名,但是恩澤不能施予老百姓,乃因施政不能效法先王的方式。」根據孟子的說法,來看當前的錯誤,道理就在這裡了。

　　現在距離先王的時代已非常遙遠,所遭遇的形勢變化不同,想要完全實行先王的政治,連最愚笨的人也知道是困難的。然而我覺得今日的過失,錯在不效法先王的政治,其實也就是應該效法先王的心意罷了。堯、舜和禹、湯、武王,彼此相距有一千多年,其間有太平的時代,也有動亂的時代,兼有殷盛和衰弱的時代。他們遭遇到的形勢變化各不相同,治理的方法也不一樣,但是他們心中為國家著想的輕重先後,並沒有差別。所以我說:應當效法他們的心意罷了。效法先王的心意,那麼我們想要改革變更的事情,就不至於震驚全國,招

致人民的批評，而自然合乎先王的政治。雖然如此，考察今日的情形，皇上縱然想要改革變更國家大事，以符合先王的心意，在情勢上也是不可能的。皇上有謙恭的美德，有聰明通達的才智，又有愛護人民的心意，果真特別留心，那麼有什麼事不能成功呢？有什麼希望無法達到呢？但是我卻認為皇上雖然有心改革變更國家大事，以符合先王的心意，在情勢上必定不可能，又是為什麼呢？因為現在國家的人才不夠啊！

我曾經私自觀察全國做官的人，從來沒有比現在更缺乏的時候。做官的缺乏人才，便有失意隱居的人在民間，而不為執政者所知曉。我又訪求於民間，卻不見得有多餘的人才，難道是培養的方法不合宜所造成的嗎？我認為現在做官人才的不足，由我職務上的接觸，就可以明白了。現在以一路所管理的幾千里地方來看，能夠實行朝廷的法令，知道輕重先後，能完全為人民著想而盡忠職守的人很少，然而沒有才能、苟且馬虎、貪心鄙吝的人，卻相當多。能夠明白先王的心意，以適應目前變化的人，大概一郡之中，幾乎沒有一個。朝廷每次頒佈法令，用意雖然很好，做官的人尚且不能實行，使好處加在百姓身上，反而借機會為非作歹，騷擾老百姓。所以我說：做官的人才不足，而民間也不見得有多餘的人才。人才不夠，皇上雖然想要改革變更國家的政事，以符合先王的心意；大臣雖然有能夠合乎皇上心意，而願意負責的人；但是全國各地有誰能達到皇上的要求，而有條理地推行改革工作，讓全國人民都蒙受皇上的恩澤呢？所以我說：在情勢上必定不可能的。孟子說：「只有法令而沒有執行的人，是無法推行的。」不就是這個意思嗎？

然而目前最急迫的事,就是人才的問題。果真能讓天下有眾多的人才,然後官職所需要的人才,就能夠選擇適當的人而沒有空缺。有才的人在位了,再略微觀察局勢的可能與否,針對人民的痛苦,改革天下不好的法令,實踐先王施政的用意,也就非常容易了。現在的天下,也是先王的天下,先王的時代,曾經有非常多的人才,何以到了今日反而不夠呢?所以說,是培養人才的方法不合宜所造成的。商朝時候,天下曾經發生大亂,官員貪汙狠毒、興禍敗事,都不是適合的人;等到文王興起時,天下的人才一度缺乏。那個時候,文王能夠培育天下的士人,使他們都有士人君子的才能,然後依照他們所有的才能而加以任用。《詩經》說:「有盛德的君王,何不培育人才呢?」就是這個道理。等完成培養,卑微低賤如做兔網的人,也沒有不喜好德行的,如同《詩經‧兔罝》詩中所說的。更何況是做官的人呢?由於文王能夠這樣做,所以出征就能克服敵人,守國就能政治清明。《詩經》說:「捧著璋瓚的人,非常盛壯,這種儀節是才俊之士所該有的。」又說:「周天子走到哪裡,六軍就跟隨到哪裡。」就是說文王任用的文武官員,都是適當的人才,沒有怠廢政事的人。到了夷王、厲王衰亂時,天下的人才又減少了。直到宣王興起,和他共同商討國事的人,只有仲山甫而已。所以詩人感歎地說:「修德如同舉起羽毛,是輕而易舉的,但是只有仲山甫做到了,我們雖然愛他,卻不能幫助他。」這是哀歎人才的缺乏,而沒有人能幫助仲山甫。周宣王能重用仲山甫,並且推崇他的善行來重新培育天下的士人,此後人才又恢復到很多了。因此修治國內的政治,征討不臣服的諸侯,恢復了文王、武王時的疆域。所以詩人讚美他說:「採收芑菜,在那開墾兩

年的田裡，在這開墾一年的田裡。」就是敘述宣王重新培養天下的俊才，讓他有可以任用的人才，就像農夫開墾新的田地，然後才有可以收采的芑菜。這樣看來，人才沒有不是由君王培養而造成的。

　　所謂培育而造就人才，要怎麼做呢？不過是教育培養、選拔任用有固定的方式罷了。所謂教育的方法，是什麼呢？古時候天子和諸侯，從國都到地方，都有學校，廣泛地設置教導的官員，並且嚴格地揀擇教導的人選，有關朝廷禮樂刑政的事，都在學校傳授。士人觀察學習的，都是先王的法令言行和治理天下的方法，他們才可以被國家任用。如果不可以被國家任用，就不必教導了。如果是可以被國家任用的人才，沒有不在學校的。這就是教育的方法。所謂培養的方法，是什麼呢？就是增加財富，用禮儀約束，用法令裁正。什麼叫作增加財富呢？一般人的心意，如果財富不夠充足，就會貪汙鄙陋、隨意求取，任何事都做得出來。先王知道這種情形，所以制定俸祿，只要平民出任官職，他的俸祿已足夠代替原來耕作的收入。以此為標準往上推，官職大的人，俸祿都有增加，讓他們可以培養廉恥心而遠離貪汙鄙陋的行為。尚且認為不夠，又推廣官員的俸祿到他們的子孫，稱作「世祿」。讓他們活著的時候，在奉養父子兄弟妻子、應酬親戚朋友方面，都沒有缺憾。死了以後，又不必擔心子孫無法生活。什麼叫作用禮儀約束呢？一般的人情，如果財用富足，而沒有禮儀來節制，就會行為乖張，任性胡為，什麼事都做得出來。先王知道這種情形，所以設定制度，婚喪祭養燕享的事情，衣食使用的器物，都按照身份的高低予以限制，而且用規定的法度來統一。如果身份可以使用的器物，而財力不足具備，就不必要求齊備。如果財力可以具備，而身份

不可以使用的器物，不准有一點點的逾越。什麼叫作用法令裁正呢？先王對天下的士人，既已用道德技藝教育了，如果不遵循教化，就用廢棄到遠方、終身不再任用的方法加以懲罰；既已用禮節約束了，如果不遵守禮儀，就用流放、處死的方法加以懲罰。《禮記‧王制篇》說：「改變服飾的人，國君將他流放。」《尚書‧酒誥篇》說：「如果有人告訴你：『有很多人聚在一起飲酒。』你不要放縱他們，全部捉來京城，我會殺掉他們。」聚眾飲酒、改變服飾，都是小罪過；流放、處死，則是重大的刑罰。對犯小罪而處以大刑，先王所以忍心而不猶豫的原因，是認為不這麼做，無法統一全國的風俗而完成法治。以禮儀約束、以法令裁正，天下都服從而沒有違犯的原因，也不單是先王嚴厲的禁止和仔細的管理所能達成的。大概也是因為君王最誠懇的心意，自身努力實行而宣導的結果。凡是君王身旁通達貴顯的人，都順從君王的希望而實行，有不遵循的人，法令的責罰，一定自他開始。君王以最誠懇的態度實行，官高的人知道避免君王厭惡的事情，那麼天下不須處罰就可以停止的罪行，自然會多了。所以說：這就是培養人才的方法。

　　所謂選取的方法，又是如何呢？先王選拔人才，一定在地方上、在學校裡。讓大家推舉他們認為賢能的人，奏報皇上，由皇上來審察。果真是賢能的人，然後依據德行的大小、才能的高下，加以任用。所謂審察，並不是只靠耳目的聰敏，而聽信一個人的說辭。要審察他的德行，就得查考他的行為；要審察他的才能，就得詢問他的言語。知道他的言行舉止，再以事務試驗他。所謂審察，就是試驗辦事的能力。縱然是堯任用舜，也不過是這樣做。更何況比他低下的

人呢？至於國家的廣大，官職的眾多，所需要擔任官職的人才，必然是很多的。皇上不可能一個一個地自行審察，也不能交給一個人，讓他在一兩天內，考核眾人的品德、才能，而決定任免。皇上已經審察出才能強、品行高的人，任命為大官，因而讓這些大官選拔和他們相同的人，以長久的時間考驗；把通過考驗而有才能的人，報告皇上，然後給他官職俸祿。這就是選取人才的方式。所謂任用的方法，又是如何呢？人的才能德行，有高低厚薄的差別；所擔任的工作，有適合與不適的。先王知道這種情形，所以知曉農事的就任命他做后稷，知曉工程的任命他做共工。德行深厚而才能高超的，任命為官長；德行較薄而才能低下的，任命為部屬。又因為擔任職務的時間長久，在上的熟知其事，在下的順從教化。賢能的人可以成就事功，不才的人便會呈現罪過。所以要延長在位的時間，而施以考核的方法。能這麼做，所以聰明有能力的人，便可以發揮他們的才智去做事，而不必擔心事情沒有結果，功效不能完成。偷懶隨便的人，雖然想要立刻被人接受，然而污辱就跟在後頭，怎麼敢不努力呢？至於沒有才能的人，原本就知道推辭迴避而離開。因為在職位上工作的時間久了，不能承擔的罪過是無法僥倖避免的。他們尚且不敢冒險，知道推辭迴避，哪裡還有結黨營私、進讒獻媚以求進身的人呢？選取時既然詳盡，任命既然妥當，在職的時間既然長久，任職又能專心，就不必一一用法令來限制，而要讓他們施行自己的抱負。堯、舜所以能夠治理百官而使眾事和樂，只是如此罷了。《尚書》說：「三年考核政績一次，考核三次後，便將愚昧的官員降級，將明智的官員升級。」就是這個意思。然而堯、舜的時候，聽說過有被罷黜的人，那就是四凶；有被提

拔的人,那就是皋陶、稷、契,都是一輩子擔任同一官職而沒有調動的。 大概所謂的提拔,只是特別增加爵位、俸祿罷了。 這就是任用人才的方法。

　　教育培養、選取任用的方法是這樣,而且當時的君王,又能夠和他的大臣,用全部的精力、最誠摯的態度,慎重考慮,然後實行。 這就是為何臣子都沒有疑惑,而國家大事沒有想做而做不好的。

　　今日地方州縣雖然都有學校,不過是徒有房屋而已,並沒有教導的官員和教育人才的事實。 只有太學有教導的官員,但是不曾嚴格地選拔; 有關朝廷禮樂刑政的事情,也不曾在學校教授。 學者也認為不相干,將它當作負責官員的事情,並不是自己應當知道的。 學者教授的,只是講解說明文章句法罷了。 講解說明文章句法,原本就不是古代教導學生的方法。 近年來才開始教導學生應付考試的文章。 考試的文章,除非廣泛地閱讀、用心地學習、花費全部時間,否則就不能學好。 等到學好了,在大的方面,不能用來治理國家; 在小的方面,不能為國家做點事。 所以雖然一輩子在學校,花費所有的時間去遵循皇上的教化,等到讓他當官,卻茫茫然不知怎麼辦的人,到處都是。 大概今日的教育,不僅不能培養成功的人才,同時又加以困苦毀壞,使士人無法成為有才能的人,這是什麼道理呢? 一個人的才能,由於專精而成功,混雜而毀壞。 所以先王在安置人才時,讓工匠在官府,農人在田野,商人在市場,士人在學校,使每一個人都專精於自己的事業,而不接觸其他的事物,恐怕其他事物會妨害他們的職務。 對於讀書人,又不僅讓他們不得接觸其他的事物,而且告訴他們的,完全是先王的道術,至於諸子百家不相同的學說,全部摒棄而不讓他

們學習。今日讀書人應當學習的，是如何為國家效力。現在全部棄置不教，反而教授應付考試的文章，讓讀書人浪費精力，將全部的時間都用在這一方面。等到他被任命為官，卻又全部廢棄，反而要求他們處理國家大事。古人早晚都專心於國家大事，尚且有才能高下的差別。現在轉移讀書人的精神，剝奪他們的時間，早晚從事於沒有用的學問。等到被任官辦事時，才又突然要求他們能為國家做事，難怪他們之中才能足以有作為的人非常少。所以我說：不僅不能培育成功人才，同時又加以困苦毀壞，使士人無法成為有才能的人。

又有更大的害處：先王的時候，士人所學習的，包括文事和武事。士人的才能，有的可以擔任公卿大夫，有的可以擔任士，他們有才能大小、合不合宜的差別。但是武事方面，無論才能的大小，沒有不學習的。因此，才大的，在朝廷可以擔任六卿，派出朝廷可以擔任將領。差一點的，可以擔任比閭族黨的長官，也都是率兩師旅的統帥。所以防守邊疆和護衛皇宮，都由士大夫擔任，而小人不能求任。現在的學者，認為文事和武事不同，自己只知道處理文事而已，至於防守邊疆和護衛皇宮的任務，便推讓而交給軍士。常常是任何奸惡強悍無賴的人，如果他的才能德行可以在鄉里立足，也沒有願意離開親人而應朝廷招募的。防守邊疆和護衛皇宮，這是國家重要的職務，也是皇帝應該謹慎的。所以古代教導讀書人，以射箭、駕車的技能為先。其他的技能，則就各人適合的才能，加以教導；才力做不到的，就不勉強了。至於射箭，是男人的事。人生下來，如果有病就算了，要是沒病，沒有捨棄射箭而不學的人。在學習中，自然應該學習射箭。招待賓客要射箭，舉行祭祀也要射箭，分別士人的品行能力是否

相同也要射箭。凡是與禮樂相關的事，沒有不用到射箭的，而射箭也沒有離開禮樂祭祀的。《易經・繫辭下》說：「弓箭的銳利，可以威震天下。」先王難道只把射箭當作學習禮儀的事情就算了嗎？原來就認為射箭是武事中最重要的，而且是威震天下、防禦國家的工具。平時藉以學習禮樂，出征時就靠它作戰。士人既然早晚學習射箭，擅長的人多了，那麼防守邊疆、護衛皇宮的任務，都可以選取適當的人。士人已經學習先王之道，他的德行義性也被鄉人推崇，然後依各人的才能而託付防守邊疆、護衛皇宮的事。這是古代君王把武器交給適當的人，便可免除內外的憂慮。現在卻把國家的重任，君主應當最慎重的人選，推給奸惡強悍無賴、才能德行不能在鄉里自立的人。這就是當前為何經常害怕有邊疆的憂患，而擔心護衛皇宮的人不足以作為安全的憑恃。今日誰不知道防守邊疆、護衛皇宮的人不足以作為安全的憑恃呢？卻又認為天下的讀書人視習武事為恥辱，所以沒有懂得騎馬射箭、行軍佈陣的人，那麼除了招募來的軍人，誰能擔任這些事呢？不做嚴厲的教導，提高選擇的標準，則士人以習武事為可恥，而沒有人懂得騎馬射箭、行軍佈陣的事，自然有它的道理啊！這些都是教育培養不得其法的緣故。

　　現在所定的俸祿，大抵都很菲薄。除非是皇帝身旁親近的官員，否則人口稍微多一點，沒有不兼營農商以求利而能滿足供養的。自此以下的州縣官吏，一個月所得的俸祿，多的有八九千錢，少的只有四五千錢，如果以候補、等待命令、守缺等身份的人來計算，要六七年才能獲得三年的俸祿。總計一個月所得的俸祿，實際上不到四五千錢，少的更不到三四千錢呀！雖然過著卑賤的生活，也感到困窘，而

且一切養生送死、婚姻喪葬的費用，都包括在裡面。德行在中等人以上的，雖然窮困，仍然是君子；德行在中等人以下的，雖然富泰，仍是小人。只有中等的人不一樣，貧困就成為小人，富泰就成為君子。總計天下的士人，在中等上下的，千百人中也難得有一個；窮困而成為小人，富泰而成為君子的，天底下到處都是。先王認為人數多了就不能以力量取勝，所以制定行為的準繩，便不以自己，而是以中等人為標準。因此順著他們的欲望而以利益來誘導，使得中等人可以遵守，那麼這個制度就可以行於全國，而且可以推行於將來。以今日的俸祿制度，想要士人不毀棄廉恥心，大概是中等人所做不到的。所以當今官位高的，常常互相賄賂贈送，經營財富，因而背負了貪汙的罪行。官位小的，連販賣乞求的事都敢做。士人已經毀棄廉恥心而背負罪行於世上了，於是苟且怠惰、求人寬容的意念興起，而勉勵奮發、自立自強的心意便沒有了，那麼他所主管的職務怎能不廢弛，治理天下的事又如何振作呢？何況枉法受賄、侵害百姓的事，常常因此產生。這就是所謂的不能以財富豐裕官員。

　　婚姻喪葬、侍奉養育、衣服飲食的用具，都沒有制度加以節制，因而天下的人以奢侈為榮耀，以節儉為恥辱。如果他的財產可以購置，那麼想要做什麼都做得到；官吏既不禁止，而世人也認為這是光榮的事。如果他的財產不夠，不能達到世俗的標準，那麼他在婚姻喪葬的時候，常常會得罪同族的人和親戚，同時被旁人恥笑。所以富人貪心而不知節制，窮人則強迫自己盡力達到要求。這是增加士人的困窘，而使他們的廉恥心也毀棄了。這些就是所謂的不能以禮儀來約束。

現在皇上自己實行勤儉節約，來領導全國，這是皇上身旁通達顯貴的大臣親眼看到的，然而他們家中，奢侈浮華而沒有節度，違犯了皇上所厭惡的事，而破壞了天下的教化，有非常過分的情形，卻沒有聽說朝廷將他們貶斥，以向國人交代。從前周朝逮捕聚眾飲酒的人，並且處以死刑，認為酒會產生害處，因此而死的人很多，所以嚴厲禁止這種禍害的根源。嚴厲禁止禍害的根源，所以雖然刑罰的使用不多，人民因飲酒而招致禍敗的卻很少。現在朝廷的法律，特別嚴厲禁止的，是貪官汙吏。嚴厲禁止貪官，卻忽略禁止奢侈浮華的法律。這就是所謂的禁止末節而廢弛根本。但是有見識的人，認為如今官員數目太浮濫，而朝廷的財力已經不足供養，這也是不明事理啊！今日任官的確太浮濫了，但是前代設置的官員雖然很少，而俸祿又那麼微薄，財力的不充足，大概還有別的原因，官吏的俸祿哪會有什麼影響呢？我對於財政原本不曾學習，但是私自觀察過前代管理財政的大概情形：用全國的人力，來生產國家的財富；收取全國的賦稅，供給國家的用度。自古以來的太平盛世，不曾因為財用不充足而成為國家的憂患，卻憂慮管理財政不得其法。現在國家沒有戰爭的花費，而老百姓安居樂業，人人盡其心力，生產國家所需的財富。但是公私兩方面經常憂慮困窮，可能是管理財政不得要領，而負責的官員不會衡量現實情況，加以變通。如果能夠用適當的方法管理財政和懂得運用變通的方法，我雖然愚笨，卻知道增加官員的俸祿，不會影響國家的經費。

目前有嚴厲的法令，用來防範天下的士人，可說是十分嚴密了。但是曾經用道術教導他們，而有不遵從教令的刑罰嗎？曾經以制度約

束他們，而有不遵循禮制的懲罰嗎？曾經委任職務給他們，而有不能盡職的處罰嗎？不先用道術教導，便不能用不遵從教令來懲罰；不先用制度約束，便不能用不遵循禮制來懲罰；不先委任職務，便不能用不盡職來懲罰。這三種情形，是先王制定法令所應特別注意的，現在都不能加以處罰。至於微細的事物，並不嚴重妨害治道，卻制定禁止的法令，而且經常改變，甚至連做官的人也記不清楚，更何況能夠一一避免而不觸犯呢？這是法令之所以被忽視而不能推行的原因，小人可因僥倖而避免，君子可因不幸而觸犯，這就是所謂的不能用刑罰來制裁。這些都是治理不得其法的結果。

　　現在選拔士人，只要記誦得多而稍微通曉文辭的，就稱為茂才異等、賢良方正；茂才異等、賢良方正，是公卿的人選。記憶不必特強，誦讀不需廣博，稍微通曉文辭，又曾經學過詩賦，便稱為進士；進士中較出色的，也是公卿的人選。這兩種科目所得到的士人，其技能不能擔任公卿，不必討論即可知曉。而世人卻認為朝廷用這種方式選拔全國的士人，而才能可以擔任公卿的，往往也從這些人中出現，不必仿效古代取士的方法，才能得到人才。這也是不明事理。先王的時候，用盡選拔人才的方法，還怕賢能的人不能被進用，而有不好的人混雜在中間。現在完全廢除先王用來選拔士人的方法，而驅使全國的士人，都去應考賢良方正和進士科，那麼才能可以做公卿的人，自然應該出於賢良方正和進士中。而賢良方正和進士，自然是有適合擔任公卿的人才。但是才能不好的人，如果會寫詩賦文章，因而晉升到公卿；才能可以擔任公卿，受困於無用的學問，因而不能做官，老死於山野的，大概十個中就有八九個。古代皇帝謹慎選擇的，只是公卿

罷了。公卿既然得到適當的人選,讓他們推舉同類的人進入朝廷,那麼百官職務就沒有不適合的人選。現在如果讓才能不好的人,幸運地做到公卿,因而推舉他們的同類到朝廷,這是朝廷小人多的原因。而有賢能智慧的人,常常因為得不到助力,而不能推行他的心意。而且不好的公卿,推舉同類於朝廷;朝廷中不好的臣子,又推舉同類擔任各地的首長;各地的首長又分別推舉不好的人,散佈到州縣中。那麼雖然推舉和被推舉的人有同受處罰的條文,又有什麼用呢?正好給小人藉口罷了。

其次如九經、五經、學究、明法等科目的考試,朝廷本來已經擔心它們對於現實情況沒有用處,而稍微要求各科通曉大義了。但是通曉大義所得的效用,並沒有比以前好。現在朝廷又開了明經的科目,用來進用通曉經術的人。但是明經科的選用,也是記誦多而稍微通曉文辭的人,便可以錄取。那些通曉先王的心意,而能施用於國家的人,卻未必能夠獲得錄用。其次是靠父兄爵秩而得官的人,沒有接受學校道術的教導,負責的官員沒有考察他的才能,父兄不必擔保他的品行,而朝廷往往給他官職,並委任以職事。周武王責備商紂的罪行,曾說:「以父子相承的方式任官。」父子相繼為官,卻不考慮他的才能品行,這是紂王招致敗亂滅亡的原因,是為太平盛世所沒有的。再其次是「流外」,朝廷原本已經將他們排擠在廉恥之外,而限制他們求上進的道路;卻又把州縣的事交付他們,讓他們凌駕於一般士人之上,難道這就是以賢能來治理一般的人嗎?以我掌管職務的範圍所見,幾千里的轄區內,州縣官吏出自流外的,到處都有,可以委任政事的,幾乎不到十分之二三,卻處處需要防範他們的奸惡。古代

有賢能和不才的分別，卻沒有流派品第的分別。所以像孔子這樣的聖人，曾經做過季氏的小吏，雖然做過小吏，卻不妨害他擔任公卿的資格。等到後世有流品的區別，只要屬於流派以外的人，他的志節抱負，本來就置身於廉恥之外，而沒有高尚於眾人的心意。以近代風俗的衰敗，雖然有士大夫的才能，形勢上也能夠進取，朝廷也曾用禮義來獎勵，但有些人晚年不能保持節操，常常被誘迫作惡。更何況那些平常志節抱負，沒有高尚於眾人的心意，而早已被朝廷排除在廉恥以外，限制他們上進的人呢？他們待人處世，任性乖戾而沒有道理，也是必然的。至於防守邊疆、護衛皇宮的人選，前面我已經說過他們的缺失。這些都是選拔不得其法。

如今選擇人才既然不得其法，至於任用人才，又不考慮德行是否合宜，卻計較他考取科舉的先後；不管才能是否相稱，卻計算他經歷職務的多少。由文學進身的，姑且讓他管理財政。已經讓他管理財政，又改派他管理獄政。已讓他管理獄政，又改派他管理禮儀。這是要求一個人具備所有職務的才能，難怪人才難以表現。要求一個人做他不熟悉的事，那麼他所能表現的，就很少了。一個人的表現少，於是大家都不求有所作為。所以讓他管理禮儀，不會因為不懂禮制而擔憂。這是因為現在管理禮儀的官員，不曾學習禮制的緣故。讓他管理獄政，不會因為不知獄政而感到恥辱。這是因為現在管理獄政的人，不曾學習獄政的緣故。全國的人已經逐漸受到不受教化的感染，而受社會風氣的影響；看到朝廷任用人，不按照資歷的次序，就相互議論和譏笑；對於任用的人不適合他的才能，卻沒有人指責。而且做官的人經常遷調，那麼就不能長久地停留在一個職位上。所以在上位的

不能熟悉他的職務，居下位的不肯順從地接受教訓。 賢能的人，他的功勞無法完成； 不好的人，他的罪過也不會太明顯。 至於迎新送舊的辛勞，廢絕公事的弊病，還算是較小的損害，不值得詳細的計算。 任用官員大都應該使他長久地在一個職位上，如果管轄的地方遙遠，擔負的責任重大，更是應當任期長久，然後才能要求他有所作為。 然而現在尤其不能在任長久，常常很快地就遷調了。 選拔已經不仔細，任用已經不適當，任期已經不長久，至於委任又不能專一，還要處處用法令束縛，不能讓他按照自己的心意施政。 所以我知道現在居官的人都不是適當的人，稍微授予他權力，而不處處用法令約束他，就會放縱而無所不為。 雖然居官的不得其人，而想要依靠法令治理，從古到今，沒有能夠把政事治得好的。 假如居官的都是適當的人選，卻處處用法令限制他，不讓他施行自己的心意，也是從古到今，沒有能夠治理得好的。 選拔已經不仔細，任用已經不適當，任期已經不長久，委任職務又不專一，而處處用法令拘束他，所以雖然是賢能的人在職位上，和不賢而無能的人，也沒有差別。 如此一來，朝廷明明知道他的賢能，可以委任職務，如果資歷不符，就不委任職務提拔他。 雖然提拔他，士人還是不能心服。 明明知道他是無能無德，假如不是犯罪，被主事者彈劾，就不敢因為不盡職而貶斥他。 雖然黜退了，士人還是不能心服。 他果真無德無能，但是士人不能心服，為什麼呢？因為用所謂賢能的人擔任政事，和無德無能的人，也沒有差別的緣故。 我前面認為不能委任官員職務，而又沒有處分不勝任職務的刑罰，就是指此而說的。

　　教育、培養、選取、任用，只要有一點不合法，就足以敗壞天下

的人才，更何況同時擁有這四點。那麼居官的沒有才能、苟且隨便、貪婪鄙陋，這種人實在太多了，而民間山野也缺乏可用的人才，這是不值得奇怪的。《詩經》說：「國家雖然不安定，有的人明哲，有的人昏庸。人民的數目雖然不多，仍有賢哲和謀士，恭敬地治理國事。不要像那往下流的泉水，使好人、壞人同歸於盡。」就是這個意思。

　　在位的人才不夠，而民間山野也缺乏可用的人才，那麼難道只是不能實行先王的政治嗎？宗廟社稷的託付，國家疆域的守護，皇帝怎能把僥倖看作當然，而沒有積極改變的憂慮呢？東漢時的張角，率領三十六萬人的黃巾賊，在同一天叛亂，他們所在的郡縣封國，竟然不能事先察覺陰謀。唐朝的黃巢，橫行於全國，所到達的地方，守禦的將士不敢和他對抗。漢朝、唐朝之所以滅亡，衰敗的亂源就是從此開始的。唐朝滅亡了，衰敗持續到五代，軍人專政，賢能的人隱居消失而不顯達，居官的不再有懂得君臣大義、上下禮節的人。在那個時候，改朝換代，比下棋還要容易。而老百姓遭受傷害，幸運而不死的，非常少。所以人才的不充足，原因大概就是這樣。現在的公卿大夫，沒有人願意為皇帝的未來作長遠的考慮、為宗廟社稷作萬世的計畫，我感到十分迷惑。從前晉武帝過分重視眼前的享樂，而不為後世子孫作長遠的打算。當時在位的大臣，也處處迎合皇帝，以求容身，因而風氣敗壞，廢棄禮儀，損害法制，在上和在下的人都失去法度，卻不認為是錯誤，有見識的人早已知道必然會發生大亂。後來果真全國騷亂，中國被外族佔據了兩百多年。我想太祖、太宗、真宗的神靈，所交付囑託皇上的，應是永久享受子孫的祭祀和庇護老百姓。我希望皇上明察漢朝、唐朝、五代敗亡的原因，警惕於晉武帝只顧眼前

的安逸而不顧未來的禍亂，明白地詔告大臣，思考如何培養天下的人才。用智謀考慮，用成敗的資料計算，慢慢地施行，希望能夠符合當前的局勢，而不違反先王的旨意，那麼天下的人才就很多了。人才多了，那麼皇上有什麼事情做不到，有什麼願望不能完成的呢？用智謀考慮，用成敗的資料計算，慢慢地施行，那麼培育天下的人才就十分容易了。

我起初讀《孟子》的時候，看到孟子說王政容易施行，心裡便認為的確不錯。後來看到孟子和慎子談論齊國、魯國地方的大小，認為先王創立國家的面積，大都不超過百里；並且認為當時如果有王者興起，那麼凡是諸侯的土地，有一千里、五百里的，都要減少到幾十里或百里為止。於是懷疑孟子雖是賢者，他的仁德智慧可以統一天下，卻怎麼能夠不動用武力，而讓幾百里或千里大的強國，願意很快地減少他十分之八九的土地，而與先王時代的諸侯相同呢？後來看到漢武帝用主父偃的計策，命令諸侯王將土地全部推廣恩澤，封給他們的子弟，而由朝廷親自制定他們的名號，分別臣屬於朝廷。於是諸侯王的子弟，各有自己的封地，而勢力強、土地廣的，終於由此分化為弱小。然後知道用智謀考慮，用成敗的資料計算，慢慢地施行，那麼大國必然可以成為小國，強國必然可以成為弱國，而且不至於有傾覆驚駭、變動混亂、敗壞傷害的紛爭。孟子所說的並沒有錯。更何況現在要改革變更，形勢不像孟子所遭遇的那樣困難。所以我說：用智謀考慮，用成敗的資料計算，慢慢地施行，就非常容易完成了。

先王治理天下，不怕人不去做，而怕人沒有能力做；不怕人沒有能力做，而怕自己不夠盡力。什麼是不怕人不去做，而怕人沒有能力

做呢?一般人情希望獲得的,是美好的德行名譽、尊貴的爵位和厚重的利祿,先王可以拿這些誘導天下的士人。天下的士人有能夠遵從而佐治天下的,就把他們想要獲得的東西,全部給他們。士人沒有能力就算了,如果有能力,那麼有誰願意放棄他想獲得的東西,而不自我勉勵成為有才能的人呢?所以說:不怕人不做,只怕人沒有能力做。什麼是不怕人沒有能力做,而怕自己不夠盡力呢?先王的法制,用來對待士人的,非常完備了。只要不是愚笨得不能改變的低才,沒有不全力以赴的。然而不用最誠懇坦率的態度去籌畫,竭力領導實行,就沒有以最誠懇坦率的態度,竭力實行來回應的人。所以說:不怕人沒有能力做,只怕自己不夠盡力。皇上果真有心培養天下的人才,那麼我希望皇上能夠盡力去做。

我又察知朝廷從前想要有所作為而改革,最初計算利害,也沒有疏忽。只因有隨波逐流、心存僥倖的人,不喜歡而加以批評,以致停止不敢做。建立了法度,就沒有人可以單獨受到好處。所以先王的政令,雖然可以有利於天下,然而當它緊接著衰敝敗壞之後,人們心存僥倖的時候,要創立法制,是非常困難的。假如先王創立法制,天下心存僥倖的人,也能喜悅地順從而支持,沒有反對的意見,那麼先王的法制,一直傳到現在也不會被廢除。只因創立法制的困難,而心存僥倖的人不肯喜悅地順從支持,所以古人在希望有所作為時,沒有不先用武力征討,然後才能達成心意的。《詩經》說:「這次的征討突襲,消滅了敵人,四方因而沒有違叛。」這是說周文王先用武力征討,然後才能得到天下。先王想要建立法度來改變衰亂敗壞的風俗,並造就人才,雖然有征討的困難,還是忍心去做,認為不如此,就不

能有所作為。到了孔子，以一個平民的身份遊說諸侯，所到的地方，就讓當地的國君大臣放棄原來所學習的，違背原先順從的，增強原來衰敗的，使他們心意不定，最後還是遭受排斥。但是孔子仍然不因此而改變，認為不這樣做，便沒有作為。他所堅守的原則，是和周文王相同的。居上位的聖人沒有比得上周文王的，居下位的聖人沒有比得上孔子的，而想要對於改革有所作為，所做的事就是這樣了。現在擁有整個天下，處於先王同樣的地位，要創立法制，也沒征討的困難。雖然有心存僥倖的人，不高興而加以批評，但是未必會比天下歡欣順從的人多。然而只要有世俗心存僥倖、不高興的言論，便停止而不敢做的人，真是叫人迷惑啊！皇上果真有心造就天下的人才，那麼我又希望皇上要有決斷的魄力。用智謀考慮，用成敗的數目計算，慢慢地施行，又能盡力去做，果決的判斷，竟然還不能造就天下的人才，據我所知，是沒有的事。

　　然而我所說的，是世俗之人不願講的，而現在有意見的人，認為是不切實際的陳腐言論。我觀察近代的士大夫，是有想要盡其心力才智，來幫助朝廷的人的。他們的心意不是求全部利害的解決，就是求當前能夠施行。士大夫既然以此阿徇世俗，而朝廷所選拔的天下才士，也都是這樣的人。至於重大的倫理法制和禮義的事，先王努力學習而遵守的，卻都做不到。一旦有人做到，就有許多人一起來譏笑他，認為他不切實際。現在朝廷盡心盡力在全部的利害上，官員在文書之間嚴守法令，雖然不是一兩天的事，但是效果卻可以顯現了。所謂不切實際而陳腐的言論，皇上也可以稍加注意和考察。從前唐太宗貞觀初年，人人有不同的意見。例如封德彝那些人，都認為不混用秦

朝、漢朝的政策，就無法治理天下。能夠用先王的故事開導太宗的，只有魏徵一個人。當時所施行的，雖然不能完全符合先王的旨意，但是大致上已能符合了。所以可以在數年之間，使天下幾乎不用刑罰，中國安寧，外族歸順服從。三王以後，沒有比得上唐朝興盛的時代。唐太宗初年的時候，天下的風氣就像現在一樣。魏徵的意見，原本是當時一般人所說的不切實際而陳腐的言論，但是效用卻這麼大。賈誼說：「現在有人說道德教化不如法令，何不援引商朝、周朝、秦朝、漢朝的政事來考察呢？」然而唐太宗的事，已經可以作為今日的考察了。

　　我很榮幸地回到朝廷來述職，不知道自己愚昧而不能盡職，竟敢談論國家的體制，這是因為我蒙受皇上的任用，而回朝應該做的報告。我認為居官的人才不夠，而不能符合朝廷任用的心意，可是朝廷任用天下才士的方法，也許不合道理，使得士人不能完全發揮他的才能。這也是我職務範圍內的事，是皇上應該優先知道的。捨此而不說，卻粗略地舉出一些無關緊要的事，來污辱皇上的聰明，畢竟對世事沒有幫助，那就不是我忠謹誠懇侍奉皇上的心意。希望皇上仔細地思考而選擇其中適合的意見，那麼天下人就有福了。

（蔣秋華／編寫整理）

義田記
錢公輔

錢公輔（一〇二三─一〇七二），字君倚，宋常州武進（今江蘇常州）人。年輕時，跟從胡瑗求學，有名於吳中。他本性耿直不阿，曾說：「朝廷所為是，天下誰敢不同？所為非，公輔欲同之，不可得已。」因此，發為文章，也能平正不苟，真正做到文如其人。所著文章多已亡佚，現在只有《廣德軍謝上表》《義田記》兩篇，存於《宋文鑒》。

背景

《義田記》講的是范仲淹設義田義莊的事。

范仲淹自幼孤貧，備受艱苦，但能發奮讀書，取得功名。居官期間，親民愛民，廣施仁政，普受感戴；又曾戍守邊界，抵禦西夏的侵擾，建有功勳。他以天下為己任，說過「先天下之憂而憂，後天下之樂而樂」的話，足見其抱負的不凡。從他的一切作為來看，確是朝著這個目標努力。

顯達以後的范仲淹，有感於幼時的孤貧，因而想要濟助貧苦的人。不過由於個人能力有限，所以便先選擇宗族之人作為扶持的對象。宋仁宗皇祐元年（一〇四九），范仲淹與胞兄仲溫商議設置義莊的事，決定在蘇州購置常稔之田千畝，號曰義田，以其收入供養宗

族。購置田畝的資財,全由范仲淹提供,其兄仲溫則悉心經營,樹立規模。因此,范氏宗族在義田的賙濟下,雖至貧之家,也不再有饑餒的憂患。後來又設置義學,教導族中子弟。如此一來,既養又教,他對宗族的濟助,可真是設想周到。

影 響

范仲淹設立義莊、義學,並制定規章,除了存養扶助宗人之外,也具有砥礪風俗的用意,所以他希望後世子孫能夠繼續維持,並且傳之無窮。范氏子孫對於范仲淹的這項盛德偉業,均能謹慎秉持,雖然屢遭兵燹,田宅幾近廢絕,猶能追議前規,漸圖興復。直到明代嘉靖年間,仲淹的十六世孫惟一,還能積資購產,重振規模,而范仲淹訂立的義莊、義學規格,也廣被其他宗族仿效,成為古代一種凝聚族人、安定社會的良法。

直到現在范氏莊園仍保留在蘇州天平山舊址,義莊、義田這種制度,也歷經宋元明清,一直是天下宗族的榜樣,影響千千萬萬人。

原 文

范文正公,蘇人也,平生好施與,擇其親而貧、疏而賢者,咸施之。

方貴顯時,置負郭常稔之田千畝,號曰義田,以養濟群族之人。日有食,歲有衣,嫁娶婚葬,皆有贍。擇族之長而賢者主其計,而時共出納焉。日食人一升,歲衣人一縑,嫁女者五十千,再嫁者三十千,娶婦者三十千,再娶者十五千,葬者如再嫁之數,葬幼者十千。

族之聚者九十口,歲入給稻八百斛;以其所入,給其所聚,沛然有餘而無窮。仕而家居俟代者與焉,仕而居官者罷其給。此其大較也。

初,公之未貴顯也,嘗有志於是矣,而力未逮者三十年。既而為西帥,及參大政,於是始有祿賜之入,而終其志[1]。公既歿,後世子孫修其業,承其志,如公之存也。公雖位充祿厚,而貧終其身。歿之日,身無以為殮,子無以為喪,惟以施貧活族之義,遺其子而已。

昔晏平仲敝車羸馬,桓子曰:「是隱君之賜也。」[2] 晏子曰:「自臣之貴,父之族,無不乘車者;母之族,無不足於衣食者;妻之族,無凍餒者;齊國之士,待臣而舉火者,三百餘人。以此而為隱君之賜乎?彰君之賜乎?」於是齊侯以晏子之觴而觴桓子。予嘗愛晏子好仁,齊侯知賢,而桓子服義也。又愛晏子之仁有等級,而言有次第也。先父族,次母族,次妻族,而後及其疏遠之賢。孟子曰:「親親而仁民,仁民而愛物[3]。」晏子為近之。觀文正之義,賢於身後,其規模遠舉,又疑過之。

嗚呼!世之都三公位,享萬鍾祿,其邸第之雄,車輿之飾,聲色之多,妻孥之富,止乎一己而已;而族之人不得其門而入者,豈少哉!況於施賢乎!其下為卿大夫、為士,廩稍之充,奉養之厚,止乎一己;而族之人操瓢囊為溝中瘠者,豈少哉!況於他人乎!是皆公之罪人也。公之忠義滿朝廷,事業滿邊隅,功名滿天下,後必有史官書

---

1 既而為西帥:宋仁宗慶曆二年(一〇四二),西夏趙元昊反,范仲淹奉召為天章閣待制知永興軍,改陝西都轉運使,後又領陝西路安撫招討使,負責對西夏的軍事,所以稱西帥。及參大政:宋制以同平章事為宰相,參知政事為宰相之副。慶曆三年(一〇四三),范仲淹任樞密副使,遷參知政事,可以參與國家重要的決策,所以稱其「參大政」。
2 昔晏平仲敝車羸馬:以下敘述的事情,見《晏子春秋·內篇》。
3 「親親而仁民」二句:見《孟子·盡心上》。

之者，予可略也。獨高其義，因以遺於世云。

《宋文鑒》

譯 文

　　范文正公是蘇州人，平時喜歡幫助人，選擇親近而貧困、疏遠而賢能的人，都給予他們幫助。

　　當他富貴顯達的時候，購置一千畝靠近外城的肥沃田地，取名為「義田」，用來救濟同一宗族的人。每天供給食物，每年供給衣服，嫁娶婚葬都有補助。選擇族中年長而賢能的人負責會計事務，按時去做收支的工作。每天供給一人一升的糧食，每年供給一人一匹細絹，嫁女兒的補助五十千錢，再嫁的補助三十千錢，娶媳婦的補助三十千錢，再娶的補助十五千錢，喪葬的依照再嫁的數目，未成年的喪葬給十千錢。同族聚居在一起的有九十人，每年收入供給贍助的稻穀有八百斛；以所收入的稻穀，供給聚居的族人，多得用不完，而且還有剩餘。原來任官而現在閒居家中等待新職的人，包括在救助之列；出仕做官的人，停止他的供應。這是義田的大概情形。

　　起初，范文正公還沒有富貴顯達的時候，便存有這種心意，但是有三十年的時間沒有能力做到。等到他當征西的統帥，和參與國家的決策，於是才有俸祿和賞賜的收入，因而完成他的志願。范公死後，後世子孫維持他的事業，繼承他的心志，如同范公活著時的樣子。范公已經居官高、俸祿豐足，卻貧苦地過了一輩子。死的時候，連收殮屍身的棺木都沒有，他的兒子也沒有錢替他辦喪事；只有以救濟窮人和養活族人的高義，遺留給他的兒子罷了。

從前晏嬰乘坐瘦馬所拉的破舊車子，陳桓子說：「這樣是隱藏國君的賞賜。」晏嬰回答說：「自從我富貴以來，父族的人，沒有不乘車的；母族的人，沒有吃不飽、穿不暖的；妻族的人，沒有受凍挨餓的；齊國的士人，等我供應糧食做飯的，有三百多人。由此看來，是隱藏國君的賞賜呢，還是彰顯國君的賞賜呢？」於是齊侯用晏嬰的酒罰陳桓子喝。我喜歡晏嬰能施仁愛，齊侯知賢善任，而陳桓子能夠服從義理。又喜歡晏嬰的仁愛有親疏遠近的等級，而且言語有層次。先父族，次及母族，再及妻族，然後推及疏遠的賢士。孟子說：「先親愛自己的親人，然後推及仁愛所有的人；再由仁愛眾人，然後推及愛惜萬物。」晏嬰的做法，很接近孟子的話。我看范文正公的義行，能夠澤於身後，所建立的規章體制，可以施行久遠，恐怕更勝過晏嬰。

　　啊！世上高居三公之位，享受萬鐘俸祿的人，他們府第的雄偉，車馬裝飾的華麗，聲色娛樂的繁多，妻子兒女的眾多，只屬於自己一人獨享而已，而族人無法進入他的大門的，難道是少數的嗎？何況是濟助貧士呢！就是職位低一點的卿大夫或士人，俸祿充足，生活豐厚，只及於自己獨享；族人拿著瓢囊乞食，而凍餓死於溝壑的，難道是少數的嗎？何況是求助別人呢！這些人對范公而言，都是罪人。范公的忠義滿朝皆知，事業遍及邊疆的每個角落，功勳名望世人皆知，以後一定有史官為他記錄，我可以省略不說。因為特別尊崇他的義行，所以寫這篇記文，以便留傳於後世。

（蔣秋華／編寫整理）

蘇氏族譜引

蘇洵

　　蘇洵（一〇〇九—一〇六六），字明允，號老泉，宋眉州眉山（今屬四川）人。早年應試不中，閉門苦研經史百家之書，並留心時事，因而擅長議論，成為著名的古文家。仁宗嘉祐年間，他帶著兩個兒子——蘇軾、蘇轍，來到京師，拜會歐陽修，歐陽修替他呈上《權書》《衡論》等二十二篇。由於歐陽修的推崇，一時學者爭習三蘇的文章。復與姚辟同修《太常因革禮》，才完成便去世了。著有《嘉祐集》《老泉文抄》。

蘇洵像

背　景

　　族譜是家族的歷史記錄，除表明親屬關係外，也可反映宗族活動發展的狀況，所以古人對於族譜的纂修，十分重視。

　　我國族譜起源於何時，已難確考，不過甲骨文中有殷代帝王的世系刻辭，雖然只是簡單的帝王繼承表，卻已具有譜系性質，似可視為族譜的濫觴。到了周代，出現用以表明天子與諸侯親疏關係的譜表，

其體例為後世譜書所仿效。此時只有貴族才有譜書,因為這是他們繼承權利的重要依據,故一般百姓無緣入譜。秦廢封建以後,原有的宗法制度已不存在,才漸漸有平民入譜的情形。

六朝時期,由於門第觀念深重,朝廷選官、家庭嫁娶,都與家族的地位有關,呈現豪門巨族壟斷朝政的局面,所以譜書的製作具有濃厚的政治意義,更增加了它的重要性。於是一些出身卑微而驟獲顯貴者,往往誣攀偽纂其族譜,故政府又設有譜局,管理其事,並規定姓氏之尊卑。

這種現象一直持續到唐代。後來因為五代的時局動亂和宋代政治社會結構的改變,門第觀念和豪族專政的情形已有改善,譜書的功能有所轉變,以致纂修式微,而早期那種確定大姓小姓的百家譜也喪失了原有功能。

宋仁宗至和二年(一〇五五),蘇洵完成《蘇氏族譜》,大約同時,歐陽修也完成了《歐陽氏譜圖》,兩人的撰著格式雖然略有不同,但是他們同感族譜的重要,因此力勸世人修譜。又因宋人修譜不必呈交官府,編纂才又普遍起來。

影　響

蘇洵所作的族譜,是從《史記・三代世表》和鄭玄《詩譜》演化而來的,記載的內容非常粗略,只簡單地登錄族屬關係。其特點:一是小宗本支,二是倫理含義。然而蘇洵力求記事真實,不許隨意附會、偽造,因為他主要的用意是在標榜宗法,所以他說:「觀吾之譜者,孝弟之心,可以油然而生矣!」這種注重宗族感情的族譜,屬於

五世則遷的小宗譜，是一種全新的嘗試，對於後世族譜的撰著影響很大。因為自此以後，天底下所有家族族譜的纂修都依他們的體例，全面取代了舊譜體例，且無不以尊祖睦族為目的，具有安定社會的功能，世人遂有治國以治族為先的主張。

原　文

蘇氏族譜，譜蘇氏之族也。蘇氏出於高陽，而蔓延於天下[1]。唐神龍初，長史味道刺眉州，卒於官，一子留於眉，眉之有蘇氏自是始。而譜不及焉者，親盡也。親盡則曷為不及？譜為親作也。凡子得書，而孫不得書，何也？以著代也。自吾之父，以至吾之高祖，仕不仕、娶某氏、享年幾、某日卒皆書，而他不書者，何也？詳吾之所自出也。自吾之父，以至吾之高祖，皆曰諱某，而他則遂名之，何也？尊吾之所自出也。譜為蘇氏作，而獨吾之所自出得詳與尊，何也？譜吾作也。

嗚呼！觀吾之譜者，孝弟之心，可以油然而生矣。情見於親，親見於服，服始於衰，而至於緦麻，而至於無服，無服則親盡，親盡則

三蘇石刻像

---

1 高陽：即高陽氏顓頊。《通志・氏族略》：「蘇氏，己姓。顓帝裔孫吳回為重黎，生陸終；陸終生昆吾，封於蘇，其地鄴西蘇城是也。至周武王，用忿生為司寇，邑於蘇，子孫因以為氏，世居河內。」古人追溯姓氏的來源，往往上推久遠，蘇氏便追尋到上古五帝之一的顓頊，作為姓氏的起源。

情盡，情盡則喜不慶、憂不吊，喜不慶、憂不吊，則途人也[2]。吾之所與相視如途人者，其初兄弟也，兄弟其初一人之身也。悲夫！一人之身，分而至於途人，此吾譜之所以作也。其意曰：分而至於途人者，勢也。勢，吾無如之何也已。幸其未至於途人也，使之無至於忽忘焉，可也。

嗚呼！觀吾之譜者，孝弟之心，可以油然而生矣。係之以詩曰：

吾父之子，今為吾兄。吾疾在身，兄呻不寧。數世之後，不知何人。彼死而生，不為戚欣。兄弟之親，如足與手，其能幾何。彼不相能，彼獨何心。

《嘉祐集》

譯文

蘇氏的族譜，是用來記載蘇氏的族人。蘇氏源出於顓頊帝，然後繁衍遍佈於天下。唐高宗神龍初年，長史蘇味道擔任眉州刺史，死於任上，有一個兒子留在眉州，從此眉州才有蘇姓人氏。然而族譜卻沒有提到，因為親戚關係斷絕了。親戚關係斷絕了，為什麼不再提到？因為族譜是為親人而做的。兒子可以記載，而孫子不能記載，為什麼

---

2 服：喪服，分五等，即斬衰、齊衰、大功、小功、緦麻。衰：麻布做的喪服，分斬衰、齊衰。不縫邊的叫斬衰，子為父、父為長子都是服斬衰，服期三年。縫邊的叫齊衰，又分四等：（一）父卒為母、母為長子服齊衰三年；（二）父在為母、夫為妻服齊衰一年，可用杖，稱「杖期」；（三）男子為伯叔父母、為兄弟，已嫁女子為父母、媳婦為公婆、孫子為祖父母服齊衰一年，不用杖，稱「不杖期」；（四）為曾祖父母服齊衰三月。緦麻：細而稀疏的麻布所做的喪服。男子為族曾祖父母、族祖父母、族父母、族兄弟、外孫、外甥婿、妻之父母、舅父等服緦麻三個月。

呢？為了表明世代。從自己的父親，到自己的高祖父，做不做官、娶哪一位、有多少歲、哪一天去世都記載，其他的不記載，為什麼呢？為了說明自己的祖先。從自己的父親，到自己的高祖父，都稱「諱某」，而其他的人則稱姓名，為什麼呢？為了尊敬自己從出的祖先。族譜是為蘇氏的人作的，而只有自己所從出的祖先能夠詳細和尊敬，為什麼呢？因為族譜是自己作的。

　　啊！看了自己族譜的人，可以產生豐富的孝悌心。情感顯現在親情上，親情顯現在喪服上，喪服從最親近的衰服開始，到較疏遠的緦麻為止，再疏遠的就不必服喪，不必服喪也就沒有親情，沒有親情就沒有情感，沒有情感則喜事不需慶賀、喪事不需弔唁，不慶賀、不弔唁便如同路人。和自己認識而如同路人的人，彼此的先人都是親兄弟，親兄弟是同一父母所生的。可悲啊！同一父母所生，竟演變成陌生的路人，這就是為什麼要修族譜的原因了。它的用意在於：演變成陌生的路人，是形勢造成的，我對於形勢無可奈何。幸運而沒有成為陌生人的，不要讓他們被遺忘，那就好了。

　　啊！看了自己族譜的人，可以產生豐富的孝悌心。附上一首詩：「父親的兒子，現在是我的兄長。我有病在身，兄長哀痛不停。幾代以後，子孫不能相認。他們是死是生，彼此沒有一點感傷或歡欣。兄弟的親情，如同手足，如果沒有族譜的聯繫，能保持多少代呢？後代子孫不能相認，他們何以如此呢？」

（蔣秋華／編寫整理）

太極圖說
周敦頤

周敦頤像

周敦頤（一○一七—一○七三），字茂叔，北宋道州營道（今湖南道縣）人。晚年築室於廬山下的小溪上，名曰「濂溪書堂」，所以被世人尊稱為濂溪先生。他是宋代理學的先驅，《宋史‧道學傳》便以他居首，著有《太極圖說》《通書》等文，後人將其所有著作編成《周子全書》。明代將他的《太極圖說》和《通書》收錄在《性理大全》內。清乾隆時，又將他的著作列於御纂《性理精義》卷首，命士子誦讀。

背景

　　周敦頤是宋代道學（即理學）先驅人物，他所著的《太極圖說》和《通書》，可以代表他的主要思想，而其理論對後世影響很大。所以自從朱熹予以注解、推崇之後，便使他在道學的傳統中佔有宗師的地位。

　　《太極圖說》又稱《太極圖易說》，為周敦頤據圖來說《易》的撰著。所據之圖，前人以為出自陳摶，經由種放、穆修，而傳至周敦

頤。此圖雖與道教修煉的丹訣圖有關，但是周敦頤參考解說時，並未用以衍述一套丹訣理論，主要仍是依據《易傳》和漢儒的思想，建構天道化生的理論。

不過《太極圖說》裡頭，有某些觀念確與道家的理論近似，這是因為周敦頤本身的思想中便雜有道家思想。例如文中所說的「無極而太極」「太極本無極」，其觀念便與《老子》「天下萬物生於有，有生於無」的理念近似。因此，後人討論周敦頤的《太極圖說》時，雖然有人為他極力辯解，還是無法排除他與道家思想的關係。

影響

《太極圖說》雖然只有寥寥數百言，卻將天道的生成和人類自處之道，都作了簡明扼要的解說，首先為宋代的理學建構了一套宇宙論，奠定了理學發展的基礎。

周敦頤《太極圖說》的「無極」「太極」觀念，引發了朱熹、陸九淵的激烈論辯。陸九淵認為「圖說」與《通書》的思想不符，因為後者未曾言及「無極」，所以他懷疑此文非周敦頤所作。朱熹卻大力為周敦頤辯護，認為「無極」與「太極」為「本體」的兩面，未可隨意劃分，「太極」就是「無極」。兩家以書信來往爭議，形成思想史上一個著名的公案。

「太極」一詞，雖然古代早有，「太極」的道理也存在於《易經》中，但經周敦頤這一番詮釋，後世翕然成風，都大談「太極」了，至今風氣不輟，均拜周敦頤此文之賜。

原 文

　　無極而太極。太極動而生陽，動極而靜，靜而生陰，靜極復動[1]。一動一靜，互為其根；分陰分陽，兩儀立焉[2]。陰變陽合，而生水、火、木、金、土，五氣順布，四時行焉。五行一陰陽也，陰陽一太極也，太極本無極也。

　　五行之生也，各一其性。無極之真，二五之精，妙合而凝。「乾道成男，坤道成女[3]。」二氣交感，化生萬物，萬物生生而變化無窮焉。

　　惟人也得其秀而最靈。形既生矣，神發智矣！五性感動而善惡分，萬事出矣！聖人定之以中正仁義（自注：「聖人之道，仁義中正而已矣！」）而主靜（自注：「無欲故靜。」），立人極焉。

　　故聖人「與天地合其德，日月合其明，四時合其序，鬼神合其吉凶[4]」。君子修之吉，小人悖之

---

1 無極而太極：「無極」一詞不見於儒家經典，陸九淵認為出於道家，見《老子》第二十八章：「復歸於無極。」朱熹則認為《老子》的「無極」是「無窮之義」，不是周敦頤所說的道體本原的意思。「太極」一詞，見《周易・繫辭上》：「易有太極，是生兩儀。」鄭玄解為「淳和未分之氣」。孔穎達《周易正義》：「太極謂天地未分之前，元氣混而為一，即是太初、太一也。」朱熹則將太極當作一個實理，即「總天地萬物之理」。「無極」和「太極」的關係，陸九淵認為是「無極」生「太極」，即道家「有生於無」的意思；朱熹則認為是本體（理）的兩面，不可劃分。
2 根：根基、基礎，原是道家用語，如《老子》第六章：「玄牝之門，是謂天地根。」兩儀：指天地，亦見《周易・繫辭上》。
3 「乾道成男」二句：語見《周易・繫辭上》。
4 「與天地合其德」四句：見《周易・乾卦文言傳》。原文在「日月」「四時」「鬼神」之前，都有「與」字。

凶。故曰:「立天之道,曰陰與陽;立地之道,曰柔與剛;立人之道,曰仁與義[5]。」又曰:「原始反終,故知死生之說[6]。」大哉《易》也,斯其至矣!

《周子全書》

譯文

宇宙的本來面貌是無極——一種無法捉摸,又沒有止境的空無;可是這種空無落實後,就是萬物根源的太極——宇宙中的渾元之氣。空無和渾元之氣,就像熱度和火焰,其實是一體的兩面。太極運動後,會產生陽剛活動之氣;運動到了極點,會因疲乏而逐漸停止,停止後就產生陰柔靜肅之氣。可是靜肅到了極點,又會重新運動,再度產生陽氣。如此周而復始,循環不已。在一動一靜的情況下,可以說它是因為動久了,才逐漸疲乏而靜止;也可以說是因為靜寂太久了,才會靜極思動。也就因為太極在動靜之中,產生了陰陽之氣,才能進而凝聚,形成了天地兩種不同狀態的形體,與陽氣化合,就生出了水、火、木、金、土五種氣體,叫作五行,這五種氣體在天地中毫無阻礙地流通,並且再行結合,就能產生正常的季節變化,因而行生萬物。所以說這五種氣體,其實是陰陽二氣融合的結果,陰陽二氣又是從宇宙中渾元之氣分化出來的,而這渾元之氣,其實就是空無不可見的宇宙原始面貌呀!

五行之氣產生後,分別具有各自的屬性,它們是由無極的真性和

---

[5]「立天之道」六句:見《周易・說卦》。
[6]「原始反終」二句:語見《周易・繫辭上》。

陰陽的精氣，神妙凝合而行生成的。《易經‧繫辭》說：「純陽之氣造成了男人，純陰之氣造成了女人。」混合了陰氣與陽氣，使它們相互感應，就化育生出了天地間的萬物。萬物不停地生長，不停地演化、進步，沒有停止的時候。

只有人類能夠得到最優美、靈巧的陰氣與陽氣，構成形體，承受智慧，感生仁、義、禮、智、信五種德行，因而能夠分別善惡，同時也產生天下萬事。聖人設立中正仁義（自注：聖人所講的道理，不過是中正仁氣罷了），並且主張以虛靜（自注：沒有欲望，所以能夠虛靜）來建立做人的最高標準。

《易經》上說：「聖人應該效法天地的德行，與日月的光明，配合四季的順序，與鬼神的吉凶。」君子能夠像聖人一樣修養這些訓示，所以獲得吉利；小人則違背不理，所以遭到凶禍。因此《易經》上又說：「天道的建立，是靠陰陽二氣；地道的建立，是靠剛柔二性；人道的建立，是靠仁義二行。」又說：「詳盡探索始末，所以能夠明瞭生死的道理。」偉大的《易經》啊！真是說得十分透徹啊！

（蔣秋華／編寫整理）

西銘
張載

　　張載（一○二○—一○七七），字子厚，因居於陝西鳳翔郿縣（今陝西眉縣）的橫渠鎮，所以被學者尊稱為橫渠先生。年輕時喜談兵，以書進謁范仲淹，范勸他讀《中庸》，遂誦讀六經，旁涉釋、老。後與程顥、程頤共同切磋，深得道學之旨。嘗云：「為天地立心，為生民立命，為往聖繼絕學，為萬世開大平。」可見他胸懷壯闊。著有《張子全書》。

張載像

背景

　　張載講學關中，曾作二銘，榜書於學堂的雙牖，東曰「砭愚」，西曰「訂頑」。程頤見了，以為易啟爭端，替他改名，稱為「東銘」「西銘」。「東銘」論戲言、戲動、過言、過動等事，偏重實踐的功夫；「西銘」則論萬物一體、理一分殊之義，理論性較高。二程（顥、頤）對「西銘」十分賞識，認為精純無雜，孟子以後，無人及此。至南宋，朱熹更加推崇，作《西銘解義》，詳細注釋，並以其與《大學》並稱。

　　「西銘」的主旨，乃借「孝道」闡述天地萬物與人同為一體的關

係。因為天地為萬物生成之本,人與萬物皆由天地所生。若以天地比喻父母,則人人皆如同胞,萬物皆為儕侶。文中反覆陳述,舉了不少例子。然而天地萬物何以同為一體呢?張載認為「氣」是宇宙萬物的根源,人與萬物既然同秉一氣而生,自然不應有差別待遇,必須發揮彼此的慈愛心,相互照拂,以達「民,吾同胞;物,吾與也」的境界。

由於「西銘」篇幅簡短,又過分強調萬物一體,所以只論及「理一」的部分,而忽略「分殊」的部分。因此,後學頗有懷疑。如楊時在寫給程頤的信中說:「『西銘』之書,其幾於過乎?」就是針對上述的缺失而發問。他怕不詳釋「分殊」之義,則易與墨子的兼愛沒有差別。程頤給他的答覆是:「『西銘』明理一而分殊,墨氏則二本而無分。」並不承認「西銘」有缺失。此因程頤過於看重「西銘」,才有如此堅決的主張。縱觀「西銘」本文,確實忽略「分殊」的申論。事實上,「西銘」「東銘」原為《正蒙・乾稱篇》的首尾兩段文字,張載抄錄出來,不過作為案頭箴銘之用,所以未曾考慮理論的周全性。

影 響

張載是宋代重要的理學家,他的思想主要見於《正蒙》一書。這是一部稍有系統的哲學著作。因為他將一些相關的哲學問題,彙聚在一起討論,較一般鬆散無統的語錄,略勝一籌。張載以「氣」來解釋宇宙生成變化的原理,建構了一套有系統且深入的理論,對於宋代理學的開展,有相當的貢獻。像明末王船山就自稱要弘揚橫渠之正學,

作了《正蒙注》。其他推崇者也一再宣稱要弘揚「關學」。

原文

　　乾稱父，坤稱母；予茲藐焉，乃混然中處。故天地之塞，吾其體；天地之帥，吾其性。民，吾同胞；物，吾與也。大君者，吾父母宗子；其大臣，宗子之家相也。尊高年，所以長其長；慈孤弱，所以幼其幼。聖，其合德；賢，其秀也。凡天下疲癃殘疾、惸獨鰥寡，皆吾兄弟之顛連而無告者也。於時保之，子之翼也；樂且不憂，純乎孝者也。違曰悖德，害仁曰賊。濟惡者不才，其踐形，唯肖者也。知化則善述其事，窮神則善繼其志。不愧屋漏為無忝，存心養性為匪懈。惡旨酒，崇伯子之顧養；育英才，潁封人之錫類[1]。不弛勞而厎豫，舜其功也；無所逃而待烹，申生其恭也[2]。體其受而歸全者，參乎[3]！勇於從而順令者，伯奇也[4]。富貴福澤，將厚吾之生也；貧

---

[1]「惡旨酒」二句：禹的父親鯀受封於崇，謂之崇伯，所以稱禹為崇伯子。《孟子・離婁下》：「禹惡旨酒而好善言。」又曰：「好飲酒，不顧父母之養，二不孝也。」「育英才」二句：《左傳・魯隱西元年》：「潁考叔，純孝也，愛其母，施及莊公。《詩・大雅・既醉》曰：『孝子不匱，永錫爾類。』其是之謂乎？」潁封人，即潁考叔。封人，守封疆者。

[2]「不弛勞而厎豫」二句：《孟子・離婁上》：「舜盡事親之道而瞽叟厎豫。」瞽叟是舜的父親，性頑，屢欲殺舜，而舜猶不失為子之道，仍然悉心奉養，以博其歡心。「無所逃而待烹」二句：《禮記・檀弓》：「晉獻公將殺其世子申生……使人辭於狐突……再拜稽首，乃卒。是以為恭世子也。」申生是自縊而死的，此處言待烹，乃謂其待死。晉獻公受驪姬的欺蒙，以為申生要毒害他，賜申生死。申生的弟弟重耳，勸申生逃亡國外，申生說：「君謂我欲弒君也，天下豈有無父之國哉？」遂留下受死。

[3]「體其受而歸全者」二句：《禮記・祭義》：「曾子問諸夫子曰：『……父母全而生之，子全而歸之，可謂孝矣！不虧其體，不辱其身，可謂全矣！』」參，曾參，孔子弟子，以孝順聞名。

[4]「勇於從而順令者」二句：《琴操》曰：「《履霜操》，尹吉甫之子伯奇所作也。伯奇無罪，為後母讒而見逐，乃集芰荷以為衣，采楟花以為食，晨朝履霜，自傷見放。於是援琴鼓之，而作此操。」

賤憂戚，庸玉女於成也。存，吾順事；沒，吾寧也。

《正蒙・乾稱篇》

譯 文

　　乾叫作父，坤叫作母，渺小的我，和萬物混立在天地之間。充滿天地間的氣，形成了我的身體；天地的意志，形成了我的性情。所有的人都是我的同胞，萬物都是我的朋友。天子是父母的長子，大臣是幫助長子治理的人。尊敬老年人，如同侍奉自己的親長；照顧孤苦弱小的人，如同愛護自己的子弟。聖人是與天地之德相合的人，而賢人是其中優異秀出之輩。凡是天下衰老殘廢、孤苦無依的人，都是我困苦而無人照管的兄弟。照顯他們，如同你的敬天事親；樂而忘憂，才是真正孝順的人。違背天性，就是背反道德；傷害仁愛，就叫作逆賊。做壞事的人，不能成為有用之才，能實踐人的本性，才是繼承父業的好兒子。知道天地的化育，才能繼承天的事業；窮究天地的神明，才能繼承天的意志。暗室不虧心，才對得起父母；保守本心，培養善性，便是不怠惰。滴酒不沾，是大禹奉養父親的方法；教育賢才，是穎考叔推廣孝道的結果。竭盡全力侍奉父親，使他感到快樂，是舜的孝行；不逃走而等死，是申生的恭謹。保全受自父母的身體髮膚，不敢毀傷，這是曾參。勇敢順從後母命令的人，就是伯奇。富貴幸福，是上天恩賜給我的；貧賤愁苦，是上天用來鍛煉我的。活著，我順著天理行事；死後，我可以得到安寧。

（蔣秋華／編寫整理）

《集古錄》序
歐陽修

背景

古人在金屬或石塊上刻記符號、文字,這些材料流傳到後世,可供學者研究之用,這種學問叫「金石學」。宋代以前,還沒有專門研究金石學的。雖然南北朝時的梁元帝集錄過碑刻文字,編成《碑英》一百二十卷(事見他自著的《金樓子》),但是此書今日已不傳,而他對碑文也沒有加以考證。其他學者雖有與金石相關的記載,但是大都一鱗半甲,不能成家,所以真正專攻金石學的,當首推歐陽修。

歐陽修和一般世人不同,對於珍寶奇玩沒有興趣,卻特別喜歡搜集佚遺的金石文字。經過他費心訪求,終於積聚成一千卷的《集古錄》。這些幾乎都是宋仁宗嘉祐六年(一〇六一)以前,歐陽修在公餘之暇,陸續集錄而成的。此後,他又考證金石文字書撰的人、事蹟的始末、著成的時代,於卷尾作跋,共有四百餘篇。他又命幼子棐,撮取大略,別為目錄,以便檢閱,至神宗熙寧二年(一〇六九)完成(本文則寫於嘉祐八年七月廿日)。

由於歐陽修採取隨得隨錄的方式,所以並不按照器物的年代排列。但是宋周必大時的刻本,已經據時世的先後為次。現存於《歐陽修文集》內的諸跋尾,也是依時代為序,不再附於各卷之末。

影　響

新出土的器物，可以影響或改變學術研究的結果。宋代古器大量出土，古器物學及古文字學的研究，日漸興盛。歐陽修的《集古錄》，就是最早的此類研究專著。從此以後，金石學的專家迭出，各有著述，如呂大臨的《考古圖》、薛尚功的《歷代鐘鼎彝器款識》、趙明誠的《金石錄》、洪適的《隸釋》等。因此，鄭樵作《通志》時，別立金石為一門，把它列於二十略中，金石學遂卓然獨立，成為專門之學。歐陽修篳路藍縷之功，影響至為深遠。

這門學問到清朝尤為昌盛，也是與近代考古學關係最密切的學科，史學、文學亦均汲染於此甚多。

原　文

物常聚於所好，而常得於有力之彊；有力而不好，好之而無力，雖近且易，有不能致之。

象犀虎豹，蠻夷山海殺人之獸，然其齒角皮革，可聚而有也。玉出崑崙流沙萬里之外，經十餘譯，乃至乎中國[1]。珠出南海，常生深淵，采者腰縆而入水，形色非人；往往不出，則下飽蛟魚。金礦於山，鑿深而穴遠，篝火餱糧而後進，其崖崩窟塞，則遂葬於其中者，率常數十百人。其遠且難，而又多死禍常如此；然而金玉珠璣，世常

---

1 崑崙：山名，又作昆侖，相傳為我國西方的仙境、西王母所住之地，其上有醴泉、瑤池。古人因為該處離中原過遠，故在記述的時候，往往夾雜許多神話幻想。事實上，昆侖山是我國最大的山脈，西自帕米爾高原的蔥嶺發脈，沿著新疆、西藏邊境，一直延伸到內地。流沙：沙漠的古稱，古人用來泛稱我國西北方的沙漠。因為風吹沙石，不能固定於一處，猶如水一般地流動。譯：原指翻譯言語，讓人了解，以傳達、溝通彼此的心意，引申作傳達的意思。《方言》：「譯，傳也。」

兼聚而有也。凡物好之而有力，則無不至也。

　　湯盤、孔鼎、岐陽之鼓，岱山、鄒嶧、會稽之刻石，與夫漢、魏以來，聖君賢士桓碑、彝器、銘、詩、序、記，下至古文、籀、篆、分、隸，諸家之字書，皆三代以來至寶、怪奇、偉麗、工妙、可喜之物[2]。其去人不遠，其取之無禍，然而風霜兵火，湮淪磨滅。散棄於山崖墟莽之間，未嘗收拾者，由世之好者少也。幸而有好之者，又其力或不足，故僅得其一二，而不能使其聚也。

　　夫力莫如好，好莫如一；予性顓而嗜古，凡世人之所貪者，皆無欲於其間，故得一其所好於斯。好之已篤，則力雖未足，猶能致之。故上自周穆王以來，下更秦、漢、隋、唐、五代，外至四海九州、名山大澤、窮崖絕谷、荒林破塚、神仙鬼物、詭怪所傳，莫不皆有，以

---

2 湯盤：商湯沐浴用的盤子，今已失傳，根據記載，其上刻有文字。《禮記・大學》：「湯之盤銘曰：『苟日新，又日新，日日新。』」孔鼎：指孔子先人正考父的廟鼎，上面有銘文。《左傳・昭公七年》：「故其鼎銘云：『一命而僂，再命而傴，三命而俯，循牆而走，亦莫餘敢侮，饘於是，鬻於是，以糊餘口。』」岐陽之鼓：即石鼓，因在岐山之南（山南水北曰陽，岐陽在今陝西扶風縣西北）發現，所以稱岐陽之鼓。總共有十個鼓，每個徑長三尺餘，舊以為周宣王時物，但可能是秦代的刻石，隋以前未見著錄，唐代始顯於世，今存北京。石上的刻文，由於輾轉磨損，至歐陽修所錄，僅剩四百六十五字。岱山、鄒嶧、會稽之刻石：都是秦始皇巡幸登臨，留下記載功德的刻石。岱山，即泰山，此處刻石又稱《封泰山碑》，為李斯所撰，其後有秦二世的詔辭，宋劉跂嘗摹拓得二百二十三字，今僅存二十九字。嶧山，一名鄒山，又稱鄒嶧，在今山東鄒縣東南，此處刻石俗稱「嶧山碑」，其石已亡，有南唐鄭文寶的摹刻。始皇三十七年（前二一○），上會稽祭大禹，望南海而刻石，碑文見於《史記・始皇本紀》。桓碑：削木如石碑，植於墓穴四方以下棺，即墓碑。銘：刻在器物上的文字，用來表示永遠不忘，多記述功德或警誡自己。如前文所說湯盤、孔鼎和秦始皇的刻石，上面所刻的文字，都可算是銘文。序：文體的名稱，或作「敘」，多用以議論或敘事。這裡指刻在器物上的序文。記：也是文體的名稱，以記事為主，或雜以議論。這裡亦指器物上的刻記文字。古文：周、秦時，齊、魯一帶所用的文字，即漢代自孔壁中發掘出來的「古文」，字體和籀文不同。籀：即大篆，相傳為周宣王時的太史籀所作，石鼓文與其近似。篆：即小篆，為秦代通行的文字，相傳是李斯根據籀文加以省改的。分：即八分書，為書體名，說法不一，或謂即隸書，或謂秦王次仲據小篆而改作。隸：漢代通行的文字，相傳是秦程邈為求書寫簡易快速而作。

為《集古錄》[3]。以謂傳寫失真,故因其石本,軸而藏之,有卷帙次第,而無時世之先後,蓋其取多而未已,故隨其所得而錄之。又以謂聚多而終必散,乃撮其大要,別為目錄,因並載夫可與史傳正其闕繆者,以傳後學,庶益於多聞。

或譏予曰:「物多則其勢難聚,聚久而無不散,何必區區於是哉!」予對曰:「足吾所好,玩而老焉,可也。象犀金玉之聚,其能果不散乎?予固未能以此而易彼也。」

《歐陽修全集》

譯 文

器物常常聚集在喜愛它的人身邊,而且常常是被既有錢、又肯盡力搜集的人得到;如果有能力而不喜愛,喜愛而沒有能力,即使東西距離很近,而且容易取得,也有不能獲得的。

大象、犀牛、老虎、豹子,是生長在蠻荒偏遠之地會傷人的野獸,但是牠們的象牙、犀角和身上的皮革,卻可以搜集得到。玉出產在崑崙沙漠萬里遙遠的地方,經過長久的傳送,才到達中國。珍珠出產在南方海中,採珠的人在腰部繫上粗大的繩索,潛入水底,浮出水面後,容貌膚色往往不同於常人,也經常有出不來的,被水底的鯊魚吞食了。埋藏在山中的金礦,必須挖鑿深遠的洞穴,攜帶了燈籠和

---

[3] 周穆王:周朝的君王,昭王之子,名滿,即位後,乘八駿馬西征,樂而忘返,諸侯多朝於徐。王大恐,乃長驅而歸,使楚滅徐。不久又征犬戎,歸後外夷不再朝貢。在位五十年。四海:《爾雅‧釋地》:「九夷、八狄、七戎、六蠻謂之四海。」指中國四境偏遠的地方。九州:我國古代分全國為九州,即冀、兗、青、徐、揚、荊、豫、梁、雍九州,見《尚書‧禹貢》,因此泛稱中國境內之地為九州。

乾糧進去，如果山崩，堵塞了礦穴，則死在裡面的，常常有幾十幾百人。這些東西距離遙遠，而且難以取得，又時常造成如上面所說的死亡災禍，但是世人常常能夠同時搜集到金玉珍珠。大概只要喜愛而又有能力去搜求，那就沒有什麼是得不到的。

　　商湯沐浴用的盤子，孔子祖先正考父的廟鼎，岐山南邊的石鼓，泰山、鄒嶧、會稽的刻石，和那些自漢、魏以來，聖明的君主和賢者的墓碑、常用器、銘文、詩句、序文、記文，甚至古文、籀書、小篆、八分、隸書等各家字體的書法，都是夏、商、周以來，寶貴、奇怪、壯麗、巧妙、令人喜愛的東西。它們離人不遠，去搜取它們也不會發生災禍，但是經過長時期的風霜、戰爭，被埋沒或磨損毀壞，以致散亂地丟棄在懸崖和廢墟草莽之間，不曾被人收集整理，只因為世間喜好的人太少了。有時幸運地遇有喜愛它的人，又因為他的能力不夠，所以只能得到其中一兩件，而不能將它們都聚集在一起。

　　搜聚器物，有能力的比不上喜愛者，喜愛者又比不上能夠專一的人。我的個性專精而又喜好古代的器物，凡是世俗之人所貪愛的東西，我對它們都不感興趣，所以能夠全心全意地放在古物的搜羅上。因為我喜愛得這麼精誠，雖然能力還不夠，還是可以網羅到這些器物。所以從周穆王以來，經過秦、漢、隋、唐、五代，無論國外國內，有名的高山、廣大的水澤、邊遠的山崖、遠隔的谷地、荒涼的森林、殘破的墳墓、神仙鬼怪、奇異傳說的東西，都被我收集在一起，編成《集古錄》。又恐怕傳寫失去真跡，所以摹印成拓本，卷藏起來。我只是編定了次序，並沒有依照時代的先後排列，因為所得甚多，而且又不斷增加，所以只好順著獲得的前後次序來編錄。又恐怕

聚積得再多，最後也會散失，於是摘取它們的重點，另外編成目錄，同時一併記載了可以補正歷史傳記缺漏錯誤的說解，以便傳給後世的學者，或許可以增廣他們的見聞。

　　有人譏笑我說：「東西多了，勢必難以搜聚，搜聚久了，沒有不散失的，何必花費那麼多心思在這些東西上呢？」我回答說：「只要滿足我的嗜好，讓我把玩到老，也就夠了。俗人聚集象牙、犀角、黃金、寶玉那些東西，難道就不會散失嗎？所以我不會改變這個嗜好，而改取俗人的嗜好。」

（蔣秋華 / 編寫整理）

濮安懿王典禮議
司馬光

　　司馬光（一〇一九－一〇八六），字君實，陝州夏縣（今屬山西）涑水鄉人，學者稱其為涑水先生。司馬光為宋代著名的政治家、史學家。神宗熙寧年間，王安石施行變法，司馬光是舊黨領袖，聯合大臣極力反對新法，與王安石不合，因而出居洛陽，絕口不論政事，唯全心編撰《資治通鑑》。哲宗即位後，起用他為宰相，盡罷新法。他因為過於勞累，數月即卒。諡曰文正，追贈溫國公。他的著作，除《資治通鑑》外，還有《稽古錄》《潛虛》等書，詩文則編成《溫國文正司馬公文集》。

司馬光像

背　景

　　古代中國對於孝道非常重視，有關親長的侍奉，無論生前或死後，都有嚴格的規範，如果有絲毫的違犯，便會招致世人的非議。因此，上自君王，下至平民，在孝道方面，無不謹慎從事，以避譏謗。
　　宋仁宗無子，生前便擇立濮安懿王之子趙曙（英宗）為嗣。英宗

即位後,於治平二年(一〇六五)四月,下詔討論尊奉濮王和三夫人的典禮。 事前,司馬光預知英宗將會追隆生父,曾奏告古代無追尊的例子,請免行議。 但是韓琦等人為了討好英宗,卻奏請訂立崇奉合行的典禮,所以英宗才下令商議。 不料,大臣對於應該如何稱呼濮王的問題,有不同的意見,他們各自引據經典,指斥對方的失當,因而產生了激烈的辯爭。

在論爭中,司馬光、王珪等人主張應尊濮王為皇伯,以示與仁宗無二尊之意,三夫人改封大國。 韓琦、歐陽修等人則認為改稱皇伯無典據,進封大國與禮不符,乃主張降服而不設名,尊濮王為皇,夫人為後,仁宗稱濮王為親。 如此一來,英宗反而不敢當,呂誨、范純仁等人也紛起糾彈。 由於議論久而未定,皇太后乃下手詔,遵從歐陽修的提議。 英宗又表示謙讓,不受尊號,只對濮王稱親。 事情至此,原本可以結束,然而呂誨等人竟繳還御史的敕誥,居家待罪,並說和執政大臣不能兩立。 英宗最後將呂誨等人外放,又將反對者趙鼎、呂公著等人外放,才平息了這次爭議。

影 響

　　濮議原是一件小事,卻形成了一場轟轟烈烈的朋黨論爭,由此可見宋代士大夫喜好議論的性格。 宋代以前,雖然也有外藩入繼大統的例子,可是大都出自大臣、太后的迎立。 迎立者具有強固的控制權,而且嗣立者多半年幼,不明世事,所以沒有崇奉的爭議。 宋英宗則不一樣,他在仁宗生前就被立為太子,即位以後,由於沒有權臣的約束,再加上朝臣的奉承,使他能夠為生父爭取尊榮。 也正因為沒有可

以左右朝政的大臣，才讓小小的禮議釀成難以收拾的政爭，加深了黨派的對立，因而逐漸形成了宋、明兩朝黨爭的傳統，影響當時的政治及國運至為深遠。

原　文

臣等謹案：《儀禮・喪服》：「為人後者，傳曰：何以三年也？受重者必以尊服服之。為所後者之祖父母、妻，妻之父母、昆弟，昆弟之子若子。」若子者，皆如親子也。又：「為人後者，為其父母，傳曰：何以期也[1]？不二斬也。特重於大宗者，降其小宗也。」又：「為人後者，為其昆弟，傳曰：何以大功也？為人後者，降其昆弟也。」以此觀之，為人後者為之子，不敢復顧私親。聖人制禮，尊無二上，若恭愛之心分施於彼，則不得專一於此故也。

是以秦、漢以來，帝王有自旁支入承大統者，或推尊父母以為帝后，皆見非當時，取譏後世。臣等不敢引以為聖朝法。況前代入繼者，多宮車晏駕之後，援立之策或出母后，或出臣下，非如仁宗皇帝，年齡未衰，深惟宗廟之重，祗承天地之意，於宗室眾多之中，簡拔聖明，授以大業[2]。陛下親為先帝之子，然後繼體承祧，光有天下。濮安懿王雖於陛下有天性之親、顧復之恩，然陛下所以負扆端冕，富

---

[1] 「為人後者」二句：《儀禮・喪服》「母」字下有「報」字。感恩而服沒有降等差的喪叫「報」。
[2] 宮車晏駕：謂天子初崩。晏，遲、晚。天子初崩時，臣子心中仍然認為宮車當駕而晚出，以示猶存企盼之心。

有四海，子子孫孫萬世相承者，皆先帝之德也[3]。

臣等愚淺，不達古今，竊以謂今日所以崇奉濮安懿王典禮，宜一準先朝封贈期親尊屬故事，高官大國，極其尊榮。譙國太夫人、襄國太夫人、仙游縣君，亦改封大國太夫人。考之古今，實為宜稱。

《溫國文正司馬公文集》

譯文

臣下等敬謹考察：《儀禮・喪服》說：「過繼給他人者，傳解說：為何要（為過繼的父親）服喪三年呢？因為承受重大的責任，所以必須穿著尊崇的喪服。繼父的祖父母、妻子，繼母的父母、兄弟，母舅的兒子視過繼者如同親生的兒子。」過繼者都與親生子一樣。《儀禮》又說：「過繼給他人者，為親生父母服喪，傳解說：為何要服喪一年呢？為了不重複服斬衰的喪服。這是特別尊重繼父（大宗），而降低與生父（小宗）的關係。」《儀禮》又說：「過繼給他人者，為同胞的兄弟服喪，傳解說：為何服喪九個月呢？因為過繼給他人者，應降低和同胞兄弟的關係。」由此看來，過繼他人為子者，不能再顧及本生的親屬。聖人制定禮儀，規定不能同時尊崇兩個親長，這是因為如果把敬愛的心分施給生父，就不能專注於繼父的原因。

所以從秦朝、漢朝以後，自旁支入承帝位的君王，如有推崇本生父母為帝、後的，都遭到當世人的批評，以及被後人譏笑。因此臣子

---

[3] 負扆：背對戶牖，即南面稱王的意思。扆，戶牖間畫斧的屏風。《史記・平津侯主父傳》：「南面負扆，攝袂而揖王公。」端冕：玄冕，是天子的冠服。《國語・楚語下》：「聖王正端冕。」

等不敢引用來當作本朝的法制。何況前代過繼的人，大都在帝王初崩以後，擁立的政策或者出自母后，或者出自大臣，不像仁宗皇帝在年紀還未衰老時，深慮朝廷宗廟責任重大，於是敬承天地的意旨，從眾多的宗室弟子裡面，選擇聖明者，傳授帝位。皇上成為先帝的嗣子，然後繼承宗廟，登上帝位。濮安懿王雖然與皇上有天生的親情、養育的恩德，但是皇上能夠登基踐祚，擁有天下，子子孫孫萬代相繼為帝，卻是出於先帝的德惠呀！

　　臣下等愚昧粗淺，不能明瞭古今事理，私自認為今天尊崇濮安懿王的禮節儀式，應該完全依照前代為了親愛而封賞追贈尊親的例子，增高官位，擴大封國，給予最高的尊貴榮顯。譙國太夫人、襄國太夫人、仙游縣君也可改封大封國的太夫人。考證古今，確實是十分合宜適當的。

（蔣秋華／編寫整理）

進資治通鑒表
司馬光

背景

《資治通鑒》是我國古代著名的編年史,上起周威烈王二十三年(前四○三),下至後周世宗顯德六年(九五九),包括一千三百六十二年的史事,是我國包含時間最長的一部編年史。此書由司馬光主編,自英宗治平三年(一○六六),到神宗元豐七年(一○八四),一共費時十九年,才告完成。當時助修的人員有劉攽(負責東漢以前)、劉恕(負責三國、南北朝、隋)、范祖禹(負責唐、五代)。另

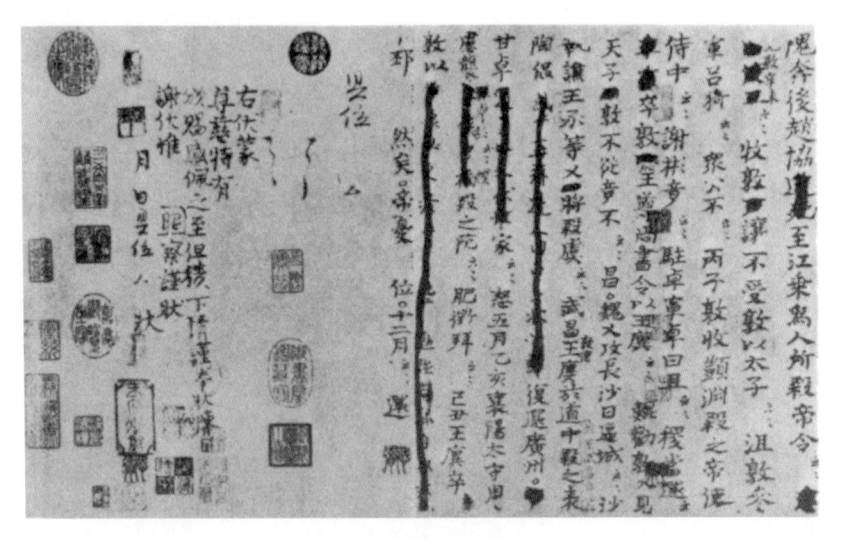

《資治通鑒》草稿

外，司馬光的兒子司馬康，負責檢閱文字的工作。

《資治通鑑》的編纂，先由司馬光制定凡例，再由助修人員按照分配的朝代編成長編，最後由司馬光斟酌刪校，總成其書。由於司馬光認真負責的態度，對於長編再三修改，曾經將六七百卷的長編，刪定剩下一百多卷，足見他用力勤苦。本書引用的資料，除正史、實錄外，採取稗官野史、總集別集、傳狀碑誌、諸家譜錄等三百二十二種雜史，也可看出工作的繁難。

司馬光編寫《資治通鑑》，目的在提供君王作為鑒戒，所以仿照《左傳》「君子曰」、《史記》「太史公曰」、《漢書》「論曰」的方式，在書中穿插「臣光曰」的議論。一方面表達他對史事的看法，一方面希望影響君王遵從他的觀點。因此，全書大部分記載歷代政治的治亂興衰，極力強調君臣堅持道統的重要。

影　響

《資治通鑑》在著成的當時和後世，都極受重視，影響史書的撰作也十分重大。例如：李燾的《續資治通鑑長編》，即依《資治通鑑》編年敘事的方式撰史；朱熹的《資治通鑑綱目》，則依編年原則，別創綱目體的形式；袁樞的《通鑑紀事本末》，摘抄《資治通鑑》重要史事，分類編纂，衍化出「紀事本末」的史體。

有關《資治通鑑》的注釋，非常多，其中以宋末元初胡三省（字身之，台州寧海人，一二三〇－一三〇二）的《資治通鑑音注》最有名，為今日閱讀《資治通鑑》不可缺少的注釋。

原 文

　　臣光言：先奉敕編集歷代君臣事蹟，又奉聖旨賜名《資治通鑒》，今已了畢者[1]。伏念臣性識愚魯，學術荒疏，凡百事為，皆出人下。獨於前史，粗嘗盡心，自幼至老，嗜之不厭。每患遷、固以來，文字繁多，自布衣之士，讀之不遍，況於人主，日有萬機，何暇周覽？臣嘗不自揆，欲刪削冗長，舉撮機要，專取關國家興衰，系生民休戚，善可為法，惡可為戒者，為編年一書[2]。庶使先後有倫，精粗不雜。私家力薄，無由可成。伏遇英宗皇帝，資睿智之性，敷文明之治，思歷覽古事，用恢張大猷，爰詔下臣，俾之編集。

　　臣夙昔所願，一朝獲伸，踴躍奉承，惟懼不稱。先帝仍命自選辟官屬，於崇文院置局，許借龍圖、天章閣、三館、秘閣書籍，賜以御府筆墨繒帛及御前錢，以供果餌，以內臣為承受。眷遇之榮，近臣莫及。不幸書未進御，先帝違棄群臣。陛下紹膺大統，欽承先志，寵以冠序，錫之嘉名，每開經筵，常令進讀[3]。臣雖頑愚，荷兩朝知待，如此其厚，隕身喪元，未足報塞，苟智力所及，豈敢有遺。

　　會差知永興軍，以衰疾不任治劇，乞就冗官[4]。陛下俯從所欲，曲

---

1 先奉敕編集歷代君臣事蹟：司馬光曾經撰成從戰國到秦代的八卷編年史，名曰《通志》，進呈英宗。英宗命他於秘閣設置書局，繼續修書，當時並無書名，只稱「論次歷代君臣事蹟」而已。奉聖旨賜名《資治通鑒》：神宗熙寧七年（一〇七四），神宗認為司馬光所修史書「鑒於往事，有資於治道」，因賜名《資治通鑒》。
2 為編年一書：即呈給英宗的《通志》。
3 寵以冠序：治平四年（一〇六七）十月，司馬光於經筵為神宗讀《資治通鑒》，同月九日獲面賜御制序。此序今存於《通鑒》。
4 差知永興軍：熙寧三年（一〇七〇），司馬光因與王安石不和，以端明殿大學士出知永興軍。

賜容養，差判西京留司御史台及提舉西京嵩山崇福宮，前後六任[5]。仍聽以書局自隨，給之祿秩，不責職業。臣既無他事，得以研精極慮，窮竭所有，日力不足，繼之以夜。遍閱舊史，旁采小說，簡牘盈積，浩如煙海，抉摘幽隱，校計毫釐。上起戰國，下終五代，凡一千三百六十二年，修成二百九十四卷；又略舉事目，年經國緯，以備檢尋，為《目錄》三十卷；又參考群書，評其同異，俾歸一途，為《考異》三十卷：合三百五十四卷。自治平開局，迨今始成，歲月淹久，其間抵牾，不敢自保，罪負之重，固無所逃。臣光誠惶誠懼，頓首頓首。重念臣違離闕庭，十有五年，雖身處於外，區區之心，朝夕寤寐，何嘗不在陛下之左右？顧以駑蹇，無施而可，是以專事鉛槧，用酬大恩，庶竭涓塵，少裨海嶽。

臣今骸骨癯瘁，目視昏近，齒牙無幾，神識衰耗，目前所為，旋踵遺忘。臣之精力，盡於此書。伏望陛下寬其妄作之誅，察其願忠之意，以清閒之宴，時賜省覽，監前世之興衰，考當今之得失，嘉善矜惡，取得舍非，足以懋稽古之盛德，躋無前之至治。俾四海群生，咸蒙其福，則臣雖委骨九泉，志願永畢矣！謹奉表陳進以聞。

《宋文鑒》

譯 文

臣司馬光說：先前奉命編集各代君臣的事蹟，又奉聖旨頒賜《資治通鑒》作為書名，現在全書已經完成。我的性情意識愚昧魯鈍，才

---

[5] 差判西京留司御史台：熙寧四年（一〇七一），司馬光請判西京御史台，出居洛陽。提舉西京嵩山崇福宮：司馬光判西京御史台後，曾四任提舉西京嵩山崇福宮。

學技藝荒廢疏略，任何事情都比不過別人。只有對於前代的史事，曾經略微用心，從小到老，喜好的心意一直沒有改變。我常常憂愁自司馬遷、班固以後，史書內容龐雜，就是一般平民，也讀不完所有的史書，更何況每天要處理很多事務的君主，哪有空閒遍觀群史呢？我曾經不自量力，想要刪除多餘而無用的文章，選擇重要的部分，特別採取關係國家興盛衰亡、百姓幸福悲傷、善良可以效法、罪惡應該警戒的事蹟，撰成一部編年史書，使先後有次序，大事、小事不混雜。因為個人的力量薄弱，沒有辦法完成。幸而遇到英宗皇帝，以聰明的智慧，施行文采著明的政治，又想閱覽各代的事蹟，以擴充偉大的謀略，於是下詔臣子，命他們編纂搜集。

我平常的願望，一旦得到伸展，高興地接受，只怕不能稱職。先帝（英宗）仍然命我自行選用官員，在崇文院設置書局，允許借用龍圖閣、天章閣、三館、秘閣的書籍，並賞賜宮廷裡的筆墨繒帛以及錢財，用來購買果餅，並派太監服侍。愛顧寵遇的光榮，是親近皇上的大臣所趕不上的。不幸書還沒有完成進呈，先帝已經崩逝。皇上繼承帝位，敬承先帝的志業，又以贈序尊榮，並賜予美名。每當經筵開講時，經常命我進讀。我雖然頑劣愚笨，承蒙兩朝如此厚重的知遇，就是貢獻生命，也無法報答。如果是智慧能力可以辦到的，怎敢有任何保留。

適逢派遣我出知永興軍，因為身體衰弱患病，不能勝任忙碌的工作，便請求擔任閒散的職務。皇上允許我的要求，曲意恩賜讓我休養，派我出掌西京留司御史台和提舉西京嵩山崇福宮，前後共有六任。仍然任由我帶領書局，並供給俸祿，卻不催逼工作的進度。我

既然沒有其他的事情,因而可以仔細研究思考,費盡一切精力,白天時間不夠,就晚上接著做。讀追古代的史書,多方採取各家說法,書本堆積得好像雲煙大海,挑取潛藏不見的史料,仔細地核計查對。上起自戰國,下終於五代,總共一千三百六十二年,編修完成二百九十四卷;又大略地標舉事件的名目,以年為經,以國為緯,以供檢查尋究,完成《目錄》三十卷;又參考許多書籍,批評它們的不同,做成一個結論,完成《考異》三十卷:合計三百五十四卷。自從治平年間開設書局,到現在才完成,經過很久的時間,我不敢保證裡面沒有矛盾的地方,罪行重大,原本就無法逃避。臣光誠惶誠恐,頓首再拜。姑念我離開朝廷有十五年,雖然置身朝外,平庸而微不足道的心意,早晚不論是熟睡或清醒,何曾不在皇上身旁呢?只因庸劣不能做任何事,所以專心從事著述,以答謝皇上的恩澤,或許竭盡微薄的心力,能夠略微報答皇上厚重的恩德。

我現在身體瘦弱憔悴,眼睛看不清東西,牙齒沒剩下幾顆,精神意識衰弱減退,正在做的事情,一轉身就忘了。我的精神體力,全部花費在這部書上,謹望皇上寬貸我胡為亂作的罪過,體察我忠誠的心意,在閒暇的時候,不時閱讀,以前代的興盛衰亡為戒,考察現在政治的得失,嘉勉善行,遏制過失,選擇對的,捨棄錯的,這樣就能夠達到古代的美盛,進入空前完美的治世,讓全國人民都蒙受這種幸福,那麼我雖然在九泉之下,心願也已經達成了。恭敬地呈進奏表,報告皇上。

(蔣秋華 / 編寫整理)

進新修營造法式
李誡

　　李誡（？－一一一〇），字明仲，鄭州管城（今河南鄭州）人。宋代偉大的工程師，曾經替朝廷修建許多建築物，因而奉命編修《營造法式》。書成以後，詔頒行於天下。他博學多藝能，家中藏書豐富，且工於書法，所以常親自抄寫書籍。又喜歡著書，有《續山海經》《續同姓名錄》《琵琶錄》《馬經》《博經》《古篆說文》等書，可惜已亡佚。

背景

　　中國古代建築技術和建築藝術，發展到宋代，已達到成熟的階段。這可從宋代名畫《清明上河圖》中得到印證。

　　這時最負盛名的建築師是鄭州人李誡，他精於繪畫，也主持過許多龐大的工程，如五王邸的建築和各軍營房的修造，經驗老到，天賦又佳，所以哲宗命他撰寫《營造法式》，來統一建築法規及技術。

　　《營造法式》著手於紹聖四年（一〇九七），到元符三年（一一〇〇）才完稿。全書三十六卷，三百五十七篇。其中四十九篇，是將經典史籍中有關建築的記載抄檢整理，作為實證，其餘各篇則從測量開始詳述，直到打基礎、彩繪等全部施工過程。這在古代世界建築歷史上是少有的。

影 響

　　書中有三分之一的篇幅，在詳述「材料」和「工限」，十分具體地說明了他對施工問題，已經做過極為詳盡的分析研究。再從所制的插圖來看，可知他的表達能力，已和現代的設計圖樣差不了多少，而歐洲即使過了四百年，到了文藝復興時期，還是沒有產生比他更好的構造圖樣。

　　近代梁思成等人研究古建築，即以此書為基礎，甚且成立了研究中國建築的專業團體：營造學社。可見，此書可算是中國古建築第一要籍。

原 文

　　臣聞上棟下宇，《易》為大壯之時；正位辨方，《禮》實太平之典[1]。共工命於舜日，大匠始於漢朝，各有司存，按為功緒[2]。況神畿之千里，加禁闕之九重。內財宮寢之宜，外定廟朝之次，蟬聯庶府，棋列百司。櫨枅栭柱之相枝，規矩準繩之先治，五材並用，百堵皆興，

1　上棟下宇：《易‧繫辭下》：「上古穴居而野處，後世聖人易之以宮室，上棟下宇，以待風雨，蓋取諸大壯。」古代以儒家經典作為辦事的原則，在建築上也都截取相關文字，作為理論依據。所以《易經》這一段談及建築起源的話，向來被視為中國最早的有關建築概念的基本理論。正位辨方：《周禮‧天官‧序官》：「惟王建國，辨方正位，體國經野。」是說王者建立都城，要制定宮室居所的位置，分劃城中與郊野的疆域。也是《周禮》中談到建築地勢外郭的文字。
2　共工命於舜日：《尚書‧舜典》：「（舜）帝曰：『俞諮！垂，汝共工。』」舜即位後，分配官職所屬，對垂說：「垂啊！你負責各項工程的事務。」這是中國建築有專業官屬的最早記載。大匠始於漢朝：大匠即「將作大匠」，或簡稱「將作」，漢景帝時官名，掌修作宗廟、路寢、宮室、陵園、土木之工。

惟時鳩僝之工，遂考翬飛之室³。而斲輪之手，巧或失真，董役之官，才非兼技，不知以材而定分，乃或倍斗而取長，弊積因循，法疏檢察，非有治三宮之精識，豈能新一代之成規⁴！

溫詔下頒，成書入奏，空靡歲月，無補涓塵。恭惟皇帝陛下仁儉生知，睿明天縱，淵靜而百姓定，綱舉而眾目張。官得其人，事為之制。丹楹刻桷，淫巧既除。菲食卑宮，淳風斯復⁵。乃詔百工之事，更資千慮之愚。

臣考閱舊章，稽參眾智。功分三等，第為精粗之差；役辨四時，用度長短之晷⁶。以至木議剛柔，而理無不順；土評遠邇，而力易以供。類例相從，條章具在。研精覃思，顧述者之非工；按牒披圖，或將來之有補。通直郎管修蓋皇弟外第專一提舉修蓋班直諸軍營房等編修臣李誡謹昧死上。

《營造法式》

譯 文

我聽說古代建築物要求棟宇堅固，是從《易經・大壯卦》得來的

---

3 欂櫨：曲短梁，即柱上枅也。枅：柱上橫木也。五材：金木水火土，或金木皮玉土五種建材。《左傳》：「天生五才，民並用之。」鳩僝之工：《尚書・堯典》：「共工方鳩僝功。」是說共工廣泛從事各項工務，而且頗有功效。鳩，聚也；僝，具也。翬飛之室：喻華麗之宮殿。翬為五彩雉雞，宮室如翬之飛，嬌其翼也。
4 三宮：明堂（明政教之堂）、辟雍（周代大學）、靈台（周文王賞遊之宮台），為國之三宮。或謂諸侯之後宮為三宮。禮：王后六宮，諸侯夫人三宮。
5 菲食卑宮：《論語・泰伯》：「子曰：禹，吾無間然矣。菲飲食而致孝乎鬼神……卑宮室而盡力乎溝洫。」是稱讚當政者生活簡樸，致力民生之意。
6 功分三等：《周禮・夏官・槁人》說：槁人掌理製造弓弩矢箙等事，弓有六種，弩有四種，矢有八種，因所用的材料不同，而各分三種等級。匠工們的工作成果，也分成三等，以作為計算功酬的依據。

觀念。宮室居所的坐落方位，和街道郊野的規劃，也由《周禮》定下了法則，因此奠定了國家太平的基礎。最早的建築師，在舜帝分配大臣垂負責各項工程事務時，就開始有了；而漢景帝更設置了「將作大匠」這個官職，專門統理建築事務。建築事務的各部門，都有主管官員，負責稽考工匠們的成績。我們宋朝，京師附近有千里之大，京內宮廷的華麗建築更是櫛比鱗次。建築師要規劃京內宮殿的方位，又要設定外朝廟堂的位置，以使內府各處建築都有次序，百官公署也能像棋子般各有固定位置。所以在興工之前，棟樑短柱的銜接，工程規格的大小，都需做好計畫，各種建築材料也準備妥當，在適當的地方奠下建築基礎，然後聚集各種工匠，就可以開始建築華麗的宮殿了。可是技巧精熟的工匠，也有失手不當的地方，而監督工事的官員，又不是專業人才，不知道要依建材質料各適其用，所以有時會有細梁大柱，承接難合的現象。這種毛病累積因循，在疏略的建築法規下，也不能一一檢查改善。在這種情況下，如果沒有精博的建築經驗，怎能創新建築的技術呢？

皇上有鑑於此，所以頒下詔書，命我撰寫有關建築法式的專書，現在終於完稿，可以進奏了。只是我的才學不佳，耗費不少時光，卻無助於建築技術的改善。皇上天縱英明，仁德深厚，宣導儉約，施政穩重，百姓得以安居樂業，國家政事也清明合宜。各部門的長官都適得其才，各項事務也能順利推行。在建築上不講究花俏，所以不再有浮靡巧飾的風格。朝廷官員都能節約寡欲，致力國事，所以淳樸的風俗又再重現。皇上趁此時，下詔將建築法式重新整理，希望能集合眾智，定出一套完整的規則來。

我接受詔命後，稽考翻閱舊有典章，又與專業人士參詳討論，於是將各項工程的成果分為三等，以作為評定優劣的依據。徵召勞役，也依四季而有不同的時間。建材的好壞，人工的調配，也詳為論究。各章節的主題，都依性質不同而前後次列。在研討與思慮上，是下了不少工夫，可是敘述卻不夠詳盡，如果能夠參考繪圖及文字的記載，應該會有些微的幫助。曾經建築皇弟住宅與諸軍營房的通直郎李誡敬呈。

（黃復山／編寫整理）

詣宋安撫納土狀
張覺

張覺（「覺」或寫作「瑴」），平州義豐人，在遼登進士第，仕至遼興軍節度副使。遼亡，金以平州為南京，令覺留守。後因金人每收城邑，即徙民充實京師，民心多不安，遂據南京叛，入於宋，宋納之。及為金人所敗，乃奔宋。金人以納叛責宋，宋人斬覺，函其首送金人。可說是亂世中的悲劇人物。

背景

遼自道宗以後，國勢漸漸衰頹。至天祚帝時，因沉迷於田獵、酗酒，又遠賢親佞，使得朝政更加紊亂。此時，原本臣服於遼的女真人，因不堪遼人的貪縱壓迫，在阿骨打的領導下，叛遼自立，建國號曰金。從此屢敗遼兵，聲勢日盛。

宋徽宗政和五年（一一一五），童貫出使遼國，當地大族馬植與他一同歸宋，獻計遣使渡海，結好金國，相約攻遼。徽宗聽了，非常高興，召見馬植，賜姓趙，更名良嗣。宋派遣趙良嗣赴金，約定夾擊遼國。由金取遼中京，宋取燕京，事後以燕京一帶漢地還宋，宋將送遼歲幣轉致金人。不料出兵之後，宋軍一再失利，金軍卻連克中京、西京，最後燕京也由金人攻下。因此，當宋人索地時，金人廢約不許。經由交涉，宋允歲輸銀二十萬兩、絹三十萬匹，另給燕京代稅錢一百

萬緡和西京勞軍費銀十萬兩、絹十萬匹，以及米糧十萬石，換回燕京和薊、景、檀、順、涿、易六州空城。宋、金的聯盟，在不和諧的氣氛下收場。金人見宋衰弱，即有南侵之意；宋人為阻擋金兵，也積極防備。

金在平定燕京後，以平州為南京，命遼將張覺留守。而金在攻取城邑的時候，往往遷移當地居民，用以充實京師，民心因此多不安。等到金以空城還宋，被移徙的燕京民眾經過平州，紛紛向張覺求救。張覺十分同情難民的遭遇，遂據平州叛金，獻地於宋。本文就是張覺內附時，派人到宋廷呈遞的奏狀。

影響

本文中除了指斥金人的背盟不義外，並慨然陳述體恤流民失所的憤恨。但是，不久張覺就被金人擊敗，逃入宋境。宋人雖然接納了張覺，然而當金人前來索討時，竟將他斬殺，函首送予金人。如此一來，降宋的其他遼人莫不感到寒心，不再願意全心為宋賣命。而金人卻以此為藉口，大舉南下，消滅北宋。所以這篇文章，即是北宋覆亡的前奏。

原文

權管句平州節度使兼諸軍都統張覺狀：自女真深入，北朝皇帝西狩不返，諸路寇兵充斥，道途塞絕，當道無所依託[1]。承大朝累遣人齎

---

[1] 北朝皇帝西狩不返：遼保大二年（一一二二）八月，金人攻遼，敗天祚帝於石輦驛，遼主逃遁。

到文字招諭，尋奉表款附。後蒙降到敕赦，並處置宣命。適值女真襲下燕城，遠近震懾，當道地隔力弱，姑務應從，以緩攻侵，圖安境土。

燕城本中國舊地，雖為賊有，巢穴尚遙，固無久駐之勢。況與大朝要約，遂議割分[2]。賊恃虎狼之強，其雲中富家巨室，悉被驅虜，止留空土，以塞前盟，大朝亦非得已[3]。旋以假道當界，冤痛之聲，盈於道路。是用不忍，與州人共議，僉曰：「宣抗賊命，以全生靈。若許東遷，是亦資虜。」即調發丁壯，繕甲兵，鋤賊徒，以活生靈。區區之志，必已聞之。

近知賊眾已過居庸，大朝必措置屯守，使無回路[4]。仍念安土重遷者，人之常情；況萬家流離，祀奠無主。雖居近地，猶謂出鄉。使復父母之邦，是成終始之義。一則為大朝守圉之計，二則快流民歸國之心。固無他求，乞修舊款。應西來職官百姓，已分路津發過界去訖。今差都統府掌書鴻臚少卿張鈞、將作監參謀軍事張敦固，謹詣安撫使司，納土歸朝。

《遼文粹》

譯 文

攝理管句平州節度使兼諸軍統張覺奏告：自從女真（金）人長驅直入，遼國的天祚帝逃逸，不再返國，各地充滿了賊兵，道路都被阻

---

2 與大朝要約：宋宣和二年（一一二〇），遣趙良嗣使金，相約攻遼。
3 以塞前盟：金人攻下燕京，驅徙富室大家，以燕京空城及薊、景、檀、順、涿、易六州予宋，作為當初聯盟的回報。
4 已過居庸：遼保大三年（一一二三）四月，金兵攻入居庸關。

隔,朝廷已無可以倚靠的人。承蒙大朝(宋)屢次派人送來招撫的文書,我很快地就遞上降表,誠心歸附。後來朝廷頒下赦免的詔書,並讓我宣揚宋朝的威命。剛好遇到女真人襲取燕京,遠方及近處的人都感到震驚畏懼,朝廷距離很遠而又力量薄弱,我只好暫時地順服金人,以遲緩他們的攻勢,保全疆土。

燕京本來就是中國的土地,雖然被賊人佔有,但是他們的巢穴距此非常遙遠,所以無法久留。更何況他們曾經與大朝(宋)訂立條約,按照協議,應當交割歸還。賊人倚仗著威猛的勢力,將雲中一帶有錢的人家,全部擄掠驅徙,只留下空曠的土地,作為前次約盟的回報,這種情況對大朝(宋)來說,也是情非得已的。不久又因為金人借路,逼臨邊界,流亡百姓哀痛的聲音,充滿在道路之上。因此我內心十分不忍,和州民共同商議,他們都說:「應該反抗賊人的命令,才可以保全生命。如果答應遷徙到東方,無異是幫助胡虜。」隨即立刻調派壯丁,修治武器,剷除賊寇,以保住性命。我們的心意,朝廷想必已經知道了。

最近探知眾多的賊兵已經通過居庸關,大朝(宋)務必安排屯紮防守的軍隊,讓他們無路可退。我又想到安於久居的鄉里,不願輕易遷移,這也是人之常情;何況眾多的家庭流離失所,以致沒人負責祭祀。縱然只是移住到附近的地方,也算是離開家鄉。讓百姓回到自己的家鄉,是成全他們生於斯、卒於斯的願望。如此一來,一方面可作為大朝(宋)防守邊境的策略,一方面也可以了結流亡百姓歸國的心願。我並沒有其他的要求,只乞求恢復原樣。應當到西方去的官吏百姓,已分別從陸路、水路動身,全部通過邊界完畢。現在我派都統府

掌書鴻臚少卿張鈞、將作監參謀軍事張敦固，恭敬地往赴安撫使司，呈獻土地，歸附朝廷。

（蔣秋華 / 編寫整理）

立楚國張邦昌冊文
完顏晟

完顏晟（一〇七五——一一三五），即金太宗，本名吳乞買，金太祖的弟弟。太祖死後，繼立為帝。在位期間，滅遼與北宋，並數次派兵南下攻南宋，又先後冊立張邦昌、劉豫傀儡政權，和南宋對抗。金代的禮樂制度和經國規模，大多在他在位期間完成。

背景

金人攻下汴京，俘虜了宋徽宗、宋欽宗二帝以後，一方面在城內肆力搜刮婦女金帛，一方面考慮如何處置掠得的土地。由於金人數目較少，而且驟獲勝利，短時期內無法完全控制中原。同時宋朝勤王的軍隊和民間的義軍，環伺各地，隨時準備反攻。種種因素湊在一起，遂令金人深感疑懼，急著想要撤退。

為了保全攻掠所獲得的利益，務必選擇適宜的人員為他們服務。因此，金人命令宋臣推舉異姓堪為人主者。然而由於人心思舊，一致請立趙氏，但這是金人絕對不能接受的，所以他們便自行選出張邦昌，成立第一個傀儡政權。在金人的脅迫、扶持下，張邦昌接受冊封，建號大楚，本篇就是當時金人冊立的文書。

張邦昌，字子能，永靜軍東光（今屬河北）人。靖康元年（一一二六），金人首度來犯時，他正擔任宰相，因為力主和議而遭罷黜。

當他獲知將被冊立時，再三辭讓，一度想要自殺。後因旁人勸說，為免汴京人民遭受屠戮，才勉強踐阼。可是他不接受百官朝賀，起居也不用天子儀制。金人北歸之際，他又請求放還徽、欽二帝，未獲應允。他即位期間，曾請金人保存趙氏宗廟、停止擄掠、早日班師等，對於秩序的維持、民心的安撫，有很大的貢獻。金人一旦撤退，張邦昌隨即迎立康王趙構（宋高宗），結束了短短三十三天的稱制。

影　響

　　金人冊立張邦昌，並指定以金陵作為首都，乃是希望透過「以漢制漢」的策略，減輕他們征服的阻力。不料張邦昌無心帝位，使得宋室重獲政權。這對金人來說是相當難堪的，因此金人便以廢張邦昌為辭，再度進犯。宋高宗曾經讚揚張邦昌「有伊尹之志，達周公之權」，似乎無意將他處死。可是由於金人的入侵，引起國人的恐慌，為避免橫生枝節，只好賜令張邦昌自盡。所以張邦昌也是亂世中的悲劇人物。

　　張邦昌的僭立，實出於脅迫，從他的種種措施來看，也可以表明他的心跡。然而帝王之位絕不容許任何人覬覦，張邦昌也就難逃一死了。之後金人又冊封劉豫，成立第二個傀儡政府，繼續「以漢制漢」的政策。劉豫或許有了前車之鑒，便順從地執行金人的命令，全力與南宋對抗。

原　文

　　維天會五年，歲次丁未，二月辛亥朔，二十一日辛巳，皇帝若

曰：先皇帝肇造區夏，務安元元。肆朕纂承，不敢荒怠，夙夜兢兢，思與萬國同格於治。粵惟有宋，實乃通鄰，貢歲幣以交歡，馳星軺而講好，期於萬世，永保無窮，蓋我有大造於宋也[1]。不圖變誓渝盟，以怨報德；稱端構亂，反義為仇。譎紿成俗，貪婪不已。加以肆行淫虐，不恤黎元，號令滋張，紀綱弛紊。況所退者非其罪，所進者非其功。賄賂公行，豺狼塞路。天厭其德，民不聊生。尚又姑務責人，罔知省己。父既無道於前，子復無斷於後，以故征師命將，伐罪吊民[2]。幸賴天高聽卑，神幽燭細，旌旆一舉，都邑立摧。且眷命攸矚，謂之大寶，苟歷數改卜，未獲偷安，故用黜廢，以昭玄鑒。

今者，國既乏主，民宜混同；然念厥初，本非貪土，遂命帥府與眾推賢，僉曰：「太宰張邦昌，天毓疏通，神資睿哲，處位著忠良之譽，居家聞孝友之名。」實天命之有歸，乃人情之所係。擇其賢者，非子而誰？是用遣使特進尚書左僕射同知樞密院事監修國史上柱國南陽郡開國公食邑三千戶食實封二百戶韓資政、副使榮祿大夫行尚書禮部侍郎提點大理寺護軍譙縣開國侯食邑一千戶食實封一百戶曹說，持節備禮，以璽綬冊命爾為皇帝，以理斯民。國號大楚，都於金陵。自黃河以外，除西夏新界，疆場仍舊[3]。世輔王室，永作藩臣。貢禮時修，爾勿疲於述職；問音歲至，我無緩於披誠。

於戲！天生烝民，不能自治，故立君以臨之；君不能獨理，故樹

---

1 貢歲幣：宋與金聯兵滅遼後，索討燕京等地時，曾應允歲輸銀二十萬兩、絹三十萬匹予金。星軺：天子的使者稱星使，其所乘的車稱星軺。
2 「父既無道於前」二句：指宋徽宗、宋欽宗父子荒廢失道。
3 西夏新界：宋人曾侵取西夏土地，金太宗天會二年（一一二四），西夏奉表稱臣，金割下寨以北、陰山以南伊蘇伊喇部、圖嚕濼西地賜之。天會五年（一一二七），金克宋，乃劃分楚、夏疆界。

官以牧之。乃知民非後不治,後非賢不守,其於有位,可不慎歟!予懋乃德,嘉乃丕績,日慎一日,雖休勿休。往,欽哉!其聽朕命。

《金史紀事本末》

譯文

　　金太宗天會五年（一一二七）二月二十一日,皇帝如此說：先皇帝（太祖）創建國家,致力於安定老百姓。現在我繼承帝位,不敢荒廢怠惰,早晚都小心翼翼,想要和萬國共同達到太平盛世。宋國原本就是通好的鄰國,每年輸納錢幣以結交歡樂,派遣國使敦睦邦交,希望千秋萬世,永遠和平相處,這都因為我國對宋國有過大功。不料宋人竟改變誓約、背棄同盟,以怨恨報答恩德；製造事端,釀成兵亂,反而將道義朋友當成仇人。狡詐變化成了習慣,貪求的心意不曾消除。加上任意放蕩暴虐,不體恤百姓,法令一再增多,國家的紀律鬆弛紊亂。何況遭到罷黜的人,不是因為犯了過錯；受到晉升的人,不是因為擁有功勞。公開地進行賄賂,到處充滿了貪狠的人。上天厭棄宋主的行為,使得人民不能生活。而且只知道責備他人,卻不知道自我反省。父親已經失道在前,兒子還跟著繼續犯錯,所以我才徵召軍隊,任命將領,討伐有罪,慰問人民。幸好上天雖然高遠,卻能聽到底下的聲音；神明雖然幽渺,卻能洞見細微。因此,軍旗一揮,立刻攻下都城。然而天命所注重的,就是帝位,如果天運改變,便不能苟且安逸,所以罷黜斥廢宋主,來表明上天的警戒。

　　現在宋國既然沒有君主,人民卻需要統一；但是回想當初,原本不是貪求土地,於是命令元帥府和眾人推舉賢能,大家一致回答：

「太宰張邦昌，天賦開通，資稟深明，任官時有忠誠賢良的美譽，居家時有孝悌友愛的令名。」確實是天命所歸附，也是民心所企盼。選擇賢能，除了你，還有誰呢？所以派遣使者特進尚書左僕射同知樞密院事監修國史上柱國南陽郡開國公食邑三千戶食實封二百戶韓資政、副使榮祿大夫行尚書禮部侍郎提點大理寺護軍譙縣開國侯食邑一千戶食實封一百戶曹說，執持符節，具備禮儀，以天子的印信冊立你為皇帝，來治理宋國人民。建國號為大楚，定國都於金陵。從黃河以外的地方，除去西夏新定的疆界，所有的國界，都和從前一樣。世世代代輔佐金國王室，永遠作為金國的藩臣。你要按時進獻貢禮，勤於述職莫怠惰；我也會精誠相待，每年慰問絕不拖延。

　　啊！上天降生眾民，卻不能親自治理，所以設立君主來治理百姓；君主不能單獨管理，所以設立百官來管理百姓。因此可知，人民非得君主，不得安治；君主非得賢良，不能守國；至於帝王的擇立，能不謹慎嗎？我勉勵你有良好的德行，祝福你有偉大的功績，要一天比一天謹慎，雖然做得很好，仍不可停止。去吧！要謹慎啊！一定要聽從我的命令。

（蔣秋華／編寫整理）

《農書》自序
陳旉

　　陳旉（一〇七六一？），字峻景，宋平江（今江蘇蘇州）人。卒年不詳，只知他寫成《農書》時，已七十四歲。他平生讀書，不求仕進，精於六經百家之書與釋、老、黃帝、神農之學，又通術數，是個博學多才的人。他隱居西山，過著治圃種藥的生活，所以對於農事相當瞭解。他據從事農作的實際經驗，參引古代文獻，寫成《農書》。此書別開生面，體出新裁，較以往的農書有系統，是一部甚有價值的農書。

背　景

　　古代中國是個以農立國的國家，上自天子，下至庶民，無不關心農事。因為收成的好壞，不僅影響人民的生計，也關係著國勢的盛衰，實在不能掉以輕心。因此，有關農業的著作，為數頗多。先秦九流十家中，農家就占其一。相關農書甚多，具詳《漢書‧藝文志》，可惜後來都遺失了。漢代以後，農書也有許多。但大部分農書都是依照時令，記載應當從事的農事，或說明作物栽培的技術，缺乏整體性。直到陳旉的《農書》出現，才改正了這種缺點。

　　陳旉的《農書》，全書不過一萬多字，分成上、中、下三卷。上卷十四篇（包括兩篇附錄），主要討論農作物的生產情形。除了敘述

《農書》中描繪的水力鼓風機

農地經營的原理和操作的技術外，也提到了對於氣候變化的防範措施。同時卷中引用了不少古代有關農作物的文獻資料，並加上作者的見解。中卷兩篇，主要談論養牛的事情。他特別強調牛的重要性，要求農人如同對待自己一樣善待它，並且記載治療牛病的方法。下卷四篇，乃敘述種植桑葉、養蠶制絲的技術。

陳旉所處的時代，正值北宋末年，由於新舊黨爭激烈，政治日益腐敗，而金人乘機南侵，戰爭頻起。時局的動盪不安，使得擁有滿腹經綸的陳旉對於仕途不感興趣，只求苟全性命於亂世，遂隱居鄉野，以種藥治圃自給。親自操作農事，卻給了他印證的機會，得以糾正古代記載的錯誤，未始不是一項很好的收穫。陳旉所寫的序文中，有「非苟知之，蓋嘗久蹈之，確乎能其事」的話，又說他的書「固非騰口空言，誇張盜名」之作，可見他謹慎著作的心態，一點也不苟且虛妄。

影響

陳旉以虔誠的心意撰寫《農書》，書中雖然出現一些錯誤，但還不至於如同《四庫提要》所說的：「虛論多而實事少。」在古代農書大量散佚的情況下，陳旉的《農書》得以流傳下來，為世人保存了不少農業知識，此書的價值可算是彌足珍貴了。

原文

古者四民，農處其一；《洪範》八政，食、貨居其二[1]。食謂嘉穀可食，貨謂布帛可衣。蓋以生民之本，衣食為先；而王化之源，飽暖為務也。上自神農之世，斫木為耜，揉木為耒；耒耨之利，以教天下，而民始知有農之事。堯命羲、和，以欽授民時，東作西成，使民知耕之勿失其時。舜命后稷：「黎民阻飢，播時百穀。」[2] 使民知種之各得其宜。及禹平洪水，制土田，定貢賦，使民知田有高下之不同、土有肥磽之不一，而又有宜桑宜麻之地，使民知蠶績，亦各因其

---

1 古者四民：指士、農、工、商。魯成西元年（前五九○），《公羊傳解詁》：「古者有四民，一曰德能居位——曰士，二曰闢土殖穀——曰農，三曰巧心勞手以成器物——曰工，四曰通財鬻（鬻）貨——曰商。四民不相兼，然後財用足。」《洪範》八政：《洪範》是《尚書》中的一篇，相傳是箕子告訴武王的治國大法，共有九疇。八政為第三疇，講到八種管理政事的官員：「食、貨、祀、司空、司徒、司寇、賓、師。」
2 「堯命羲、和」三句：見《尚書‧堯典》。羲氏、和氏為重黎的後代，掌管天地四時，使民知所耕作、收成。「黎民阻飢」二句：亦見《尚書‧堯典》。這是舜任命棄為后稷（農官）時，告誡他的話。

利³。殷、周之盛,《書》《詩》所稱「井田之制」詳矣⁴!周衰,魯宣稅畝,《春秋》譏之;及李悝盡地力,商君開阡陌,而井田之法失之;至於秦始而蕩然矣⁵!漢、唐之盛,損益三代之制,而孝弟、力田之舉,猶有先王之遺意焉:此載之史冊,可考而知也⁶。

宋興,承五代之弊,循唐、虞之舊,追殷、周之盛,列聖相繼,惟在務農桑、足衣食。此禮義之所以起、孝弟之所以生、教化之所以成、人情之所以固也。然士大夫每以耕桑之事,為細民之業,孔門所不學,多忽焉而不復知,或知焉而不復論,或論焉而不復實⁷。

勇躬耕西山,心知其故,撰為《農書》三卷,區分篇目,條陳件別而論次之。是書也,非苟知之,蓋嘗久蹈之,確乎能其事,乃敢著其說以示人。孔子曰:「蓋有不知而作之者,我無是也。多聞,擇其善者而從之,多見而識之。」⁸以言聞見雖多,必擇其善者乃從,而識其不善者也。若徒知之,雖多,曾何足用?文中子曰:「蓋有慕名、

---

3 「禹平洪水」三句:見《尚書·禹貢》。禹在平定洪水後,辨別九州土壤的色澤和性質,分土田為九等,設定應納的貢賦。
4 井田之制:古人將土地劃分成九區,如「井」字的形狀,中間為公田,其外分由八家耕種,借其力助耕公田,公田收入供國家財用,私田不再收賦稅,這就是井田制度。井田的面積,相傳商為六百三十畝,周為九百畝。
5 「魯宣稅畝」二句:魯宣公不滿足於井田制的收入,改行稅畝法,以增加稅收。此舉為「春秋三傳」(《左傳》《公羊傳》《穀梁傳》)譏刺為「非禮」「不正」。事見魯宣公十五年的「春秋三傳」。李悝盡地力:李悝為戰國時人,事魏文侯,作盡地力之教,創平糴法,行於魏國,國以強富。商君開阡陌:商鞅相秦孝公,推行變法,將原有的田界鏟平,廢除井田,使農人盡力耕種,可以買賣田地,秦國因而大治。至於秦始而蕩然矣:秦始皇統一全國後,不再施行封建,改採郡縣之制。井田制也就隨著封建一道消亡了。
6 孝弟、力田:都是漢代選舉的科目,即對於有孝弟行為或生產努力的人,免除他們的賦役,或授予官職。
7 孔門所不學:孔子以為農業是小人的事,非君子所當學,所以對於弟子樊遲請教耕田、種菜的事,都不回答。見《論語·子路篇》。
8 「孔子曰」句:見於《論語·述而篇》。

掠美、攘善、矜能、盜譽而作者。」⁹ 其取譏後世，寧有已乎？若葛抱朴之論神仙，陶隱居之疏《本草》，其謬悠之說，荒唐之論，取誚後世，不可勝紀矣¹⁰！僕之所述，深以孔子「不知而作」為可戒、文中子「慕名而作」為可恥；與夫葛抱朴、陶隱居之述作，皆在所不取也。此蓋敘述先聖王仁民愛物之志，固非騰口空言，誇張盜名，如《齊民要術》《四時纂要》，迂疏不適用之比也¹¹。實有補於來世云爾。

自念人微言輕，雖能為可信可用，而不能使人必信必用也。惟藉仁人君子能取信於人者，以利天下之心為心，庶能推而廣之，以行於此時而利後世，少裨吾聖君賢相裁成之道，輔相之宜，以左右斯民，則粵飲天和，食地德，亦少效物職之宜，不虛為太平之幸老爾！西山隱居全真子陳旉序。

《農書》

譯 文

古時候老百姓分成四種，農民是其中的一種；《尚書‧洪範》提到八政，食、貨占了其中的兩個。所謂食是指可以吃的穀物，所謂貨是指可以穿的布帛。人類的根本問題，以衣食最優先；君主教化的根源，則以吃飽穿暖為職責。神農的時候，他砍伐木頭做耙，彎曲木

---

9 「文中子曰」句：見於《中說‧天地篇》。王通，字仲淹，隋時講學河汾之間，為一代名儒，著有《中說》十篇，卒後門人私諡其曰「文中子」。
10 葛抱朴之論神仙：晉人葛洪著《抱朴子》一書，因自號抱朴子。他少時好學，尤好神仙導養之法，著有《神仙傳》。陶隱居之疏《本草》：南北朝人陶弘景，自號華陽隱居，曾注《神農本草經》，列藥品三百六十五種，所論形態、性能多半出於附會。
11 《齊民要術》：後魏賈思勰著，分十卷，共有九十二篇，包括農漁牧等多方面知識，是一部重要的農書。《四時纂要》：是一部依時令編輯的農書，早已亡佚。

頭做耒；把用農具耕種的好處教給百姓，人們從此才知道有農業這種事。 帝堯命令羲氏、和氏，敬謹地告訴百姓四時的節候，春天到了就耕種，秋天到了就收成，讓人們知道耕種不要違誤時令。 帝舜命令后稷：「老百姓為饑所困厄，你要種植各種穀物。」讓民眾知道各種穀物的適當種法。 到大禹平定洪水，劃分田地，訂立應該繳納的賦稅，讓人民知道田地有高下的不同，土壤有肥沃、貧瘠的差別，而且有適合種桑或種麻的分別，讓民眾配合環境養蠶織布。 商朝、周朝強盛的時候，《尚書》《詩經》裡所讚揚的「井田制度」，說得非常詳細。 周朝衰敗後，魯宣公實行稅畝法，孔子作《春秋》時，便諷刺他失禮；到了李悝儘量利用土地的生產力、商鞅鏟平田間的界限時，井田制度已被破壞；等到秦始皇以郡縣代替封建，井田制度一點痕跡也不見了。 漢朝、唐朝強盛的時候，變更夏、商、周的制度，推行孝悌、力田的選舉方式，還保存了古代帝王重農的意思。 這些都是記載在史書上，可以考證知道的。

　　宋朝興起，繼承衰頹的五代，遵照唐堯、虞舜的舊規，想要恢復商朝、周朝的盛況，歷代君主也都宣導耕織，使人民豐衣足食。 這是興起禮義、產生孝悌、完成教化、鞏固人情的基礎。 但是一般讀書人認為種田養蠶是老百姓的事，孔子的門徒並不學習，大都忽略不知，或知而不論，或論而不詳。

　　我在西山親自下田耕種，因而懂得農業的常識，遂撰寫了三卷的《農書》，先分別篇目，再一件一件地記載討論。 這部書不是只講理論，而是由長久的實際操作確切明瞭之後，才敢寫成書，供人閱讀。 孔子說：「大概有自己不懂卻憑空造作的人，我沒有這種毛病。 多多

地聽，選擇其中好的部分加以接受；多多地看，全部記在心裡。」這是說見聞雖然很多，一定要選擇其中好的才遵從，而甄別其中不好的。如果只是知道事物，見聞雖多，又有什麼用？文中子說：「大概有愛慕虛名、掠人之美、奪人好處、誇耀才能、欺世盜名而著書的人。」怎麼能夠避免後人的譏笑呢？例如葛洪寫《神仙傳》，陶弘景注解《神農本草經》，那些錯誤的說法、可笑的言論，被後人責備，是記載不盡的。我寫這部書，特別以孔子所說的「不知道卻要著作」為鑒戒，以文中子所說的「愛慕虛名而著作」為恥辱；至於像葛洪、陶弘景所寫那一類的著作，都不是我願意做的。這部書敘述古代聖王仁民愛物的心志，並不是空口無憑，誇張事實，騙取聲名，像《齊民要術》《四時纂要》那些迂闊空疏而不合實用的書那樣，而是確實對於未來的人有所幫助。

我自認地位低微，說話沒有分量，雖然所寫的書值得信任、可以實行，但是無法讓人一定相信、一定遵用。只有透過眾人相信的仁人君子，抱著為天下謀福利的心意，幫我推廣，不僅現在能實行，對後世也有好處；希望稍有助於聖君賢相完成治道、輔助施政，以安定百姓；那麼我生活在天地之間，多少也盡點本分，不枉做太平時代的幸福老人了。西山隱居全真子陳旉序。

（蔣秋華／編寫整理）

《通志》總序
鄭樵

鄭樵（一一〇四──一一六二），字漁仲，興化軍莆田（今屬福建）人。在夾漈山下著作、講學達三十年，學者稱其為夾漈先生，為宋代著名史學家。宋室南遷，鄭樵上書朝廷，自薦修史，未受錄用。晚年專心撰寫《通志》，書成，於高宗紹興三十一年（一一六一）獻上，授樞密院編修。後遭彈劾，鬱鬱以終。著作宏富，可考者有八十餘種，現存者除《通志》外，還有《夾漈遺稿》《爾雅注》《詩辨妄》等書。

背景

通史與斷代史，到底孰優孰劣，自古以來便爭論不休，而且似乎很難獲得一個肯定的答案。但是許多史學家往往根據自己的好惡，極力讚揚自己喜好的史體，而大力抨擊自己嫌棄的史體。《通志》的作者鄭樵，就站在注重會通的立場，強調通史的可貴，詆斥斷代史的疏謬。

《通志》全書共有二百卷，包括紀、譜（表）、略（志）、世家、列傳、載記六種形式，大致模仿《史記》，是《史記》之後最大的一部紀傳體史書。

其中紀傳的部分止於隋代，乃刪削舊史，連綴而成，並無創意，

所以參考的價值不大。至於五十二卷的二十略，止於唐代或宋代，則是鄭樵一生精力所在，頗有發凡起例之處，也是《通志》全書的精華。這二十略的性質，和杜佑的《通典》相近，所以後世有人把它單獨刊行，稱為《通志略》。

本篇是鄭樵為《通志》所寫的總序，除了表明他的歷史觀念和敘述撰著的理由外，最主要的仍在介紹二十略的內容，簡直可以視為《通志略》的序文。不過由於篇幅過長，所以此處不得不加以刪略部分。二十略中，鄭樵只承認五略承自前人，其餘十五略全係一己之發明。事實上，所有的名目，除去「氏族」「六書」「七音」「都邑」「昆蟲草木」五略，皆已見於前史和《通典》。鄭樵所謂「不涉漢、唐諸儒議論」，不免有誇大之嫌。鄭樵年輕的時候，曾在夾漈山下苦讀三十年，遍閱古今百家之書，學問算是相當博通了。然而久居於窮鄉僻壤，很少與外界接觸，以致他的見聞有所局限，才形成他的高傲心態。

影　響

關於《通志》二十略的評價，有正反兩方面差異很大的評論。《宋史‧鄭樵傳》說：「樵好為考證倫類之學，成書雖多，大抵博學而寡要。」這是因為鄭樵設定的門類繁多，立論又高遠，一人之力有限，所以照顧不周，再加上厚古薄今的觀念，僻處寒陋的境遇，都使他的著作存在瑕疵。《四庫提要》卻為鄭樵開脫，說：「其采摭既已浩博，議論亦多警辟，雖純駁互見，而瑕不掩瑜，究非遊談無根者可及。至今資為考鏡，與杜佑（《通典》）、馬端臨（《文獻通考》）並稱

三通,亦有以焉。」這些辯解還算公允。總而言之,《通志》一書,雖不如鄭樵自我誇詡的那麼偉大,但在中國史學上的重要地位仍是無可取代的。

原文

　　百川異趨,必會於海,然後九州無浸淫之患;萬國殊途,必通諸夏,然後八荒無壅滯之憂:會通之義大矣哉!自書契以來,立言者雖多,惟仲尼以天縱之聖,故總《詩》《書》《禮》《樂》而會於一手,然後能同天下之文;貫二帝三王而通為一家,然後能極古今之變[1]。是以其道光明,百世之上、百世之下不能及。仲尼既沒,百家諸子興焉,各效《論語》,以空言著書(自注:《論語》,門徒集仲尼語)。至於歷代實跡,無所紀系。迨漢建元、元封之後,司馬氏父子出焉。

　　司馬氏世司典籍,工於製作,故能上稽仲尼之意,會《詩》《書》《左傳》《國語》《世本》《戰國策》《楚漢春秋》之言,通黃帝、堯、舜,至於秦、漢之世,勒成一書。分為五體:「本紀」紀年,「世家」傳代,「表」以正曆,「書」以類事,「傳」以著人,使百代之下,史官不能易其法,學者不能捨其書。六經之後,惟有此作。故謂:「周公五百歲而有孔子,孔子五百歲而在斯乎[2]!」是其所以自待者已不淺。然大著述者,必深於博雅,而盡見天下之書,然後無遺恨。當遷之時,挾書之律初除,得書之路未廣,亙三千年之史籍,

---

1 二帝三王:唐堯、虞舜為二帝;夏禹、商湯、周武王為三王,為三代開國的帝王。
2 「周公五百歲而有孔子」二句:此為司馬遷父親司馬談所說的話,見《史記・太史公自序》。

而跼蹐於七八種書。所可為遷恨者，博不足也。凡著書者，雖採前人之書，必自成一家言。左氏，楚人也，所見多矣[3]！而其書盡楚人之辭。公羊，齊人也，所聞多矣[4]！而其書皆齊人之語。今遷書全用舊文，間以俚語，良由采撫未備，筆削不遑，故曰：「予不敢墮先人之言，乃述故事，整齊其傳，非所謂作也。」[5]劉知幾亦譏其「多聚舊記，時插雜言」[6]。所可為遷恨者，雅不足也。大抵開基之人不免草創，全屬繼志之士為之彌縫。晉之《乘》、楚之《檮杌》、魯之《春秋》，其實一也[7]。《乘》《檮杌》無善後之人，故其書不行。《春秋》得仲尼挽之於前，左氏推之於後，故其書與日月並傳。不然，則一卷事目，安能行於世？自《春秋》之後，惟《史記》擅製作之規模；不幸班固非其人，遂失會通之旨，司馬氏之門戶自此衰矣！

　　班固者，浮華之士也，全無學術，專事剽竊。肅宗問以制禮作樂之事，固對以在京諸儒必能知之[8]。倘臣鄰皆如此，則顧問何取焉？及

---

[3] 左氏，楚人也：唐代趙匡認為「左氏之書序晉、楚事最詳」，因斷定左丘明為戰國時期楚國人。

[4] 公羊，齊人也：東漢桓譚《新論》：「齊人公羊高緣經作傳。」公羊高相傳為子夏的弟子，口傳《春秋》微言大義。到漢景帝時，他的玄孫公羊壽與齊人胡毋子都寫錄下來，即今傳的《春秋公羊傳》。

[5] 「故曰」句：見《史記‧太史公自序》。

[6] 「多聚舊記」二句：語見《史通‧六家篇》。

[7] 晉之《乘》、楚之《檮杌》、魯之《春秋》：語見《孟子‧離婁下》。趙岐注：「此三大國史記之異名。《乘》者，興於田賦乘馬之事，因以為名。《檮杌》者，囂凶之類，興於記惡之戒，因以為名。《春秋》以二始舉四時，記萬事之名。」

[8] 「肅宗問以制禮作樂之事」二句：肅宗即東漢章帝，曾經召問時任玄武司馬（職屬顧問）的班固，應如何改定禮制，班固請集京師諸儒共議得失，引起章帝不悅。事見《後漢書‧曹褒傳》。

諸儒各有所陳，固惟竊叔孫通十二篇之儀，以塞白而已[9]。倘臣鄰皆如此，則奏議何取焉？肅宗知其淺陋，故語竇憲曰：「公愛班固而忽崔駰，此葉公之好龍也。」[10]固於當時，已有定價；如此人材，將何著述？《史記》一書，功在十表，猶衣裳之有冠冕，木水之有本原；班固不通旁行邪上，以古今人物強立差等。且謂漢紹堯運，自當繼堯，非遷作《史記》廁於秦、項，此則無稽之談也[11]。由其斷漢為書，是致周、秦不相因，古今成間隔。自高祖至武帝，凡六世之前，盡竊遷書，不以為慚；自昭帝至平帝，凡六世，資於賈逵、劉歆，復不以為恥[12]。況又有曹大家終篇，則固之自為書也幾希[13]！往往出固之胸中者，《古今人表》耳，他人無此謬也。後世眾手修書，道傍築室；掠人之文，竊鐘掩耳：皆固之作俑也。固之事業如此，後來史家奔走班固之不暇，何能測其淺深？遷之於固，如龍之於豬，奈何諸史棄遷而用固，劉知幾之徒尊班而抑馬！且善學司馬遷者，莫如班彪。彪續遷書，自孝武至於後漢；欲令後人之續己，如己之續遷；既無衍文，又

---

[9]「固惟竊叔孫通十二篇之儀」二句：叔孫通為秦末博士，於漢初為劉邦制定朝儀和其他禮儀。班固為應付章帝的責問，呈上叔孫通的《漢儀》十二篇。章帝認為不合經義，命曹襃改正。事見《後漢書・曹襃傳》。

[10] 肅宗知其淺陋，故語竇憲：見《後漢書・崔駰傳》。崔駰善文章，與班固、傅毅齊名，曾上《四巡頌》，為章帝稱賞。竇憲是當時的權臣。葉公之好龍：喻喜好似是而非的事物。葉公子高非常喜歡龍，屋宇器物都畫上龍，可是真龍來時，他卻大驚而逃。事見劉向《新序・雜事篇》。

[11] 漢紹堯運：東漢初年，許多儒者倡言漢為堯之後裔，如班彪的《王命論》即曾提到。班固在《漢書・敘傳》裡也這麼說。

[12] 資於賈逵、劉歆：劉向、劉歆父子都曾續撰《史記》，為班固撰寫《漢書》的參考資料。劉歆所作的《七略》，班固襲取作《漢書・藝文志》。賈逵為劉歆的再傳弟子，不曾續《史記》，鄭樵所言，不知有何根據。

[13] 曹大家終篇：曹大家即曹大姑，為班固的妹妹班昭，曾受和帝詔，續班固未盡的《漢書》八表。

無絕緒；世世相承，如出一手：善乎其繼志也！其書不可得而見，所可見者，元、成二帝贊耳。皆於本紀之外，別記所聞，可謂深入太史公之閫奧矣！凡左氏之有「君子曰」者，皆經之新意；《史記》之有「太史公曰」者，皆史之外事——不為褒貶也；間有及褒貶者，褚先生之徒雜之耳[14]。且紀傳之中，既載善惡，足為鑒戒，何必於紀傳之後，更加褒貶？此乃諸生決科之文，安可施於著述？殆非遷、彪之意。況謂為「贊」，豈有貶辭。後之史家，或謂之「論」，或謂之「序」，或謂之「銓」，或謂之「評」，皆效班固，臣不得不劇論固也。司馬談有其書，而司馬遷能成其父志；班彪有其業，而班固不能讀父之書。固為彪之子，既不能保其身，又不能傳其業，又不能教其子，為人如此，安在乎言為天下法！范曄、陳壽之徒繼踵，率皆輕薄無行，以速罪辜，安在乎筆削而為信史也[15]！

　　孔子曰：「殷因於夏禮，所損益可知也；周因於殷禮，所損益可知也。」[16]此言相因也。自班固以斷代為史，無復相因之義；雖有仲尼之聖，亦莫知其損益。會通之道，自此失矣！語其同也，則紀而復紀，一帝而有數紀；傳而復傳，一人而有數傳。天文者，千古不易之象，而世世作天文志；《洪範五行》者，一家之書，而世世序五

---

14 褚先生之徒雜之：司馬遷死時，《史記》尚有部分篇章未成，有很多人替他做續補工作，其中以褚少孫補得最多。褚少孫所補的部分，大都以「褚先生曰」開頭。
15 「范曄、陳壽之徒繼踵」三句：范曄是《後漢書》的作者，劉宋文帝時，因謀反罪被殺。陳壽是《三國志》的作者，居父喪期間，行為有些失檢，又不從母命歸葬洛陽，遭到當時人非議。
16 「孔子曰」句：見《論語・為政篇》。

行傳[17]。如此之類,豈勝繁文?語其異也,則前王不列於後王,後事不接於前事;郡縣各為區域,而昧遷革之源;禮樂自為更張,遂成殊俗之政。如此之類,豈勝斷綆?曹魏指吳、蜀為「寇」,北朝指東晉為「僭」;南謂北為「索虜」,北謂南為「島夷」[18]。《齊史》稱梁軍為「義軍」,謀人之國可以為義乎?《隋書》稱唐兵為「義兵」,伐人之君可以為義乎?房玄齡董史冊,故房彥謙擅美名;虞世南預修書,故虞荔、虞寄有嘉傳[19]。甚者,桀犬吠堯,吠非其主。《晉史》黨晉而不有魏,凡忠於魏者,目為叛臣,王浚、諸葛誕、毌丘儉之徒抱屈黃壤;《齊史》黨齊而不有宋,凡忠於宋者,目為逆黨,袁粲、劉秉、沈攸之之徒含冤九泉。噫!天日在上,安可如斯?似此之類,歷世有之。傷風敗義,莫大乎此!遷法既失,固弊日深,自東都至江左,無一人能覺其非。惟梁武帝為此慨然,乃命吳均作《通史》,上自太初,下終齊世,書未成而均卒。隋楊素又奏令陸從典續《史記》,訖於隋,書未成而免官。豈天之靳斯文而不傳與?抑非其人而不佑之與?自唐之後,又莫覺其非,凡秉史筆者,皆准《春秋》,專事褒貶。夫《春秋》以約文見義,若無傳釋,則善惡難明;史冊以詳文該

---

17 《洪範五行》:即劉向所作的《洪範五行傳論》,共十一篇,集錄上古至先秦符瑞、災異的事情,說明五行禍福的效驗。自《漢書》以下的各代正史,大都仿此作「五行志」,記當代的符瑞、災異。
18 「南謂北為『索虜』」二句:梁沈約作《宋書》,稱北魏為索虜。索虜,又稱索頭虜,因為鮮卑的習俗,將頭髮編結如同繩索,所以南朝人以此呼之。北齊魏收作《魏書》,稱南朝為島夷。島夷,古代東南一帶的夷人。《尚書·禹貢》:「島夷卉服。」即指東南沿海各島的夷人。
19 「虞世南預修書」二句:虞世南是虞荔的兒子,過繼給虞寄,他並未參與過修史的工作。不過《陳書》的作者姚察、姚思廉父子,和虞荔、虞世南父子為世交,所以為虞荔、虞寄兄弟立傳,並曲意維護。

事，善惡已彰，無待美刺。讀蕭、曹之行事，豈不知其忠良？見莽、卓之所為，豈不知其凶逆？夫史者，國之大典也，而當職之人，不知留意於憲章，徒相尚於言語；正猶當家之婦，不事饗飧，專鼓唇舌，縱然得勝，豈能肥家？此臣之所深恥也。

　　江淹有言：「修史之難，無出於志[20]。」誠以志者，憲章之所系，非老於典故者，不能為也。不比紀、傳，紀則以年包事，傳則以事系人，儒學之士皆能為之。惟有志難，其次莫如表。所以范曄、陳壽之徒能為紀、傳而不敢作表、志。志之大原起於《爾雅》，司馬遷曰「書」，班固曰「志」，蔡邕曰「意」，華嶠曰「典」，張勃曰「錄」，何法盛曰「說」[21]。余史並承班固，謂之「志」，皆詳於浮言，略於事實，不足以盡《爾雅》之義。臣今總天下大學術而條其綱目，名之曰「略」。凡二十略，百代之憲章、學者之能事，盡於此矣！其五略，漢、唐諸儒所得而聞；其十五略，漢、唐諸儒所不得而聞也。

（以下敘述十五略的內容和撰作原因，省略不錄。）

　　凡十五略，出臣胸臆，不涉漢、唐諸儒議論。「禮略」所以敘五禮，「職官略」所以秩百官，「選舉略」言掄材之方，「刑法略」言用刑之術，「食貨略」言財貨之源流。凡茲五略，雖本前人之典，亦非諸史之文也。

---

20 「修史之難」二句：《史通·古今正史》：「《齊史》，江淹始受詔著述，以史之所難，無出於志，故先著十志以見其才。」鄭殆本此而言。
21 「司馬遷曰『書』」六句：見《史通·書志篇》。除司馬遷、班固外，蔡邕著《靈帝紀》及《十意》；華嶠著《後漢書》，有《十典》十卷；張勃著《吳錄》三十卷；何法盛著《晉中興書》，改「志」稱「說」。

古者記事之史謂之「志」。《書大傳》曰:「天子有問無以對,責之疑;有志而不志,責之丞[22]。」是以宋、鄭之史,皆謂之「志」[23]。太史公更志為記[24]。今謂之「志」,本其舊也。桓君山曰:「太史公《三代世表》旁行邪上,並效《周譜》。」[25] 古者紀年別系之書謂之「譜」,太史公改而為表。今復表為譜,率從舊也。然西周經幽王之亂,記載無傳,故《春秋》編年以東周為始。自皇甫謐作《帝王世紀》及《年曆》,上極三皇;譙周、陶弘景之徒,皆有其書[26]。學者疑之,而以太史公編年為正,故其年始於共和。然共和之名已不可據,況其年乎?仲尼著書斷自唐、虞,而紀年始於魯隱,以西周之年無所可考也。今之所譜,自《春秋》之前,稱世謂之《世譜》;《春秋》之後,稱年謂之「年譜」。太史公紀年以六甲,後之紀年者以六十甲,或不用六十甲而用歲陽、歲陰之名[27]。今之所譜,即太史公法,既簡且

---

22 「天子有問無以對,責之疑」四句:見《尚書大傳·皋陶謨篇》。疑、丞都是古代的官名。古代天子設前疑、後丞、左輔、右弼——四鄰,以備顧問之用。
23 「宋、鄭之史」二句:《左傳》襄公、隱西元年有「謂之宋志」「謂之鄭志」的話,是說宋、鄭兩國行事的目的,並非指史書。鄭樵的解釋,似乎有所誤會。
24 太史公更志為記:司馬遷所撰的《史記》,原稱《太史公書》或《太史公》,後來又稱《太史公記》《太史記》,最後才稱《史記》。鄭樵更改名稱的說法,並不正確。
25 「桓君山曰」句:見《梁書·劉杳傳》。桓君山即漢代的桓譚,著有《新論》二十九篇,早已失傳。
26 譙周:三國時蜀人,曾搜集先秦傳說和史事,補《史記》的闕漏,著成《古史考》一書,今已亡佚。陶弘景:南北朝人,著作很多,與歷史有關的是《帝代年曆》。
27 六甲:指甲子、甲寅、甲辰、甲午、甲申、甲戌。六十甲:指依十天干(甲、乙、丙、丁、戊、己、庚、辛、壬、癸)和十二地支(子、丑、寅、卯、辰、巳、午、未、申、酉、戌、亥)組合成的六十記年月日單位。歲陽、歲陰之名:以十干紀年稱歲陽,以十二支紀年稱歲陰,見《爾雅·釋天》。歲陽的名稱為:閼逢(甲)、旃蒙(乙)、柔兆(丙)、強圉(丁)、著雍(戊)、屠維(己)、上章(庚)、重光(辛)、玄黓(壬)、昭陽(癸);歲陰的名稱為:困敦(子)、赤奮若(丑)、攝提格(寅)、單閼(卯)、執徐(辰)、大荒落(巳)、敦牂(午)、協洽(未)、涒灘(申)、作噩(酉)、閹茂(戌)、大淵獻(亥)。

明，循環無滯。禮言：「臨文不諱[28]。」謂私諱不可施之於公也，若廟諱則無所不避。自漢至唐，史官皆避諱，惟《新唐書》無所避，臣今所修，准舊史例；間有不得而避者，如諡法之類，改易本字，則其義不行，故亦准唐舊（自注：漢景帝名啟，改啟為開；安帝名慶，改慶為賀；唐太祖名虎，改虎為武；高祖名淵，改淵為水。若章懷太子注《後漢書》，則「濯龍淵」不得而諱；杜佑作《通典》，則「虎賁」不得而諱）。

夫學術超詣，本乎心識，如人入海，一入一深。臣之二十略，皆臣自有所得，不用舊史之文。紀傳者，編年紀事之實跡，自有成規，不為智而增，不為愚而減，故於紀傳即其舊文，從而損益。若紀有制詔之辭，嗚呼！酒醴之末，自然澆漓；學術之末，自然淺近；九流設教，至末皆弊[29]。然他教之弊，微有典刑；惟儒家一家，去本太遠。此理何由？班固有言：「自武帝立五經博士，開弟子員，設科射策，勸以官祿。訖於元始，百有餘年。傳業者浸盛，枝葉繁滋，一經說至百餘萬言，大師眾至千餘人，蓋祿利之途使然也。」[30]且百年之間，其患至此；千載之後，弊將若何？況祿利之路，必由科目，科目之設，必由乎文辭。三百篇之《詩》盡在聲歌，自置《詩》博士以來，學者不聞一篇之《詩》；六十四卦之《易》該於象數，自置《易》博士以來，學者不見一卦之《易》。皇頡制字，盡由六書；漢

---

28 臨文不諱：見《禮記·曲禮上》。
　傳有書疏之章，入之正書，則據實事；實之別錄，則見類例。《唐書》《五代史》，皆本朝大臣所修，微臣所不敢議，故紀傳託隋。若禮樂刑政，務存因革，故引而至唐云。
29 九流：又稱九家，是戰國時期的九種學派，這九派是儒、道、陰陽、法、名、墨、縱橫、雜、農家。
30「班固有言」以下一段話：見《漢書·儒林傳》。

立小學,凡文字之家,不明一字之宗[31]。伶倫制律,盡本七音;江左置聲韻,凡音律之家,不達一音之旨[32]。經既苟且,史又荒唐,如此流離,何時返本?道之汙隆存乎時,時之通塞存乎數,儒學之弊,至此而極。寒極則暑至,否極則泰來,此自然之道也。臣蒲柳之質,無復余齡;葵藿之心,惟期盛世。謹序。

《通志》

譯 文

每條河川奔流的途徑雖然不同,最後一定彙集於大海,因此天下沒有洪水的災禍;各國來往的道路雖不一樣,最後一定通到中國,因此天下沒有阻隔的憂慮:可見會合變通的意義非常重要。自從有文字以後,著書的人雖然很多,卻只有孔子以其天賜的聖明,統括《詩》《書》《禮》《樂》等書而集於一手,然後合同天下的文章;貫通二帝三王之道而成一家之言,所以能夠包括古往今來的變化。使得儒家之道光明遠大,百代以前、百代以後,都無人能夠趕上。孔子死後,諸子百家興起,紛紛仿效《論語》,以空泛的言論著書(自注:《論語》是孔門弟子彙集孔子的話所成的書),以至於各朝代的實在事蹟,反而沒有人記載。到了漢武帝建元、元封年間,才出現司馬談、司馬遷父子。

司馬遷的祖先代代掌管公家書籍,精於創作,所以能夠上考孔子

---

31 六書:謂象形、指事、會意、形聲、轉注、假借六項造字方法。
32 七音:謂樂律的宮、商、角、徵、羽、變宮、變徵七種音階。江左置聲韻:指六朝時產生的四聲和反切。四聲,謂平、上、去、入四種聲調。反切,用兩個字來拼注另一字的音,上字取其聲母,下字取其韻母和聲調。

的志意，會合《詩》《書》《左傳》《國語》《世本》《戰國策》《楚漢春秋》等書，貫串黃帝、唐堯、虞舜，到秦朝、漢朝，成為一部書。分成五種體裁：用「本紀」來記錄年代，用「世家」來記載世代，用「表」來校正曆法，用「書」來彙聚事務，用「傳」來表明人物，讓百代以後，史官無法改變他創立的體制，學者不能捨棄他撰寫的書。六經以後，可以相比的，只有這部著作。所以司馬遷說：「周公以後五百年才有孔子，孔子以後五百年才有這部書。」足證他自視很高。但是偉大的著作，一定非常淵博典雅，而且必須看遍天下的書籍，才沒有遺漏的歎恨。司馬遷所處的時代，剛剛解除藏書的禁令，獻書的風氣並不流行，綿延三千年的史事，拘限在七八種史書裡。我為司馬遷感到可惜的是，不夠淵博。凡是著述的人，雖然採取前人的著作，卻務必形成自己的言論。左丘明是楚國人，見聞廣博，但他所撰的書，全用楚國的語詞；公羊高是齊國人，見聞廣博，但他所撰的書，都用齊國的語言。如今司馬遷的書，全用舊有的文字，夾雜俚俗的話，實在是因為採錄不夠完備，來不及更改，所以他說：「我不敢毀損先人的話，只是敘述故事，整理傳聞，並不是真正的著作。」劉知幾也譏諷他「大量採用過去的記載，不時穿插雜亂的言語」。我為司馬遷感到可惜的是，不夠典雅。大致上開創基業之人都是創建，而後繼續志之人只是彌補不足之處。晉國的《乘》、楚國的《檮杌》、魯國的《春秋》，原本都是相同類型的史書。《乘》《檮杌》後繼無人，所以書未流行於後世。《春秋》先有孔子振興，後有左丘明推介，所以能與日月共存於世。否則，一點點的事蹟，怎麼能夠通行於世上呢？自從《春秋》以後，只有《史記》長於創作體制；不幸班固不是

適當的人選，以致喪失了會合變通的宗旨，使得司馬遷創設的體制從此沒落了。

　　班固是個虛浮不實的人，沒有一點學術，只知道抄襲他人的著作。漢章帝詢問他有關制禮作樂的事，班固答說京城裡的學者一定知道。假如所有的臣子都是這樣，那麼還要什麼顧問呢？等到學者分別陳述自己的意見後，班固便獻上叔孫通所著的十二篇《漢儀》，以敷衍章帝的詢問。如果所有的大臣都是這樣，那麼還要什麼奏議呢？章帝知道班固粗淺鄙陋，所以對竇憲說：「你喜歡班固而忽視崔駰，就像葉公子高喜好似龍而非龍的情形一樣。」班固在當時，已有固定的評價；像這樣的人才，會有什麼好著作呢？《史記》這部書的貢獻在於十個表，如同穿衣服必以冠帽戴在頭上，樹木河水都有根源；班固不懂得橫行的寫法，將古往今來的人物勉強加以分別等級。而且認為漢朝繼承帝堯的運數，自然應該直接繼承帝堯，所以批評司馬遷的《史記》把漢朝和秦朝、項羽夾雜在一起，這是沒有根據的說法。由於他只取漢代著書，所以使得周朝、秦朝無法相承，古代和現代有所隔閡。從漢高祖到武帝，一共六代，在此以前，全部竊用司馬遷的《史記》，而不感覺慚愧；從昭帝到平帝，一共六代，依據賈逵、劉歆的著作，又不以為羞恥。何況又靠班昭替他完成未盡的篇章，那麼班固自己撰寫的部分，真是非常少了。多半出於班固心意的，只有《古今人表》，這是別人沒有的錯誤。後代眾人纂修史書，如同在路邊建築房屋；掠取別人的文章，就好像掩耳盜鐘：都是由班固開頭的。班固的事業只有這樣，後代的史家仿效班固都來不及，哪有餘力來探討他的好壞。司馬遷和班固相比，好像龍與豬相比，有很顯明的差別，

無奈後世史家捨棄司馬遷而仿效班固，劉知幾一輩的人又尊崇班固而貶抑司馬遷。而且最會學習司馬遷的，要算班彪。班彪接續《史記》，撰寫從武帝到東漢的史書；他想讓後人接續他，猶如他接續司馬遷一般；不但沒有多餘的文字，又不讓時代斷絕；世世代代相繼，好像出自一人：他真是善於繼承司馬遷的志業。他的書今日已無法看到，能夠看到的，只有元帝、成帝的讚語而已。都在本紀以外，另外記載一些聽聞，可算是非常瞭解司馬遷了。凡是《左傳》所有的「君子曰」部分，都是說解經書的新意義；《史記》所有的「太史公曰」部分，都是正文以外的事蹟——不是為了褒美貶作；偶爾有褒貶的詞語，則是褚少孫一流的人摻雜進去的。而且本紀、列傳裡面，已經記載善惡的事蹟，足以作為警戒，為何還要在本紀、列傳的後頭，加上褒美貶斥的話呢？這是生員參加考試所寫的文章，怎麼能夠用來著書呢？大概不是司馬遷、班彪原來的主意。何況稱為「贊」，哪有貶責的詞語。後代的史家，有的稱為「論」，有的稱為「序」，有的稱為「銓」，有的稱為「評」，都是仿效班固，這是我不得不激烈辯論班固的緣故。司馬談撰有史書，而司馬遷能夠完成父親的志業；班彪有修史的志願，而班固不能通曉父親的著作。班固是班彪的兒子，不但無法保全自己的生命，又不能傳承父親的志業和教導自己的兒子，像這樣的人，怎麼能夠使他的著作被天下的人效法。像范曄、陳壽一流的人物，承繼在後，都是輕狂隨便，沒有德行，而招致罪罰的人，怎麼能夠撰著令人相信的史書呢？

　　孔子說：「商朝沿襲夏朝的禮儀制度，增減的情形可以獲知；周朝沿襲商朝的禮儀制度，增減的情形也可以獲知。」這是說明禮儀制

度的相互沿襲。自從班固專記一代的史事，不再有相互沿襲的意義；雖然有孔子的聖明，也無法獲知各代禮儀制度增減的情形。會合變通的道理，從此喪失了。說到相同的部分，則一個本紀接著一個本紀，一個帝王竟有好幾個本紀；一個列傳接著一個列傳，同一個人竟有好幾個本傳。天文的現象，自古以來都不曾改變，然而各代都有天文志；《洪範五行傳》是一家的著作，然而各代都有五行傳。像這一類的繁複撰述，怎能令人忍受呢？說到不同的部分，則不把前代帝王放在後代帝王的前面，後代的事蹟不能接續前代的事蹟；郡縣區域自行劃分，而不明白變遷改革的源流；禮樂制度隨便更改，造成不同習俗的政教。像這一類的斷續記載，怎能令人忍受？曹魏稱吳、蜀為「賊寇」，北朝稱東晉為「僭逆」；南朝稱北朝為「索虜」，北朝稱南朝為「島夷」。《北齊書》稱梁朝的軍隊為「義軍」，圖謀別人的國土，可以稱為仁義嗎？《隋書》稱唐朝的軍隊為「義兵」，討伐他國的君主，可以稱為仁義嗎？房玄齡監修史書，所以他的父親房彥謙在《隋書》裡記有良好的聲譽；虞世南參與纂修史書，所以他的父親虞荔、叔父虞寄在《陳書》裡有很好的傳記。更嚴重地，像夏桀的狗會向帝堯吠叫的情形，完全是臣子為了幫助自己的主人而有的舉動。《晉書》黨同晉朝而不承認北魏，凡是忠心於北魏的，都視同叛亂的臣子，使得王浚、諸葛誕、毌丘儉等人死後遭受冤屈；《北齊書》黨同北齊而不承認劉宋，凡是忠心於劉宋的，都視同悖逆的黨人，使得袁粲、劉秉、沈攸之等人死後含冤。唉！青天白日在上，怎能如此胡作亂為呢？像這一類的事情，各個朝代都有。傷害風俗，敗壞正義，沒有比這個還大的！司馬遷的筆法已經喪失，班固的弊病日漸加深，

從東漢到東晉，沒有一個人能夠發現這種錯誤。只有梁武帝為這些情況感到歎息，於是命令吳均撰述《通史》，上起漢武帝太初年間，下止於北齊，書還沒有完成而吳均已經去世了。隋朝的楊素又奏請命令陸從典纂史，接續《史記》，一直到隋朝，書還沒有完成而陸從典便被罷官。難道是上天吝嗇而不肯傳授文章嗎？還是責備史家而不肯保護他們呢？自從唐朝以後，又沒有人發覺這種錯誤，凡是負責撰史的人，都效法《春秋》，專門從事褒揚貶責。《春秋》用簡短的文辭表現大義，如果沒有注解，則善惡事蹟難以明瞭；史書用詳細的文字包括事蹟，善惡的情形已經顯明，不需褒美譏刺。閱讀蕭何、曹參所行的事蹟，難道不曉得他們忠誠賢良嗎？看了王莽、董卓所有的作為，難道不曉得他們凶殘悖逆嗎？史書是國家的重要典籍，而負責的人不懂得留心典章制度，只知道以語言矜誇；就好像家中的主婦，不料理日常的伙食，只知搬弄是非，即便能夠獲勝，又怎麼能夠興盛家庭呢？這是我深深感到恥辱的。

江淹曾說：「纂修史書的困難，沒有比得上志的。」實在是因為志關係著典章制度，不是熟悉過去的事例，無法完成，不像本紀和列傳，本紀用年代包括事蹟，列傳用事蹟連絡人物，任何讀書的人都能夠完成它。因此志的撰著最困難，其次困難的，沒有比得上表的。所以范曄、陳壽等人，能夠撰寫本紀、列傳，卻不敢製作表、志。志的起源，始見於《爾雅》，司馬遷稱為「書」，班固稱為「志」，蔡邕稱為「意」，華嶠稱為「典」，張勃稱為「錄」，何法盛稱為「說」。其他的史書都秉承班固，稱為「志」，全都記載不實的言語，忽略實際的事情，無法盡括《爾雅》的原義。我現在總括天下的重要學術，

而條記大綱和細目，稱為「略」。一共有二十略，歷代的典章制度、學者擅長的事務，全部聚集在這裡了。其中的五略，漢朝、唐朝的學者已經聽過；其中的十五略，漢朝、唐朝的學者不曾聽說過。

……

以上總共十五略，都是出自我的思慮，與漢朝、唐朝的學者沒有干涉。「禮略」敘述吉、凶、軍、賓、嘉五禮，「職官略」表明百官的次序，「選舉略」說明選拔人才的方法，「刑法略」記載刑罰的方式，「食貨略」記載財物貨幣的沿革始末。這五略雖然根據先人的典籍，卻並非採自眾史書。

古代記載事情的歷史稱為「志」。《尚書大傳》說：「天子發問而無法對答，要責備前疑（顧問）；有需要記載的事務而沒有記載，要責備後丞（顧問）。」所以宋國、鄭國的史書都稱為「志」。司馬遷將志更改為記。現在也稱為「志」，就是根據舊說。桓譚說：「司馬遷《三代世系表》的橫行文字，都是仿效《周譜》。」古時另外記載年代而綴系史事的書，稱為「譜」，司馬遷改稱為表。現在又將表稱為譜，完全是遵從舊法。然而西周經過幽王的變亂，記載的史書失傳了，所以《春秋》編排年代時，便自東周開始。自從皇甫謐撰寫《帝王世紀》和《年曆》，才上推到三皇；譙周、陶弘景等人都有與他相同的著作。後學的人感到懷疑，才以司馬遷編錄的年代為標準，因而將年代始自共和。然而共和的名稱已不能令人相信，何況它的年代呢？孔子編纂《尚書》，從唐堯、虞舜開始，而《春秋》記載年代則始自魯隱公，因為西周的年代已無法考證了。現在編纂的譜表，由於《春秋》以前只知有世代，所以稱為「世譜」；《春秋》以後已可

獲知年代，所以稱為「年譜」。司馬遷用六甲紀年，後人用六十甲來紀年，也有人不用六十甲而用歲陽、歲陰的名稱來紀年。現在所作的譜，就是用司馬遷的方法，不但簡單，而且明白，周而復始，一點也沒有阻礙。禮書上說：「寫文章時，不用避諱。」這是說私人的名諱不必在公眾的事務上避諱；如果是君主的名諱，則不論什麼場合，都要避免。從漢朝到唐朝，史官撰史時都避諱，只有《新唐書》沒有避諱。我現在纂修的書，依照從前史書的例子；偶爾有不能避諱的，例如諡號類，如果改變原來的字，便無法明瞭它的意思，所以也依照唐朝的方法。（自注：漢景帝的名字叫作啟，改啟字為開字；漢安帝的名字叫作慶，改慶字為賀字；唐太祖的名字叫作虎，改虎字為武字；唐高祖的名字叫作淵，改淵字為水字。又如章懷太子李賢注釋《後漢書》，遇到「濯龍淵」的詞句，就不能避諱；杜佑撰著《通典》，遇到「虎賁」的詞句，就不能避諱。）

　　學術造詣的高深，本於用心的勤奮，如同常人下海，每下去一次，就能更為深入。我所寫的二十略，都是我自己的心得，沒有採用前代史書的內容。本紀和列傳，編排年代，記載事情的真相，原本就有前人的法度，不會因為聰明而有所增多，也不會因為愚笨而有所減少，所以在本紀和列傳部分，便根據舊史的記載，加以增減。至於本紀裡有天子的制誥，列傳裡有大臣的奏疏，如果見於正文，則據實載錄；如果見於他處，則別置於類例裡。《新唐書》《新五代史》都是本朝（宋）大臣纂修的，卑微的我不敢有所議論，所以本紀、列傳部分止於隋朝。至於禮樂制度、刑法政治，必須保存沿革的情形，所以延長到唐朝。

啊！酒漿的渣滓，當然味道淡薄；學術的末流，自然知識膚淺；九種學派立說陳教，到後來都出現弊病。但是其他學派的弊病，還稍有舊法存在；只有儒家一家，距離本源太遠。這是什麼原因呢？班固曾說：「自從漢武帝設立五經博士，定下學生的名額，設置科目，拔取人才，並用官位和俸祿作為鼓勵，一直到漢平帝元始年間，有一百多年。傳授學業的人漸漸增加，說解經義日益繁多，一部經書可以說到一百多萬字，有名的學者多到一千多人，大概是為了爵祿和利益的緣故吧。」僅僅一百年間，竟然敗壞到這種地步；一千年後，會有怎樣的弊病呢？何況追求爵祿和利益的途徑，必須經由科目考試，科考的拔擢，必須透過策論的文章。三百篇的《詩經》都是先民的吟唱，自從設置《詩經》博士以後，不再聽說學者有一篇詩作：六十四卦的《易經》包括了卦象和卦數，自從設置《易經》博士以後，沒有看到學者有一卦的創作。倉頡創造文字，完全根據象形、指事、會意、形聲、轉注、假借六種原則；漢代設立小學，凡是教授文字的人，竟不懂得造字的原理。伶倫制定樂律，全部根據宮、商、角、徵、羽、變宮、變徵七種音階；六朝設置聲韻學，凡是樂師，都不明了音樂的旨趣。經書已經隨便，史書更是乖謬，這麼分析離散，不知到什麼時候才能歸返到本源？治道的盛衰見於時世，時世的窮達見於命運，儒學的弊病，今日已達到極點了。寒冷到了極點的時候，炎熱就會到來；運氣壞到極點的時候，好運就會到來，這是自然所有的道理。我衰弱的體質，已經是餘日無多了；卑賤的心意，只是期盼太平盛世的到來。恭敬地敘述。

（蔣秋華／編寫整理）

鵝湖之會
陸九淵

陸九淵（一一三九——一一九三），字子靜，自號象山翁，撫州金溪（今屬江西）人。宋代著名的思想家，主張「心即理」，教人「知本」「立大」，也就是進德修業先要恢復本心，建立「心學」一派。至明代，王守仁闡揚其說，盛行一時，世稱「陸王」。他的學說和朱熹頗有差距，兩人曾在鵝湖相會論辯，又在書信上往復辯詰。後來兩人的弟子也相互抨擊，形成「理學」對「心學」的朱陸之爭。後人將他的著述編為《象山先生全集》。

陸九淵像

背 景

朱熹和陸九淵都是南宋初期著名的思想家，分別為理學、心學的代表人物。朱熹集宋代理學之大成，建立「性即是理」的哲學系統，在功夫修養上，側重道問學，所以教人「格物窮理」，也就是先泛觀博覽而後歸於簡約，在當時擁有眾多門徒。陸九淵開創有宋心學一派，主張「心即理」，他的功夫修養，側重尊德性，教人「先立其

大」，亦即先發明本心而後博覽，隨他求學的人也很多。

朱、陸兩家俱名重一方，各自吸引了不少生徒，彼此的思想雖不相同，卻也相互心儀。因此，與兩人都有交情的呂祖謙乃設法讓二人相見。

淳熙二年（一一七五）五六月間，呂祖謙邀請朱熹和陸九齡、陸九淵兄弟，在江西信州府鉛山縣鵝湖寺聚會，這就是有名的「鵝湖之會」。

這次聚會，的確是當時的一大盛事，因為朱、陸兩家首度會面，使得理學和心學進行了一次歷史性的、空前的交會。本文選自陸九淵的《語錄》，為記載當時聚會經過的直接資料，可以幫助我們瞭解整個會議的情形。

鵝湖之會，擔任召集人的呂祖謙，除了介紹朱、陸認識，也有調和兩家學說的用意；只因彼此的思想差距過大，始終不能取得協調。會中討論的題目很多，最重要的是博約之辯，這是兩家學術最大的分野處，所以特別提出來討論。從陸氏兄弟當時舉出的兩首詩來看，很顯然，是相當反對朱熹的論學宗旨的。會後三年，朱熹曾和作一詩：「德業流風夙所欽，別離三載更關心。偶攜藜杖出寒谷，又枉藍輿度遠岑。舊學商量加邃密，新知培養轉深沉。只愁說到無言處，不信人間有古今。」雖然語調委婉，依舊是堅持己見，不肯服輸。

影 響

鵝湖一會雖然不歡而散，可是並不影響交情，彼此仍是惺惺相惜。陸氏兄弟日後也曾分別拜訪朱熹，而且兩家更是經常有書信來往

問候、論辯。書信論辯,又以「太極圖說」的爭議最重要。這次爭論是由陸九淵另一個兄長九韶(字子美,號梭山)引發的,而由九淵接續。問題的焦點,是懷疑周敦頤「太極圖說」和《通書》的理論有異,二陸認為「無極而太極」這句話不妥,雜有道家思想,朱熹則全力為周子辯護。辯到後來,雙方的態度愈來愈激烈,只好作罷。不久之後,陸九淵便逝世了。

鵝湖聚會之後,朱學日益昌盛,元朝以後,甚至被尊為國學;陸學則有式微之勢,沉寂了一段時間。直到明代出現王守仁後,在他的大力宣導下,心學一脈重告振興,一度壓倒朱學,風行一時。可惜隨著明朝的滅亡,理學與心學都被視為亡國的因素,再加上考據學以雷屬之勢凌駕諸學,成為顯學,遂取代了理學、心學的優越地位。

原 文

呂伯恭為鵝湖之集,先兄復齋謂某曰:「伯恭約元晦為此集,正為學術異同,某兄弟先自不同,何以望鵝湖之同?」先兄遂與某議論致辯,又令某自說,至晚罷。先兄云:「子靜之說是。」

次早,某請先兄說,先兄云:「某無說,夜來思之,子靜之說極是。方得一詩云:『孩提知愛長知欽,古聖相傳只此心。大抵有基方築室,未聞無址忽成岑。留情傳注翻蓁塞,著意精微轉陸沉。珍重友朋相切磋,須知至樂在於今。』」某云:「詩甚佳,但第二句微有未安。」先兄云:「說得恁地,又道未安,更要如何?」某云:「不妨一面起行,某沿途卻和此詩。」

及至鵝湖，伯恭首問先兄別後新功[1]。先兄舉詩，才四句，元晦顧伯恭曰：「子壽早已上子靜舡了也。」舉詩罷，遂致辯於兄。某云：「途中某和得家兄此詩云：『墟墓興哀宗廟欽，斯人千古不磨心。涓流滴到滄溟水，拳石崇成泰華岑。易簡工夫終久大，支離事業竟浮沉。』」舉詩至此，元晦失色。至「欲知自下升高處，真偽先須辨只今」，元晦大不懌，於是各休息。

翌日，二公商量數十折議論來，莫不悉破其說。繼日凡致辯，其說隨屈。伯恭甚有虛心相聽之意，竟為元晦所尼。

後往南康，元晦延入白鹿講說，因講「君子喻於義」一章，元晦再三云：「某在此不曾說到這裡，負愧何言。」[2]

《陸象山全集》

譯文

呂伯恭（祖謙）邀請在鵝湖聚會，先兄復齋（陸九齡）對我說：「伯恭邀請元晦（朱熹）參加這次聚會，就是因為學術的不同，我們兄弟如果事先不能取得一致，怎麼能夠希望鵝湖聚會時，可以得到相同的結論呢？」先兄便和我商議辯論，又讓我說出自己的見解，一直到晚上才停止。先兄說：「你的說法是正確的。」

1 別後：宋孝宗乾道八年（一一七二），呂祖謙回金華服父喪。次年，陸九齡曾數次拜訪他。
2 後往南康：朱熹於孝宗淳熙五年（一一七八）知南康軍，次年復建白鹿洞書院。八年（一一八一），陸九淵來訪，兩人共至白鹿洞書院。朱熹請陸九淵升講席，陸講「君子喻於義」一章。由於懇到明白，切中學者隱病，聽者莫不悚然動心。「君子喻於義」一章：陸九淵取《論語・里仁篇》的「君子喻於義，小人喻於利」作為講題。事後，朱熹恐久而忘之，乃請陸九淵書寫下來，今猶存於《象山先生全集》內，題曰「白鹿洞書院《論語》講義」。

第二天上午，我請教先兄的見解，先兄說：「我沒有意見，夜裡想了很久，你的說法非常對，剛剛作了一首詩：『童稚時候知親愛，長大以後知尊敬，古代聖人相傳授，只有這份澄明心。大概先要有基礎，才能建築高房屋，不曾聽說沒根基，轉眼之間變高峻。花費心思考注疏，反而形成文字障，刻意精密又細微，竟致紊亂而沉淪。善加保重朋友情，互相討論長學問，必須明瞭天下樂，何時何刻得似今。』」我說：「詩作得很好，只是第二句稍有不妥。」先兄說：「已經講到如此地步，還是不妥當，到底要怎樣才好呢？」我說：「不如先動身前往，我在路上再答和一首詩。」

　　到達鵝湖後，伯恭首先詢問與先兄分別以後研究學問的情形。先兄提出他所作的詩，才念到第四句，元晦對伯恭說：「子壽（陸九齡）早就登上子靜（陸九淵）的船了。」全詩讀畢，元晦就要同先兄辯論。我說：「路上我也答和了家兄一首詩：『來到墳前心生悲，進入宗廟自誠敬，經過千千萬萬世，不能改變人本心。涓涓細流小水滴，形成浩浩大海波，拳頭一般小石塊，堆成泰山、華山嶺。進德修業從簡入，所獲成就必遠大，支離破碎逐末業，事業無成陷沉淪。』」詩念到這裡，元晦大驚失色。念到「若想得知真實意，須從低處往上升，真假道術要區分，先得辨明自如今」，元晦非常不高興，於是大家各自休息。

　　第二天，元晦、伯恭提出兩人共商的幾十條論題，我們兄弟無不一一解答。接著幾天，只要提出辯論，元晦、伯恭的說解立刻被駁倒。伯恭頗有退讓服從的意思，最後卻被元晦阻止了。

　　後來我到南康，元晦邀我到白鹿洞書院演講，於是我取《論語》

中的「君子喻於義」一章作為講題。事後,元晦不停地說:「我在這裡從來沒有講到這些,真是羞愧得無話可說。」

(蔣秋華 / 編寫整理)

《大學章句》序
朱熹

朱熹（一一三〇一一二〇〇），字元晦，一字仲晦，號晦庵，學者稱紫陽先生或考亭先生，徽州婺源（今屬江西）人。他主張窮理以致其知，反躬以踐其實，而以居敬為主，為宋代集理學大成的人物。著作很多，主要的有《周易本義》《詩集傳》《四書章句集注》《楚辭集注》等書，另編次《通鑑綱目》《近思錄》《伊洛淵源錄》等書，詩文合稱《朱子大全集》。其中尤以《四書章句集注》，為畢生精力所注，元、明、清三代科舉考試，即以此書為定本，可見其影響深遠。

朱熹像

背 景

《大學》一書，本來只是《禮記》中的一篇，在朱子以前，雖然也有學者頗為重視其中循序漸進，自個人道德之養成，以迄於個人責任之踐履的修養過程，但是它的重要性尚未顯著，只是《禮記》的附庸而已。自從朱子作了《大學章句》，加入自己的思想，將「古本」改為「改本」，並結合《論語》《孟子》《中庸》為一系，號稱《四

書》之後，《大學》的地位便大大地提高了，不但足以媲美「五經」，甚至由於後世科舉採用朱子的《四書集注》為定本，《大學》更成了讀書人自幼即須背誦、課讀的一本「寶典」了。

　　朱子之所以改定《大學》古本，並凸顯《大學》的重要性，是與他的思想相關的。自孟子倡言「性善」以來，雖然荀子、揚雄、韓愈等人，都提出過不同的看法，但是他們對「性」的看法，顯然是屬於不同層面的範疇；宋代的理學家針對過去的觀念，深入探討了這個「性」的意義，從而得出了有「天地之性」「氣質之性」的觀點。天地之性是純粹善的，人生來就具有善的彝德，

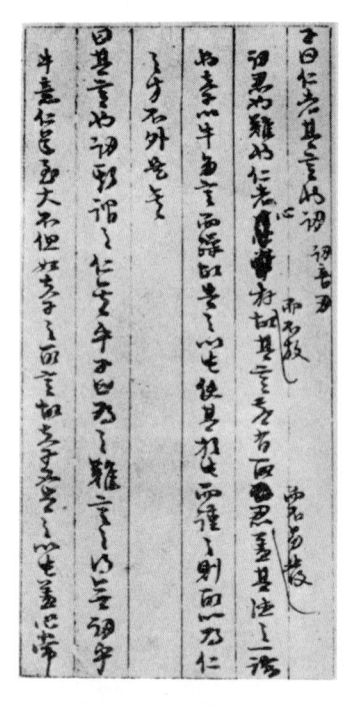

《四書集注》稿本書影

但是由於後天的習染，氣質受到污染，於是有了惡質。在朱子的觀念中，個人人格的完成，必須自人原有的善性展開，而盡力避免惡質的污染，因而要「存天理，去人欲」，而其中最重要的環節，則是落實在學習的過程。《大學》一書，自格致修齊而下，一直到治國平天下，擬出了一個相當有系統的過程，因此朱子認為《大學》是古代大學用來教導人趨於善的書籍，其目的在「其學焉者，無不有以知其性分之所固有，職分之所當為，而各俛焉以盡其力」，因此竭力表彰《大學》，甚至說「修聖學者，必由《大學》始」。

影響

由於朱子對後世儒學的影響是空前的,因此《大學》一書直到現在還是深受世人重視的經典。本文所提出的「道統」傳承,也成為中國人最重要的觀念和文化認知模式。

原文

《大學》之書,古之大學所以教人之法也[1]。蓋自天降生民,則既莫不與之以仁義禮智之性矣!然其氣質之稟,或不能齊,是以不能皆有以知其性之所有而全之也。一有聰明睿智能盡其性者出於其間,則天必命之以為億兆之君師,使之治而教之,以復其性。此伏羲、神農、黃帝、堯、舜所以繼天立極,而司徒之職、典樂之官所由設也。

三代之隆,其法浸備,然後王宮國都,以及閭巷,莫不有學。人生八歲,則自王公以下,至於庶人之子弟,皆入小學,而教之以灑掃應對進退之節、禮樂射御書數之文[2]。及其十有五年,則自天子之元子、眾子,以至公卿、大夫、元士之適子,與凡民之俊秀,皆入大

---

1 大學:即太學,古時學校的名稱。虞有上庠,夏有東序,商有右學,周有東膠,相傳都是太學的異稱。到漢朝始名太學,是古代的國學,最高的學府。
2 「人生八歲」四句:《大戴禮記‧保傅篇》:「古者年八歲而出就外舍,學小藝焉,履小節焉。」灑掃應對進退之節:打掃、接待客人的語言禮節。《論語‧子張篇》:「子夏之門人小子,當灑掃應對進退,則可矣,抑末矣。」禮樂射御書數:此即古稱的六藝。《周禮‧地官》:「教之六藝:一曰五禮,二曰六樂,三曰五射,四曰五馭(御),五曰六書,六曰九數。」

學,而教之以窮理、正心、修己、治人之道³。此又學校之教、大小之節所以分也。夫以學校之設,其廣如此,教之之術,其次第節目之詳又如此。而其所以為教,則又皆本之人君躬行心得之餘,不待求之民生日用彝倫之外。是以當世之人無不學,其學焉者,無不有以知其性分之所固有,職分之所當為,而各俛焉以盡其力。此古昔盛時,所以治隆於上,俗美於下,而非後世之所能及也。

及周之衰,賢聖之君不作,學校之政不修,教化陵夷,風俗頹敗,時則有若孔子之聖,而不得君師之位,以行其政教,於是獨取先王之法,誦而傳之,以詔後世。若《曲禮》《少儀》《內則》《弟子職》諸篇,固小學之支流餘裔⁴。而此篇者,則因小學之成功,以著大學之明法,外有以極其規模之大,而內有以盡其節目之詳者也。三千之徒,蓋莫不聞其說,而曾氏之傳,獨得其宗,於是作為傳義,以發其意⁵。及孟子沒,而其傳泯焉。則其書雖存,而知者鮮矣!

自是以來,俗儒記誦詞章之習,其功倍於小學而無用;異端虛無寂滅之教,其高過於《大學》而無實⁶。其他權謀術數,一切以就功名

---

3 「及其十有五年」五句:《白虎通·辟雍篇》《公羊解詁》《漢書·食貨志》等皆謂十五歲入大學。窮理、正心、修己、治人之道:此即所謂「大學」的格物、致知(以上為窮理)、誠意、正心(以上為正心)、修身(為修己)、齊家、治國、平天下(以上為治人)八條目。

4 《曲禮》《少儀》《內則》《弟子職》諸篇:前三篇為《禮記》的篇名,記載與日常生活和朝廷社會相關的禮節。《弟子職》為《管子》的篇名,記載弟子敬事先生的禮節。

5 三千之徒:指孔門的三千弟子。《史記·孔子世家》:「孔子以詩書禮樂教,弟子蓋三千焉。」曾氏之傳:指曾參獨得孔子聖學正傳,後世稱曾子為宗聖。作為傳義:傳義是解釋經的著作,朱子將「大學」分為經一章、傳十章,並認為經是孔子所說而由曾子記述,傳則為曾子所說而由門人記錄。

6 虛無寂滅之教:指道家、佛家的學說。道家主張無為而治,故貴虛無。《史記·老莊列傳》:「老子所貴道,虛無因應,變化於無為。」寂滅為佛家語「涅槃」的意譯,謂功德圓滿,超出世間。《無量壽經》:「超出世間,深寂滅。」

之說，與夫百家眾技之流，所以惑世誣民，充塞仁義者，又紛然雜出乎其間，使其君子不幸而不得聞大道之要，其小人不幸而不得蒙至治之澤，晦盲否塞，反覆沉痼，以及五季之衰，而壞亂極矣[7]！

天運循環，無往不復。宋德隆盛，治教休明，於是河南程氏兩夫子出，而有以接乎孟氏之傳，實始尊信此篇而表章之[8]。既又為之次其簡編，發其歸趣，然後古者大學教人之法、聖經賢傳之指，粲然復明於世。雖以熹之不敏，亦幸私淑而與有聞焉。顧其為書，猶頗放失，是以忘其固陋，採而輯之，間亦竊附己意，補其闕略，以俟後之君子。極知僭逾，無所逃罪，然於國家化民成俗之意、學者修己治人之方，則未必無小補云。

淳熙己酉二月甲子，新安朱熹序。

《四書集注》

譯文

《大學》這部書是古代大學用來教人的法則。自從上天降生人類，就已經給予人類仁義禮智的善性了。然而人所承受的氣質，並非完全相同，所以並不是每一個人都知道本然的善性而保全它。如有通達明智、能夠盡力發展本性的人出現在生民之中，那麼上天一定任命他作為萬民的君主、師長，讓他管理、教導生民，恢復他們本然的善

---

7 權謀：指運用權變計謀的兵家。術數：此有二說：《漢書·晁錯傳》臣瓚注以為是「法制治國之術」，古代把卜筮、占候等陰陽五行生克變化之理，推算人事吉凶的，統稱為術數。五季：後梁、後唐、後晉、後漢、後周五代。
8 河南程氏兩夫子：指程顥、程頤。他們是河南洛陽人，世稱大程子、小程子，為洛學之宗，朱子是他們的三傳弟子。

性。 這就是伏羲、神農、黃帝、堯、舜為何繼承天命，建立法則，和司徒、掌樂的官員所以設置的原因。

　　夏、商、周三朝興盛時，法制漸趨完備，然後首都和地方都有學校。 人到了八歲，從王公以下，到平民的子弟，都能進入小學，教導他們打掃、問答的禮節，和禮儀、音樂、射箭、駕車、文字、算術的技藝。 到了十五歲，從太子、王子，到公卿、大夫、上士的長子，和有傑出才智的平民，都進入大學，教導他們研究事理、端正心術、修養品性、治理政事的方法。 這就是學校教育為何有大學、小學不同法度的分別。 學校的設置是這麼普遍，教導的方法和次序、規則條目是這麼詳細。 學校教導的事物，都是根據君主實行所獲的心得，不必往人民日常生活倫理之外求取。 所以當時沒有不學習的人，也沒有不知自己具有的善性和應該盡到的本分，而努力學習的。 這就是古代興隆時，朝廷政治興盛，民間風俗和美，為後世無法趕上的原因。

　　到周朝衰微時，聖明賢能的君主不再出現，學校的制度不受重視，政治的教化衰敗，民間的風俗頹廢。 那時就是孔子這樣的聖人，也得不到君主、師長的職位來實行政治教化。 因而特別選擇先王的成法，通讀傳授，以教導後世的人。 例如《禮記》的《曲禮篇》《少儀篇》《內則篇》和《管子》的《弟子職篇》，都是小學的支流後裔。 而《大學》這一篇，便是借著小學教育的成功，來顯揚大學的明定法則，對外有非常遠大的法度，對內有詳細的規則條目。 孔門三千弟子，大概沒有人不曾聽說過《大學》的，而只有曾子得到孔子的真傳，因此撰述經傳，發明《大學》的義理。 等到孟子死後，《大學》的傳授就斷絕了。 雖然書本依舊存在，但知道的人很少。

從此以後，一般讀書人注重背誦和文章的學習，所花的工夫多過古代的小學教育，卻沒有用處；違反正道的道家、佛家的學說，理想雖然高過《大學》，卻不切實際。其他如權變計謀、陰陽術數，所有為了建立功業、顯揚聲名的學說，和那些用來迷惑欺騙世人、阻塞仁義的各種學說、技藝，又紛亂地夾雜在裡面，讓當世的君子不能聽到正道的要旨，當世百姓不能蒙受太平盛世的恩澤，這種昏暗不通的局面，長久難治的重病，直到五代的衰世，已經敗壞到極致了。

　　天道的運行，並非只有去而沒有回。宋代道德興盛，政治教化美善清明，於是出現了河南程顥、程頤兩位夫子，才有人接續孟子的傳授，真正開始尊崇《大學》而加以表明闡揚。接著又為此書編訂次序，闡發旨歸趨向，讓它重新顯明於世。雖然像我這樣不聰明的人，也有幸宗仰而得以學習。但是兩位夫子所編定的書還有散亂缺失，所以不顧自己粗俗鄙陋，選擇編輯，偶爾也私加自己的意見，增補缺文，等待後世君子教正。我十分明白這種超越本分的罪過，沒有地方可以逃避，但是對於國家教化人民、改善風俗的用意和學者修養身心、治理家國的方法，未必沒有一點小小的幫助。

　　宋孝宗淳熙十六年（一一八九）二月四日，新安朱熹序。

（蔣秋華／編寫整理）

《長春真人西遊記》序
孫錫

長春真人像

孫錫，字昌齡，宋真州（今江蘇儀征）人，舉進士，官至度支郎中，居官仁恕。素聞長春真人之名，故於其至燕京，則亟與之交遊。真人升化後，弟子李志常作其師西遊記錄一篇，請孫氏為序。

李志常（一一九三──一二五六），字浩然，觀城（治今山東莘縣觀城鎮）人，全真教長春真人弟子，號真常子，為通玄大師。元憲宗元年（一二五一）始任掌門人，共五載。撰有《長春真人西遊記》二卷、《又玄集》二十卷等。

背 景

《長春真人西遊記》是記述全真教第一代弟子丘處機應成吉思汗邀請，橫越大漠，遠赴西域的旅途遊記。

長春真人（一一四八──一二二七），本姓丘，名處機。生於農家，但自幼好學，又聰明穎悟，當時就有相者斷定他日後必屬神仙中人物。他於十九歲入山學道，遇見全真教教主王重陽，並且拜入

門下。

　　四十一歲時，聲名已遠播四方，金世宗遣使招聘至汴京，會談甚是愉快，就請他在天長觀住下。前後四次召見問道，真人都以修身之道，解析天人之理，陳述無為而治之旨，世宗甚表贊同。

　　七十二歲時，真人居萊州昊天觀。元太祖成吉思汗西征至新疆，慕名遣使請他赴西域講道。真人蓄志濟世已久，以為乘此良機，可以勸雄主稍戢兵禍，當下答應前往。於是偕十八弟子到燕京，時已七十三。自覺年事已高，而太祖又積極西征，行宮漸遠，所以想等太祖東還以後，再行朝謁。可是太祖卻希望他西赴。他唯有勉力，於太祖十六年（一二二一）二月出發，至十八年（一二二三）七月返回雲中，十九年（一二二四）二月再回到燕京。

影　響

　　蒙古起兵時，殺戮甚重，所過屠城，一直打到中亞，殺人無數。丘處機這次西行，得到太祖的尊重與信任，讓他住在燕京為天下教主，這對保全中原傳統文化，化除太祖殺掠之心，都有很實際的貢獻。可說是一件偉大的功德，令人景仰。

　　丘處機的弟子李志常是十八位從行者之一，山川道裡，皆為親歷，所以用親身所見寫了這篇遊記，詳述各地道里、風俗、人物、事蹟，實在是研究長春真人事蹟和中世紀中亞細亞史地不可多得的書籍。

原　文

　　長春子，蓋有道之士。中年以來，意此老人，固已飛升變化，侶

雲將而友鴻濛者久矣,恨不可得而見也¹。

己卯之冬,流聞師在海上,被安車之征²。明年春,果次於燕,駐車玉虛觀,始得一識其面。屍居而柴立,雷動而風行,真異人也。與之言,又知博物洽聞,於書無所不讀,由是日益敬其風;而願執弟子禮者,不可勝計。自二三遺老,且樂與之遊,其餘可知也。

居無何,有龍陽之行。及使者再至,始啟途而西。將別,道眾請還期,語以三載。時辛巳夾鐘之月也³。洎甲申孟陬,師至自西域,果如其旨,識者歎異之⁴。自是月七日,入居燕京大天長觀,從疏請也。

噫!今人將事行役,出門彷徨,有離別可憐之色。師之是行也,崎嶇數萬里之遠,際版圖之所不載,雨露之所弗濡,雖其所以禮遇之者,不為不厚,然勞憊亦甚矣!所至輒徜徉容與,以樂山水之勝,賦詩談笑,視死生若寒暑,於其胸中曾不蒂芥。非有道者,能如是乎?

門人李志常,從行者也。掇其所歷而為之記,凡山川道里之險易,水土風氣之差殊,與夫衣服飲食、百果草木禽蟲之別,粲然靡不畢載。目之曰「西遊」,而征序於僕。

夫以四海之大,萬物之廣,耳目未接,雖有大智,猶不能遍知而

---

1 侶雲將而友鴻濛:《莊子・在宥》:「雲將東遊,過扶搖之枝,而適遭鴻濛。」成疏:「雲將,雲之將也;鴻濛,元氣也;扶搖,東海神木。」氣是生物之元,雲乃雨澤之本,木屬春陽之鄉,東陽仁惠之方。孫錫借用此文,只是說長春真人羽化登仙,離開人世了。
2 己卯:元太祖十四年(宋寧宗嘉定十二年,一二一九)。
3 辛巳夾鐘之月:元太祖十六年(一二二一)二月。古時以十二律分別代表十二個月份,夾鐘之律正當二月。
4 甲申孟陬:元太祖十九年(一二二四)正月。屈原《離騷》:「攝提貞於孟陬。」注:「正月為孟陬。」

盡識也,況四海之外者乎?所可考者,傳記而已。僕謂是集之行,不特新好事者之聞見,又以知至人之出處,無可無不可,隨時之義云。

戊子秋後二日,西溪居士孫錫序[5]。

《長春真人西遊記》

譯文

長春真人,是得道的仙長。我在四十歲以後,就以為他早已得道飛升,離開人世而與神仙遨遊了,只恨自己沒有緣分拜見他。

元太祖十四年（一二一九）冬天,有人說真人在山東掖縣（今萊州）,接受了太祖的徵召,要前去西域。第二年春天,果然見他來到了燕京,住在玉虛觀裡,我這才很幸運地認識了他。只覺得他形體瘦弱,像一段立著的枯柴,可是聲音卻很洪亮,行動也敏捷,真是一位異人呀！和他閒談時,又發覺他學問淵博,經驗豐富,幾乎無書不觀,因此對他益加崇敬。由這些天的接觸,我知道希望拜他為師的人,多得無法細數。連負盛名的大儒都樂於和他交往,別人更是可想而知了。

住了沒有多久,他就前往德興府的龍陽觀去了；到使者再來時,就上路西行。臨行前,人家請問他什麼時候回來。他說三年以後。那是太祖十六年（一二二一）二月的事。到了十九年（一二二四）正月,他果真從西域回來。知道這件事的人都覺得奇異！正月七日這天,真人聽從御史大夫的建議,住進了燕京的天長觀。

---

5 戊子:元太子拖雷監國元年（宋理宗紹定元年,一二二八）。

唉！現在一般人要出遠門時，多半躊躇不安，顯出生離死別的可憐表情。真人這一趟西域之行，有數萬里之遙，沿途崎嶇難行，走過許多連地圖上都找不到的、乾旱無垠的沙漠；雖然元太祖待他的禮數很周到，但是要他以七十三歲的高齡，經歷這樣勞頓疲憊的旅程，卻仍嫌不易承受！可是真人不論走到哪，都從容愉快，盡情享受山光水秀的美景，作詩談笑，把生死看得很淡，心裡不曾有些微的芥蒂存在。如果不是深深悟道之人，哪能有這種胸懷呢？

　　真人的門生李志常，是從行西域的十八位大師之一。他將自己的經歷一一記錄下來。凡山川道路的險阻平坦，水土風俗的差別，和衣服飲食的特色，以及草木花果、飛禽走獸等珍異，洋洋大觀，都詳細記了下來。書名叫作「長春真人西遊記」，請我寫一篇序文。

　　想想，光是中國的面積，就已經夠大了，有著數不盡的生物、異俗，如果不是親眼看見、親耳聽到，即使再聰明的人，也不能完全瞭解認識，何況是中國以外更廣大的地方呢？我們只能從傳記上作一番考察罷了。所以我認為這本書的發行，不但能夠一新好奇者的耳目，還能因此體會真人的處世態度，對仕進退隱毫不介意，完全到達應時處順，毫不執著的超然境界呀！

　　戊子年（一二二八）秋後二日，西溪居士孫錫序。

（黃復山／編寫整理）

建國號詔
徒單公履

徒單公履，生卒年不詳，字雲甫，號顯軒，元獲嘉（今屬河南）人。秉性純孝，樂於教人。博學多聞，善於辯論。金末，登進士第。仕元至翰林侍講學士。

背景

元朝是由蒙古人建立的朝代，在此之前，雖然也有外族（相對於漢族而言）在中國稱帝建國，如契丹族（遼）和女真族（金），但他們均未將中國完全統一。蒙古則成功地征服整個中國，首先創立大一統的異族王朝。儘管統治的時間並不長久，卻已形成前此未有的變局。

忽必烈像

本文是元世祖忽必烈至元八年（一二七一），亦即宋度宗咸淳七年十月，所發佈的詔書。此時南宋尚未滅亡，而且正是蒙古軍積極侵宋，雙方在襄陽、樊城進行慘烈攻防戰的時刻。何以忽必烈選在此際宣佈建立國號呢？主要原因是忽必烈長期待在中國，已成為一個漢化很深的蒙古人，所以當他在宋理宗景定元年（一二六〇）即位之初，便仿效中國的制度，設定「中統」作為紀元的年號。觀其建元詔書

「建元表歲，示人君萬世之傳；紀時書王，見天下一家之義」這段話，已顯示他建立王朝、入主中國的心意。因此，他在加緊征討南宋之際，為進一步取得正統地位，遂下詔建立國號。結果在十年之間，徹底地消滅了南宋，完成了一統中國的大業。

影響

秦、漢以後，歷代稱號大都採用建國者初起的封號。然而蒙古以外族入主華夏，不曾受過任何封號，乃仿效三代以前取義為名的方式，選擇《易經》「大哉乾元」之義，作為國號。事實上，唐、虞、夏、殷取號之義，本是後人附會的說辭，未必名實相符，只有「元」這個名號是真正由意義上確立的。「元」字是中文中最重要的字，春秋貴元年；《周易》說「大哉乾元」「至哉坤元」；就人來講，元即頭；就天地來說，元指天。從前北魏漢化時，即曾改拓跋氏為元氏。不過由此也可知，忽必烈對中華文化的瞭解已經相當深入。因此這篇文獻也等於宣告了一個新時代的來臨。

原文

誕膺景命，奄四海以宅尊；必有美名，紹百王而紀統：肇從隆古，匪獨我家。且唐之為言蕩也，堯以之而著稱；虞之為言樂也，

舜因之而作號¹。馴至禹興而湯造，互名夏大以殷中²。世降以還，事殊非古，雖乘時而有國，不以義而稱制。為秦、為漢者，蓋從初起之地名；曰隋、曰唐者，又即所封之爵邑³。是皆徇百姓見聞之狃習，要一時經制之權宜，概以至公，得無少貶。

我太祖聖武皇帝，握乾符而起朔土，以神武而膺帝圖，四振天聲，大恢土宇，輿圖之廣，歷古所無。頃者，耆宿詣庭，奏章伸請，謂既成於大業，宜早定於鴻名。在古制以當然，於朕心乎何有。可建國號曰「大元」，蓋取《易經》「乾元」之義⁴。茲大治流形於庶品，孰名資始之功？予一人底寧於萬邦，尤切體仁之要；事從因革，道協天人。於戲！稱義而名，故匪為之溢美；孚休惟永，尚不負於投艱。

---

1 唐之為言蕩也：《說文解字》：「唐，大言也。」段玉裁注：「引申為大也……唐之言蕩蕩也。」唐有大的意思，釋作蕩，是音訓，因蕩亦有大的意思。《論語·泰伯》：「子曰：大哉堯之為君也。巍巍乎！唯天為大，唯堯則之。蕩蕩乎！民無能名焉。」孔子用「蕩蕩」來形容堯功德的偉大，而堯號陶唐氏，建國號曰唐，後人因而以「蕩」訓「唐」，頗有因名責實的意味，如《玉篇》即言：「唐，堯稱唐者，蕩蕩道德至大之貌。」虞之為言樂也：朱駿聲《說文通訓定聲》：「虞假借為娛。」娛是樂的意思，古書多假虞為之，所以虞也有樂的意思。舜號有虞氏，建國號曰虞，在位之時，百姓和樂，本文作者遂以樂釋虞，也是就舜的功德來解說「虞」這個國號。
2 夏大：夏有大的意思，古書常見。揚雄《方言》：「凡物之壯大而愛偉之，謂之夏。又凡物之狀大謂之嘏，或謂之夏。」《說文解字》：「夏，中國之人也。」《說文通訓定聲》：「按此字本誼當訓大也。」殷中：司馬貞《史記索隱》：「契始封商，其後裔盤庚遷殷，在鄴南，遂為天下號。」可見殷也是商的國號。殷有中的意思，見《爾雅·釋言》：「殷，中也。」
3 初起之地名：周孝王封伯益之後非子於秦邑，傳至秦始皇，兼併六國，代周而有天下，建國號曰秦。劉邦受項羽封為漢王，居漢中，後滅項羽即帝位，乃以漢為國號。所封之爵邑：楊堅仕於北朝的魏與周，被封為隨公，之後代北周為君，滅陳而有天下，改隨為隋，以為國號。李昞仕於北周，封唐公，子李淵嗣爵，後仕於隋；及隋末群雄並起，淵舉兵攻入長安，立恭王楊侑為帝，受帝禪讓，建國號為唐，並陸續平定群雄，一統天下。
4 《易經》「乾元」之義：《周易·乾卦》：「元亨利貞。……彖曰：大哉乾元！萬物資始，乃統天。」元是乾卦卦德之首，萬物的生長都借此開始，古人認為是天德的主宰，因此有大、始的意思，所以元世祖忽必烈取來作為國號。

嘉與敷天，共隆大號。

《元文類》

譯文

　　承受偉大的天命，統一天下而建立王朝，必須有美好的名號，以接續歷代先王的正統，自古以來，不只本朝如此。「唐」有「蕩」「大」的意思，堯取來作為國號；「虞」有「娛」「樂」的意思，舜取來作為國號。禹和湯興起的時候，也分別取有「大」「中」意思的「夏」和「殷」作為國號。從此以後，事情的演變已與古代不同，乘機而建立王朝的人，不再採取具有美稱的文字作為國號。秦與漢，標明他們最早發跡的地方；隋與唐，則沿襲他們受封爵位的邑名。這些都是順從老百姓的習慣，也算是一時的權宜建制，完全出於公正的心態，並無褒貶之意。

　　我太祖聖武皇帝成吉思汗，手握天子的符瑞，興起於北方，以神聖勇武的睿資，稟受帝王的謀猷，英偉的聲名震動四方，極大地拓展了疆土，版圖之廣闊，為古所未有。最近，年高而有德望的人，紛紛來到朝廷，進呈奏章請願，認為既然已經建立帝王之業，應該早日設定國家的大號。依據古代的制度，這是理所當然的，我的心中怎麼會有其他的用意呢？因此，我決定以「大元」作為國號，這是採取《易經·乾卦》裡「大哉乾元」的意思。這個陶鑄自然界流動變化的各種形態成為宇宙萬物的「元」字，是什麼人賦予它肇創功績的名義？我奠定了天下萬國的安寧，尤其能夠體會仁德的重要性，所以一切事物都按照原來的制度，治民之道也盡力謀求天人之間的協和。啊！這些

都是符合實情所定立的名號，絕對沒有過分諛頌的意思；希望這個美好的稱號能夠傳流久遠，才不至於辜負以往的辛勞。一切美善施給普天之民，盼望你們一同興隆這一個偉大的國號。

（蔣秋華 / 編寫整理）

賀平宋表
孟祺

　　孟祺（一二三〇－一二九一），字德卿，宿州符離人。幼敏悟，善騎射，早知問學，侍父徙居東平。仕元，隨伯顏伐宋，伯顏譽其「書生知兵」。臨安之降，祺功為多。宋平，授嘉興路總管，以興學為務，創立規制。不久因病解官。至元二十八年（一二九一）奉使爪哇，詔諭入貢。其酋不聽命，黥其面而放還。未幾卒，諡文襄。

背景

　　宋自立國以來，就不斷遭到外族侵擾。最初是與遼、西夏的對抗，宋人還能勉強支持。接著金取代遼，帶來更大的威脅，不僅滅了北宋，更佔據了中國的半壁山河，迫使宋人偏安江南。南宋末年，蒙古人崛起，以雷霆萬鈞之勢，席捲歐亞。滅亡西夏和金以後，與宋朝接觸日增，雙方的糾紛也隨之而起。當時的局面，和北宋末期非常相似。
　　由於金人衰敗，引起南宋收復失土的念頭，便與蒙古協議夾攻金國。窩闊台汗答應滅金之後，把黃河以南的地方還給宋人。因此，宋朝讓蒙古軍假道陝南攻金，同時派遣孟珙、江海率兵，會同蒙古圍攻蔡州。這次宋軍非常英勇，在孟珙的指揮下，首先攻入蔡州，因而獲得蒙古將領的好感，遂爽快答應歸還陳、蔡以南的地方給宋。可是當

宋人準備接收時，未曾照會蒙古，以致雙方產生衝突。窩闊台責宋敗盟，下令攻宋，從此展開了長達四十年的征戰。

影響

　　本文為元世祖至元十三年（一二七六）滅宋後，孟祺替伐宋統帥伯顏擬陳的賀表。文中強烈指責宋人的背盟頑抗。因為忽必烈進攻湖北時，宋方守將賈似道私自獻表求和。而蒙古方面，適逢蒙哥汗死亡，忽必烈為爭奪汗位，乃答應賈似道求和的條件──稱臣及歲貢銀、絹各二十萬。不料，蒙古北返之後，賈似道隱沒請降的事情，反以勝仗呈報，遂居相位。等到忽必烈派人收繳歲幣，賈似道唯恐事洩，竟拘囚蒙古使者，使得一度出現的和平契機瞬即消逝，於是戰爭再度爆發。

　　從孟祺賀表裡的敘述，可知宋人抗禦能力的堅強，僅襄陽一地，便固守了六年，最後在毫無後援的情況下，才投降蒙古。由此看來，當時的宋朝並非無力抵擋蒙古的侵略。同時蒙古內部也有內亂。如果宋人能夠勵精圖治，一方面與蒙古締約修好，一方面加強自身的守備，或許仍可維持對峙的局面。可惜權奸當道，不僅違約背盟，又不給守軍支援，只是加快了南宋滅亡的速度，構成了歷史無可改變的一頁。

原 文

　　臣伯顏等言：國家之業大一統，海岳必明主之歸；帝王之兵出萬全，蠻夷敢天威之抗。始干戈之爰及，迄文軌之會同。區宇一清，

普天均慶。

　　欽惟皇帝陛下，道光五葉，統接千齡¹。梯航日出之邦，冠帶月支之國，際丹崖而述職，奄瀚海而為家²。獨此宋邦，弗遵聲教，謂江湖可以保逆命，舟楫可以敵王師。連兵負固，逾四十年³。背德食言，難一二計。當聖主飛渡江南之日，遣行人乞為城下之盟⁴。速凱奏之言還，輒奸謀之復肆⁵。拘囚我信使，忘乾坤再造之恩；招納我叛臣，盜漣、海二城之地⁶。我是以有六載襄陽之討，彼居然無一介行李之來⁷。禍既出於自求，怒致聞於斯赫。

　　臣肅將禁旅，恭行天誅⁸。爰從襄、漢之上流，復出武昌之故渡。藩屏一空於江表，烽煙直接於錢塘。尚無度德量力之心，乃有殺使毀書之事⁹。屬廟謨之親稟，謂根本之宜先，乃命阿剌罕取道於獨松，董文炳進師於海渚。臣與阿術、阿答海等，忝司中閫，直指偽都。掎角之勢既成，水陸之師並進。常州一破，列郡傳檄而悉平；臨安為期，

1 道光五葉：元世祖繼太祖、太宗、定宗、憲宗而為元朝第五位皇帝，所以說「道光五葉」。
2 梯航：即梯山航海，謂渡海經歷險遠的道路。丹崖：山名，出丹砂。《水經注‧丹水注》：「丹水南有丹崖山，山悉赬璧。」
3 逾四十年：宋理宗端平二年（一二三五），元兵分三路，大舉伐宋，至宋恭帝德祐二年（一二七六），伯顏取臨安，其間相隔四十年。
4 聖主飛渡江南之日：指忽必烈於宋理宗開慶元年（一二五九），由河南經大勝關、黃陂，進抵湖北長江沿岸。乞為城下之盟：忽必烈攻至湖北，當時宋朝駐屯黃州的賈似道未向朝廷請示，即暗地派人向忽必烈遞上降表求和，為忽必烈批准接受。
5 凱奏之言還：忽必烈接受賈似道的降表，隨即北返，爭奪因蒙哥汗死亡而懸虛的汗位。
6 拘囚我信使：宋理宗景定元年（一二六○），忽必烈派郝經為「國信使」，赴宋收繳歲幣。賈似道唯恐遞表請降之事爆發，便下令將郝經囚禁起來。招納我叛臣：元世祖至元三年（一二六六），李璮反，以漣、海二城獻於宋。
7 六載襄陽之討：宋度宗咸淳三年（一二六七），蒙古軍開始進攻襄陽、樊城。直至咸淳九年（一二七三），襄陽守將呂文煥才投降。
8 肅將禁旅：伯顏於元世祖至元十一年（一二七四）奉命率軍伐宋
9 殺使毀書：至元十二年（一二七五）四月，伯顏遣使張羽、王章，持徐王榮覆書至宋，為宋所殺。

諸將連營而畢會。

極窮蹙，迭出哀鳴。始則為稱侄納幣之祈，次則有稱藩奉璽之請[10]。顧甘言何益於實事？率銳旅直抵其近郊。召來用事之大臣，放散思歸之衛士。崛強心在，四郊之橫草都無；飛走計窮，一片之降幡始豎。

其宋國主率諸大臣，已於二月初六日，望闕拜伏歸附訖。所有倉廩府庫，封籍待命外，臣奉揚寬大，撫戢吏民，九衢之市肆不移，一代之繁華如故。茲惟睿算，卓冠前王，視萬里為目前，運天下於掌上。致令臣等，獲對明時，歌七德以告成，深切龍庭之想，上萬年而為壽，更陳虎拜之詞[11]。

《元文類》

譯文

臣伯顏等上奏：國家必須統一，四海五岳都要歸屬英明的君主；帝王出兵，必然智計周全，蠻夷之邦，怎麼敢違抗？開始當然需要用點武力，到書同文、車同軌的時候，全國境內一片清平，所有百姓都會同申慶賀。

敬思皇帝陛下，發揚五代的德業，承接千年的法統，使得東方海外的國家、西方習禮的番國，都會合到丹崖來，向君王陳述自己的職

---

10 稱侄納幣之祈：至元十二年（一二七五）十二月，宋遣夏士林、陸秀夫奉書，稱侄請和。稱藩奉璽之請：至元十三年（一二七六）正月，宋先後遣劉庭瑞、劉岊嵩稱藩表，赴元軍議和。
11 七德：指政治上的七德，即尊貴、明賢、庸勳、長老、愛親、禮新、親舊。見《國語・周語中》。

守,並且統括戈壁沙漠成為統一的國家。 只有宋國,不服從聲威教化,以為可以靠江河湖泊保全性命,舟船可以抵禦王者之師。於是結集軍隊,據險抗拒,超過四十年。 其間背棄道德、違反約言的事,不可勝數。 當聖明的陛下準備渡江南下時,他們即派遣使者,乞求訂立城下之盟。 可是等到我國大軍高奏凱歌離去後,卻又施行奸詐的計謀。 一則拘捕囚禁我國的使臣,忘記了如天地再生般的恩惠;再則接納我國叛亂的賊子,盜占漣、海兩個城市。 因此,才使得我軍費時六年征討襄陽。 對方竟然不曾派遣一個使臣前來談判。 一切災禍都是他們自找的,當然要遭到王者的懲罰。

我敬謹地率領軍隊,小心地執行上天降下的誅罰。自襄河、漢水的上游出發,再次經過武昌以前的渡口。 宋人在長江以外的藩籬遮罩,被一掃而空,戰火一直延伸到錢塘一帶。 這時宋人還不知估計自己的德行和力量,竟然殺死我方使者,焚毀我國詔書。 因此朝廷決定先自根本下手,命阿剌罕取道獨松嶺,董文炳進兵海島。我和阿術、阿答海等人,辱主中道,直取敵偽首都,形成分兵牽制的形勢,水陸並進。 才攻下常州,其餘各郡,只憑一紙文書,便全部平定了。 各個將領同時結營集會,相互約定以臨安為目標。 宋人感到非常的困窘,屢次發出哀號。 先是請求稱侄,進獻歲幣;接著請求稱臣,交出玉璽。 然而甜蜜的話對事實有何幫助?我率領精銳的部隊,直接攻到臨安近郊。 召集負責的大臣,遣散想要歸鄉的士兵。 宋朝雖然心存強硬,不肯屈服,但是四郊連阻擋我軍的草木都沒有;脫逃的計謀已經用盡,也只好投降了。

現在,宋國君主率領他的臣子,已經在二月六日仰望天子,伏地

朝拜，歸附朝廷完畢。所有的倉廩府庫，都予以查封造冊外，我又本著宣揚陛下寬大胸懷的旨意，安定宋國的官吏、百姓，使大街上的商店不必遷移，依舊保存原來的繁華景象。這些都是陛下明智的計畫，遠勝於從前的君王。觀看萬里外的事物，好像就在眼前；操縱天下，如同玩弄於手掌之上。使得臣民們幸而遭逢這個太平盛世，可以歌詠聖主的功德，並且密切地配合陛下心意。敬祝陛下千秋萬歲，再次陳述臣下朝拜的祝詞。

（蔣秋華／編寫整理）

《馬哥‧孛羅遊記》引
馬哥‧孛羅

馬哥‧孛羅像

馬哥‧孛羅（Marco Polo，約一二五四——一三二四），又譯作馬可‧波羅，義大利威尼斯人。西元一二七一年，其十七歲時，便跟隨父親、叔父來到中國，觀見當時的皇帝——忽必烈。曾被授任官職，並遊歷許多地方。經過二十一年後，他離開中國，又過了三年，才返抵故鄉。後來參加對基奴亞（Genoa）的戰爭，戰敗被俘。在獄中，他向比薩（Pisa）人羅斯梯謝洛口述在東方的見聞和行事，由後者用法文記載下來，成為暢銷世界的《馬哥‧孛羅遊記》，讓西方人對中國的廣大富庶感到驚訝，促成航海大發現。此書曾被譯成多國文字，中文也有幾種譯本，如馮承鈞、張星烺都翻譯過此書，本文即採用張星烺的譯本。

背 景

馬哥‧孛羅途經黑海、伊拉克、波斯、帕米爾高原，先後遊歷中國新疆、甘肅、內蒙古等地。由於他學會了蒙古語，所以頗受忽必烈喜愛，屢次派遣他執行任務。因此他又遊歷了中國許多地方。當他

歸國時，自泉州出發，經由爪哇、蘇門答臘、印度、波斯、土耳其等地，回到故鄉。他到這麼多的地方旅行過，自然擁有相當豐富的閱歷，所以當他被俘遭監禁時，為打發時間，便向同囚的人敘述他在東方的見聞。他的廣博見聞幸運地被記錄下來，也就是今日所見的《馬哥·孛羅遊記》。

《東方見聞錄》手寫本和最早版本

《馬哥·孛羅遊記》記載了元代史事和民間生活，將中國地大物博和人民富庶的情形告訴西方人，雖然有誇大不實的敘述，仍然具有參考研究價值。例如他對杭州的描述，說當地有一萬二千座石橋、一百六十萬戶人家、一百六十條大街，便與事實頗有出入。不過關於北平的描寫，則十分確實，大概他住在此處的時間較久，才有比較深入的認識。另外書中提到中國人用一種黑石頭（煤炭）做燃料，以及用樹皮造的紙幣，能夠通行全國，這些「海外奇談」，令歐人咋舌稱奇，

難以相信。

影 響

　　蒙古人三次西征，帶給歐洲人相當大的震撼，他們對於蒙古人的勇猛強悍和殘酷毀滅，留有極深刻的印象，甚至以「黃禍」名之，可見他們是如何恐懼了。其實蒙古西征也促進了東西方的文化交流，中國的羅盤、火藥和印刷術，即在此時傳入西方。只是蒙古人停留在歐洲的時間不長，未能將東方文明更廣泛地介紹給西方，《馬哥‧孛羅遊記》的出現，則彌補了這一缺憾。

　　此外，馬哥‧孛羅東來時所走的歐亞大陸路線，為當時西人來華習走的途徑。但歸程經過的東亞、西南亞海上路線，則是在此之前還沒有人嘗試過的。因此，遊記中所述這些地方的見聞，對歐人而言，可算是第一次接觸。

　　《馬哥‧孛羅遊記》的譯本相當多，幾乎歐洲各種語言都有一種或一種以上的譯本，足見其受歡迎的熱烈程度。此書對歐人有很大的影響，引起了他們東來的興趣。例如哥倫布生平便最喜歡讀它，並且在書上寫了許多注解，以至於為了尋找東方，意外發現美洲，開啟了世界航海新路線。

原 文

　　所有的皇帝、國王、公爵、侯爵、伯爵、勇士、議員，同不論你們何人，有願意知道世界上各種人類、各地不同情形的人，可取此書念給你們聽聽。你們在此中可以找到東方各地，如大亞美尼亞、波

斯、韃靼、印度，同其他很多的國家一切壯觀奇事，皆由我們排列成很清楚的次序¹。我們又從威尼斯市一個聰明富貴的人名叫馬哥・孛羅先生處聽來的。馬哥・孛羅先生綽號百萬翁。他曾用他的眼親自看見的。老實說，有幾件事情，他雖沒有親自看見，但亦是從可靠的人處聽得來的。我們將把他所看見的，同他所聽得的，分別明白列出，那就可以不錯了。

讀過這本書的人，或聽得他人讀這書的，必定相信這書，因為這書所有的內容皆是真確的。我告訴你們吧，自從我們上帝親手造成我們第一代祖宗亞當以來，直到如今，無論基督教徒，信異教的人，韃靼人或是印度人，沒有一個知道或探查世界各地同各地奇怪事情之多，像馬哥先生所知所探的。因此馬哥先生以為他若不拿他自己所見所聞的各種奇怪事情，寫成一部書，使許多人沒有見過或是聽得的，亦能曉得，那是很可惜的。

你們必須曉得，他在那許多地方同各國，不下二十六年，方才得知道這許多事情。以後他在基奴亞獄中做俘虜時候，就是耶穌降生後一千二百九十八年（元成宗大德二年），請同獄的皮撒市人羅斯梯謝洛（Rustichello）先生把這許多事情用筆記下。但筆所記的僅他所能記憶的。在他所知道的當中，不過一小部分而已。

《馬哥・孛羅遊記》

（蔣秋華／編寫整理）

---

1 大亞美尼亞：即Armenia，古代中亞地區的一個國家，位於外高加索西南部，東鄰亞阿塞拜疆和波斯，南有土耳其，西北濱黑海，北接格魯吉亞。第二次世界大戰後，被併入蘇聯版圖。韃靼：原是契丹的西北族，出於沙陀別種，後人用來指稱蒙古，此處當指蒙古。

行科舉詔
程巨夫

　　程巨夫（一二四九－一三一八），本名文海，避元武宗諱，以字行。號雪樓，又號遠齋，其先自徽州徙郢州京山，後徙建昌南城。至元十六年（一二七九），授翰林應奉。嘗奏事優遇江南（即以前的南宋）人士，朝廷多採行。後宰相桑哥專政，法令苛急，四方騷動，巨夫上疏諫止，幾被殺。仁宗時，與李孟、許師敬議行貢舉法，奉命草詔。延祐三年（一三一六）乞歸，居三年而卒。追封楚國公，諡文憲。著有《雪樓集》三十卷。

背景

　　蒙古原是個遊牧民族，他們橫掃歐亞，所向無敵，倚恃的是強大的武力，因此對於文治教化並不重視。如成吉思汗得到有經世之才的耶律楚材，卻只對他的卜卦有興趣，而未予重用，即可見一斑。但是馬上得之，焉能馬上治之？所以為了治理龐大的帝國，不得不起用一批士人，替他們處理政事。然而由於仕途多歧，銓衡無制，居高位者，仍以武士、貴冑為主，使得真正有才能的人，無法獲得重用。

　　太宗始取中原，中書令耶律楚材即請用儒術取士，由於與舊勢力衝突，事乃中止。世祖時，許衡也請行科舉，仍不得施行。以至蒙古入主中國將近五十年，迄未舉辦科考掄才。直到仁宗皇慶二年（一

三一三），才依中書省大臣的建議，命程巨夫草擬科舉條制，於十一月頒佈《行科舉詔》，並於後年舉辦廷試。

影響

元朝的科舉考試並不公平。蒙古、色目人作一榜，漢人、南人作一榜，考試的程式、科目不同，難易也有差別。錄取後受重用的情形，更有明顯的分別。這與其分人民為四等的用心一樣，都是有意地壓抑漢人。

詔文謂「試藝則以經術為先，詞章次之」，可知考試以經義為主。而程巨夫曾言：「經學當主程頤、朱熹傳注，文章宜革唐、宋宿弊。」因此，仁宗採納他的建議，明定經書當以朱熹的注本為主。於是朱學大為暢行，其勢如日中天。

元朝以後，明清都沿襲元式科舉制度，影響之大，不言可喻。

原文

惟我祖宗以神武定天下，世祖皇帝設官分職，徵用儒雅，崇學校為育才之地，議科舉為取士之方，規模宏遠矣[1]。朕以眇躬，獲承丕祚，繼志述事，祖訓是式。若稽三代以來，取士各有科目，要其本末，舉人宜以德行為首，試藝則以經術為先，詞章次之。浮華過實，

---

[1] 崇學校為育才之地：至元八年（一二七一）正月，下詔立京師蒙古國子學，教習諸生，於朝中官員選其子弟俊秀者入學，未有定員。教以蒙古語言譯寫《通鑒節要》，試問精通者，量授官職。至元十四年（一二七七），立國子學，設官定制，講授經義。議科舉為取士之方：世祖至元初年，丞相史天澤奏當行大事，嘗及科舉，而未果行。十一年（一二七四），准蒙古進士科與漢人進士科，參酌時宜，以立制度，事未施行。二十一年（一二八四），許衡議學校科舉之法，請罷詩賦，定為新制，亦未及行。

朕所不取。爰命中書,參酌古今,定其第制。其以皇慶三年八月,天下郡縣舉其賢者、能者,充賦有司;次年二月,會試京師:中選者,朕將親策焉[2]。於戲!經明行修,庶得真儒之用;風移俗易,益臻至治之隆。

《元文類》

譯 文

　　我們的祖宗以神明勇武平定天下,世祖皇帝則設置官位,分派職務,選擇氣度雍容、學問湛深的人充任。又設學校,作為培育人才的場所;施行科舉,作為選拔人才的方法:這些都是宏大深遠的制度。我以渺小的身份,竟得繼承天子之位,自當承繼先人的志業,遵行祖宗的訓命。雖然夏、商、周以來,選用人才各有不同的科目,但是仔細研究,可知選人應以德行為主;考試則優先考慮經術是否通達,其次才是文章詞句的好壞。因為虛誕浮誇的人,不是我所欣賞的。所以我命令中書省,參考古今的事例,擬定適當的法制。希望能在皇慶三年的八月,讓全國郡縣推舉當地的賢者、能者,彙報各地負責的官吏;第二年的二月,再一同到京師考試。達到標準的人,我將親自加以測試。啊!拔擢通明經術、修飭品行的人,也許能夠獲得足堪大用的真正學者;改變民間社會的風俗習氣,可以更容易達到完美政治的境界。

（蔣秋華 / 編寫整理）

---

2 皇慶三年:皇慶只有兩年,次年即已改元延祐。

諭中原檄

宋濂

　　宋濂（一三一〇—一三八一），字景濂，號潛溪，又號玄真子。明浙江浦江人。幼時即英敏強記，就學於聞人夢吉，通五經。復往從吳萊學。後游柳貫、黃溍之門，二人皆謙遜弗如。元時，受薦舉為官，以親老辭。明太祖取婺州，以書幣征，受命授太子經。嘗奉詔修《元史》。宋濂博極群書，為文醇深曲折，明代禮樂製作，多經他裁定。著有《宋學士鑾坡集》《翰苑集》《芝園集》《朝京稿》《周禮集說》《孝經新說》等書。

宋濂像

背景

　　蒙古人以外族入主中國，建立了元朝，前後不過九十年，便被逐走。以其橫掃歐亞、所向無敵的凶猛威勢，何以為時竟然如此短促？考其原因，雖然與皇室本身不斷發生帝位爭奪，以致政局無法穩定有很大關係，更重要的則是統治政策的失當。

　　由於他們許多措施不符民情，造成民眾很大的困苦；又將全國分成蒙古、色目（西域人）、漢人（金統治的人民）、南人（宋統治的人民）四種，形成相當嚴重的種族歧視。因此，在這種蠻橫高壓的鉗制

下，激起了民眾的叛亂。

元朝末年變亂迭起，有的打著「反元復宋」旗號，有的只圖據地為王，形成群雄並立情況。他們不僅與蒙古人作對，彼此也相互攻擊、吞併，局面十分混亂。其中較有眼光而富謀略的，當推朱元璋。

朱元璋，濠州鍾離人，原來是個貧苦的農家子弟，因為家鄉遭逢災害，親人相繼死去，生活困苦，所以一度出家受戒，當了皇覺寺的和尚。後來投在郭子興麾下，參加反元的行列。其以精明的才幹，漸漸嶄露頭角。先是承領郭子興死後留下的人馬，然後開始與群雄角逐。數年之間，攻無不克，戰無不勝，陸續平伏強勁的對手，如至正二十三年（一三六三）擊敗陳友諒，至正二十七年（一三六七）俘獲張士誠，因而據有江南數郡之地，成為反元的最大勢力。

影　響

至正二十七年（一三六七）十月，朱元璋任命徐達為征北大將軍、常遇春為征北副將軍，率領二十五萬大軍，進行北伐。同時發佈一篇檄文，曉諭北方人民，這就是本篇所選由宋濂起草的《諭中原檄》。

檄文中，不但指斥元朝君臣的荒淫無道，對於乘機興亂的群豪，也有嚴厲的譏評。值得注意的是，提出了「驅逐胡虜，恢復中華」的口號，完全站在種族的立場，喚醒民眾，爭取支持。這對具有種族歧視的蒙古人，確實給予了很大的打擊。蒙古人終於被朱元璋趕出中原，中國恢復了漢人的政權。

清朝末年，孫中山先生領導的革命運動，以「驅除韃虜，恢復中

華」作為革命的誓詞和宗旨,便是師取這篇檄文,企圖以民族革命來打倒腐敗至極的清朝異族政權。

原 文

　　自古帝王臨御天下,中國居內以制夷狄,夷狄居外以奉中國,未聞以夷狄治天下也。自宋祚傾移,元以北狄入主中國,四海內外罔不臣服,此豈人力?實乃天授。然達人志士尚有冠履倒置之歎。

　　自是以後,元之臣子不遵祖訓,廢壞綱常,有如大德廢長立幼、泰定以臣弒君、天曆以弟鴆兄,至於弟收兄妻,子烝父妾,上下相習,恬不為怪,其於父子、君臣、夫婦、長幼之倫,瀆亂甚矣[1]!夫人君者,斯民之宗主;朝廷者,天下之根本;禮儀者,御世之大防。其所為如彼,豈可為訓於天下後世哉?

　　及其後嗣,沉荒失君臣之道,又加以宰相專權,憲台報怨,有司毒虐,於是人心離叛,天下兵起[2]。使我中國之民,死者肝腦塗地,生者骨肉不相保。是雖因人事所致,實天厭其德而棄之之時也。

　　古云:「胡虜無百年之運。」驗之今日,信乎不謬。當此之時,天運循環,中原氣盛,億兆之中,當降生聖人,驅逐胡虜,恢復中

---

1 大德廢長立幼:大德是元成宗的年號。成宗只有一個兒子,早卒。成宗死後,他的堂弟阿難答與他的姪子海山爭皇位,後來海山獲勝。因此,檄文指斥成宗廢長立幼,和事實並不相符。泰定以臣弒君:鐵失殺害元英宗,迎立泰定帝。事前泰定帝雖知陰謀,卻不願參與,事後也將鐵失捕殺,可見他不是存心弒君。然而泰定帝的即位,畢竟與叛臣有關,所以檄文斥其弒君。天曆以弟鴆兄:天曆是元文宗的年號。泰定帝死後,子天順帝即位。燕帖木兒殺害天順帝,迎立文宗,因不得民心,又迎立文宗的哥哥明宗。不久,明宗暴卒,文宗復位。由於明宗死得不明不白,所以檄文認為是被文宗毒害的,而斥其以弟鴆兄。
2 後嗣:指元順帝,為元朝入主中國的最後一個皇帝。宰相專權:指天順帝時長期執政的脫脫。憲台報怨:指哈麻陷害脫脫的事情。

華,立綱陳紀,教濟斯民。今一紀於茲,未聞有濟世安民者,徒使爾等戰戰兢兢,處於朝秦暮楚之地,誠可矜憫[3]!

方今河、洛、關、陝,雖有數雄,忘中國祖宗之姓,反就胡虜禽獸之名,以為美稱;假元號以濟私,恃有眾以要君;阻兵據險,互相吞噬,反為生民之巨害:皆非華夏之主也[4]。

予本淮右布衣,因天下大亂,為眾所推,率師渡江,居金陵形勢之地[5]。今十有三年,西抵巴蜀,東連滄海,南控閩越,湖、湘、漢、沔、兩淮、徐、邳,皆入版圖,奄及南方,盡為我有[6]。民稍安,食稍足,兵稍精;控弦執矢,自視我中原之民,久無所主,深用疚心。

予恭天成命,罔敢自安,方欲遣兵,北逐群虜,拯生民於塗炭,復漢官之威儀。慮民人未知,反為我仇,挈家北走,陷溺尤深。故先諭告:兵至,民人勿避,予號令嚴肅,無秋毫之犯。歸我者永安於中華,背我者自竄於塞外。蓋我中國之民,天必命中國之人以安之矣!夷狄何得而治哉!爾民其體之。如蒙古、色目,雖非華夏族類,然同生天地之間,有能知禮義,願為臣民者,與中國之人撫養無異。

《明文衡》

---

3 未聞有濟世安民者:元末起義的群雄,還有韓林兒、徐壽輝、陳友諒、張士誠等人,這些人在朱元璋的眼中都不是「濟世安民者」。
4 「忘中國祖宗之姓」二句:漢人王保保被李察罕(原名察罕帖木兒,祖籍西夏)收養,改名擴廓帖木兒,成為元末抵抗漢人起義的主要將領。「假元號以濟私」二句:如張士誠接受元「太尉」的職位,方國珍接受元「浙江行省左丞相」的職位,然而他們時叛時服,並非真心降元。
5 予本淮右布衣:朱元璋是濠州鐘離縣的平民,曾在皇覺寺出家當和尚。居金陵形勢之地:朱元璋於至正十六年(一三五六)攻下集慶路(南京,古名金陵)。
6 今十有三年:這篇文章是至正二十七年(一三六七)十月作的,距朱元璋於至正十五年(一三五五)自成一軍,前後有十三年。

譯文

　　自古以來,君主治理天下,都是由中國居住中原,控制外族;外族居住中原外頭,尊奉中國,從來沒有聽說過由外族治理中國的事。自從宋朝滅亡,元人以北方外族身份進入中國,建立王朝,全國人民沒有不順從的,這難道是人力所能造成的嗎?其實是出自上天的授予。可是通達有志的人,仍然有上下倒置的感歎。

　　從此以後,元代的臣子不遵守祖宗的教訓,廢除敗壞了三綱五常,例如成宗廢棄年長而冊立年幼的人為嗣、泰定帝以臣子的身份殺害君主、文宗以弟弟的身份毒害哥哥,至於弟弟娶兄嫂為妻、兒子娶父妾為妻,上上下下習以為常,完全不覺得奇怪,對於父子、君臣、夫婦、長幼的倫理,簡直褻瀆紊亂極了!人君是百姓的宗主,朝廷是國家的根本,禮義是治世的準則。在上位的人那麼汙亂,怎能作為國人和後世的榜樣呢?

　　到了後來繼承的人陷溺頹廢,失去君臣應有的禮節,加上宰相獨攬政權,御史專施報復,官員狠毒暴虐,於是民心離析,天下興起兵災。中國百姓死去的身首異處,活著的至親失散。這些雖然是人為造成的,其實也是老天厭惡元人,到了棄置他們的時候。

　　古人說:「異族沒有一百年的機運。」在今日看來,的確不錯。這個時候,天道循環,中原的氣勢興盛,千千萬萬的人民當中,應該降生聖人,領導民眾趕走異族,重新恢復漢人的天下,訂立法律,救助老百姓。至今已有十二年了,還沒有聽說出現救世安民的人,只有讓你們擔心恐懼,處在反覆不定的境地,實在令人憐憫。

　　現在河、洛、關、陝一帶,雖然有許多英雄豪傑,但是有的中國

人忘記自己祖宗的姓氏，反而趨從異族的名號，認為是美好的稱號；假借元朝的封號來滿足私欲，仗恃擁有的徒眾來要脅君主；倚靠兵馬，盤踞險地，互相兼併，反而成為百姓的重大禍害：這些人都不是中國的合適君主。

我本來是個淮右地區的平民，遭逢天下大亂，被眾人推舉，率領軍隊渡過長江，佔領了南京這個險要的地方。至今已有十三年，向西擴張到巴蜀，向東連接到大海，向南控制了閩越，湖、湘、漢、沔、兩淮、徐、邳等地，都收入版圖，包括南方，全都歸我所有。此刻民眾比較安定，糧食比較充足，兵馬比較精良；因為擁有士卒，所以看到中原百姓長期沒有君主，內心深感愧疚。

我恭敬地接受已定的天命，不敢自處安逸，正要派遣軍隊，北上驅逐胡虜，拯救生活在困苦中的民眾，恢復中國官制的尊嚴。恐怕人民不明白，反而把我當成仇敵，而帶領家人向北方逃竄，以致遭受更大的苦難。因此，我先行曉諭佈告：我軍到達的時候，民眾不要逃避，我的軍令十分嚴厲，絕對不會有絲毫侵犯。歸順我的，可以永久安定地生活在中國；背棄我的，是自願逃奔國界之外。中國的人民，上天一定任命中國人來安撫治理他們。哪裡是外族所能治理的呢？你們老百姓要好好地體會。至於蒙古人和色目人，雖然不屬於華夏種族，但是同樣生存在一個世界裡，如果有懂得禮義、願意作為中國臣民的，我也把他當作中國人一樣照顧。

（蔣秋華 / 編寫整理）

封諸王詔
王禕

　　王禕（一三二二—一三七三），字子充，浙江義烏人。師柳貫、黃溍，元末以文章名世。明太祖召授江南儒學提舉，甚受禮遇。復與宋濂受詔修《元史》，書成，擢翰林待制、同知制誥。洪武六年（一三七三），以招諭梁王，在雲南盡節死，諡忠文。著有《大事記續編》《重修革象新書》《王忠文公集》。

王禕像

背景

　　傳世久遠是歷代帝王的共同希望，而如何延續皇權的生命，則各代的做法並不一致。秦始皇廢除封建，國祚短促；漢高祖並行封建、郡國，引起七國之亂：可見封建制度有利有弊。可是後代帝王仍然在封建、不封建上打轉，無法完全擺脫這個制度。

　　唐朝時，柳宗元的《封建議》本來已經處理過這個問題，取得了社會先識，不料至明又有反覆。

　　明太祖朱元璋以一介布衣，驅走胡元，於初定天下之際，便仿照前代制度，大量分封諸子為王，本文即洪武三年（一三七〇）首次分

封時,王褘代擬的詔書。 太祖有二十六個兒子,除長子朱標被立為太子、幼子朱楠逾月而殤外,其餘二十四子均受封為王,加上姪孫朱守謙,一共封了二十五個親王。 他們分別鎮守各省各府,配有相當的護衛,一方面屏藩皇室,一方面防禦叛亂。 不過這完全是太祖自私心態的表現。 因為他對於功臣宿將並不放心,除了廢除丞相,加緊中央集權外,又借胡惟庸、藍玉等謀反的案子,大肆殺戮功臣。 如此一來,保護皇室的責任,便落到諸位親王身上。 太祖利用他們練兵、防邊、出征,就是基於這個因素。

影 響

擁有武力的藩王,也不一定非常安分,多半存有奪取皇位的野心。 尤其洪武二十五年(一三九二)太子標死後,太祖立嫡孫允炆為繼,更增加了諸王的覬覦。 允炆(建文帝)即位後,為防範不馴的諸王,採用齊泰、黃子澄、方孝孺等大臣的建議,實行削藩的政策,先後廢去數王。 終於引起燕王朱棣的不安,起兵「靖難」。

燕王攻入南京,登位為帝(成祖)後,雖然恢復了被廢諸王的王爵,卻削減了他們的護衛。 成祖的作為,也被他的兒子仿效。 他死後,長子高熾(仁宗)即位,不到一年而卒,由嫡長孫瞻基(宣宗)繼位。 成祖次子漢王朱高煦,也想以藩王奪取帝位,遂於宣德元年(一四二六)興兵。 幸虧宣宗親征,速予討平。 從此,皇室對於藩王的防制更加嚴厲,甚至連入朝、出郭都加以禁止。

明太祖廣封親支,用心雖然良苦,不料卻引起子孫爭位的念頭。 又因宗室以其尊貴,在地方上凌虐官民,且不事生產,仰賴食祿,極

大地消耗了國力。這都造成了政治、經濟上的大問題,影響了明代的衰亡。而其嚆矢,即是此篇《封諸王詔》。

原 文

朕荷天地百神之靈、祖宗之福,起自布衣,艱難創業,惟時將帥用命,遂致十有六年,混壹四海,功成治定,以應正統。

考諸古昔帝王,既有天下,子居嫡長者,必正位儲貳,若其眾子,則皆分茅胙土,封以王爵[1]。蓋明長幼之分,固內外之勢者。朕今有子十人,前歲已立長子標為皇太子,爰以今歲四月初七日,封第二子樉為秦王,第三子棡為晉王,第四子棣為燕王,第五子橚為吳王,第六子楨為楚王,第七子榑為齊王,第八子梓為潭王,第九子杞為趙王,第十子檀為魯王,侄孫守謙為靖江王,皆授以冊寶,設置相傳官屬,凡諸禮典,已有定制[2]。

於戲!眾建藩輔,所以廣磐石之安;大封疆土,所以眷親支之厚。古今通誼,朕何敢私?尚賴中外臣鄰,相與維持,弼成政化。故茲詔示,咸使聞知。

《明文衡》

譯 文

我承受天地眾神的威靈、祖宗的福佑,以一個普通老百姓,艱苦

---

1 分茅胙土:分授茅土,即分封諸侯。古時天子立大社,以五色土為壇,皇子封為王者,各以所封方位顏色受天子社土,以白茅包裹,歸國以立社。
2 侄孫守謙:明太祖兄興隆之孫,父文正。冊寶:冊封的文書與所授的印信。

地創造事業。只因將帥們都能服從命令，才讓我在十六年後，得以統一全國，完成安定天下的功業，承續自古一脈相傳的道統。

　　古代的帝王，當他們據有天下後，嫡長子一定被立為太子，至於其餘的孩子，也都能夠得到部分的疆土，受封為王。這是為了顯明長幼的秩序，鞏固國家的局勢。我現在有十個兒子，前年（洪武元年，一三六八）已經冊立長子標為皇太子，因此在今年（洪武三年，一三七〇）四月七日，又封第二個兒子樉為秦王，第三個兒子棡為晉王，第四個兒子棣為燕王，第五個兒子橚為吳王，第六個兒子楨為楚王，第七個兒子榑為齊王，第八個兒子梓為潭王，第九個兒子杞為趙王，第十個兒子檀為魯王，侄孫守謙為靖江王，全部授以冊書和印信，並且設立輔相、師傅和屬官，一切禮儀典制，都依照已經訂立的法制。

　　啊！以大量的分封作為屏藩，是為了加強朝廷的穩固；封賜廣大的土地，是為了加深對至親的愛護。這是古往今來共通的道理，我哪裡敢有私心呢？此外，還要靠國內外的臣子和鄰邦共同維持，以輔助完成政治教化。因此，我發佈這項詔令，讓全天下的人都知道。

（蔣秋華／編寫整理）

開科舉詔
王禕

背 景

元至正二十八年（一三六八），朱元璋將蒙古人趕出中原，正式建立了明朝。這時雖然還有一點動亂，但是全國的局面大致上已趨於穩定。為治理新建立的王國，自然需要很多的人才。因此，洪武三年（一三七〇）便頒佈推行科舉的詔書。從詔書的內容來看，「使中外文臣，皆由科舉而選，非科舉者毋得與官」，似乎太祖欲以科舉為唯一的用人之道。

起初朱元璋對科舉所得的人才，的確非常寵遇，可是不久他卻認為：「所取多後生少年，能以所學措諸行事者寡。」太祖大概是急於求治，所以對於毫無經歷的年輕士子，不能滿意，以至於罷科舉不用，另命有司察舉賢才。直到洪武十七年（一三八四），才正式恢復科舉，成為定制。

明代的科舉，專用經義為試文之體，乃因重視宋儒的講學，並希望借此矯正以往科目專尚辭賦的弊端。這些經義策論，最初並無固定的形式，大約到憲宗時，才限定格律，使策文大體上分成破題、承題、起題、提比、虛比、中比、後比、大結八段。不僅得依格式書寫，連字數也有限制，而且規定體用排偶，須代聖賢語氣為文。這就是俗稱的「八股文」或「制義」。

影 響

　　既然科舉採用八股的形式,影響所及,遂令學校教育也以此為重。 又因專取「四書」「五經」命題,而可出的題目有限,士子只要熟記預先擬寫的文章,入試時照抄一遍,就可能獲得錄取。 因此,經史之書乏人誦讀,反而八股文的刻本,即所謂的「時文」,大為盛行。

　　八股文章空疏而無用,卻因可以取得功名,習者趨之若鶩。 這種情形自然產生了很大的流弊,最嚴重的就是人才的敗壞。 顧炎武《日知錄》說:「時文敗壞人才,而至士不成士,官不成官,兵不成兵,將不成將,夫然後寇賊奸宄得而乘之,敵國外患得而勝之。」簡直就把明朝滅亡的原因,歸罪於八股取士了。 本文影響之大,不言可喻。

原 文

　　詔曰:朕聞成周之制,取材於貢士; 故賢者在職,而其民有士君子之行,是以風俗淳美,國易為治,而教化彰顯也[1]。 漢、唐及宋,科舉取士,各有定制,然但求詞章之學,而未求六藝之全[2]。 至於前元,依古設科,待士甚優,而權要之官,每納奔競之人,辛勤歲月,輒竊仕祿,所得資品,咸居舉人之上; 其懷才抱道之賢,恥於並進,甘隱山林而不起,風俗之弊,一至於此!

---

1 取材於貢士:《禮記・射義》:「諸侯歲獻貢士於天子。」《尚書大傳》:「古者諸侯之於天子,三年一貢士。」
2 「漢、唐及宋」三句:漢代未行科舉,乃以察舉取才,即政府依據需要,訂立科目,如賢良方正、孝廉、茂才等,由地方推舉品行高尚的人,供朝廷選用。唐、宋兩代都以科舉取士,不過考試的科目與方式並不完全相同。

今朕統一中國,外撫四夷,方與斯民共用升平之治,所慮官非其人,有傷吾民,願得賢能君子而用之。自洪武三年為始,特設科舉以起懷才抱道之士,務在經明行修,博古通今,文質得中,名實相稱。其中選者,朕將親策於廷,觀其學識,品其高下,而任之以官。果有才學出眾者,待以顯擢。使中外文臣,皆由科舉而選,非科舉者毋得與官。敢有遊食奔競之徒,坐以重罪,以稱朕責實求賢之意[3]。

於戲!設科取士,期必得於全材;任官惟賢,庶可成於治道。諮爾有眾,體予至懷,故茲詔示,想宜知悉。

《明文衡》

譯 文

詔書說:朕聽說周代的制度,是從諸侯進獻的士人中選拔人才;賢能的人擔任官職,老百姓都有士君子的行為,因此風俗淳厚和美,國家容易治理,政教風化也鮮明地顯示出來。漢朝、唐朝與宋朝,以科舉拔擢士人,各有一套制度,然而只求詩詞歌賦文采的華美,而不注重是否通達六經。到了元朝,仿效古人設立科目,對待士人非常優厚,可是權貴高官常喜歡奔走爭求利祿的人,以致短暫的鑽營,就可竊取官職俸祿,所獲得的資格品級,往往在科舉出身的人上頭;那些懷有才幹的賢士,羞於與奔競的人為伍,故隱居山林,不願出仕。風俗的衰廢頹敗,竟然到了這種地步。

現在我統一了中國,安撫了四方的夷狄,正要跟老百姓一同享受

---

3 遊食:原是坐食不事生產的人,此處指不勤於求學而遊手好閒的人。

太平盛世，因為憂慮任用不適當的人做官，會傷害到我的子民，所以希望得到賢能的君子，加以任用。從洪武三年（一三七〇）開始，特別設立科舉，起用有才幹抱負的士人。但一定要明白經義，修養品性，通曉古今，文辭和內容得當，聲名與實情相符。能夠達到標準的人，我將親自在朝廷裡策問，察看他們的學問，品第他們的高下，然後任用為官。真有才能學問出眾者，則給予特殊的提拔。讓朝廷內外的文臣，都通過科舉擇用，不是科舉出身的，絕不給予官職。如有膽敢不勤於學而想奔走鑽營的人，處以嚴重的罪刑，才能符合我甄求真才實學的心意。

啊！設立科舉選拔士人，希望一定要獲得完美的人才；任用賢能的人為官，才可能達成治國的大道。你們要體諒我誠摯的心意，所以這個詔書的內容，想必你們應該都能明瞭。

（蔣秋華／編寫整理）

進五經四書性理大全表
胡廣

胡廣（一三七〇一一四一八），字光大，號昱庵，明江西吉水人。靖難時，降於成祖，又曾經兩次跟隨成祖北征，以醇謹見幸，然頗能持大體，當時的人將他與漢代的胡廣相比。善於書法，每有刻石，都命他書寫。嘗奉詔纂修《五經四書性理大全》。卒後諡為文穆，有《胡文穆集》傳世。

背景

明成祖是明代著名的右文之主，在他即位之初，便詔命姚廣孝等人，纂輯《永樂大典》。此書連同凡例及目錄，共有兩萬兩千九百三十七卷，包羅之廣，卷帙之富，為明以前所未有。此外，他為了統一教材，又敕令翰林學士胡廣等人，編修《五經四書性理大全》。永樂十三年（一四一五）九月，完成奏進，成祖特賜序文，置於卷首，並頒行天下。此後二百餘年，咸尊此為取士之則。

胡廣等人奉命編修，只是取前人已成之書，抄謄一遍，所以大為後人訕笑。《五經大全》幾乎全襲元人之說，因此顧炎武十分慨歎地說：「經學之廢，實自此始。」《四書大全》乃據倪士毅《四書輯釋》增刪而成，此因胡廣平時即通習倪書，所以奉敕編修時，便剽奪以塞其責。《性理大全》乃仿朱熹集諸儒之言編《近思錄》的體例，採錄

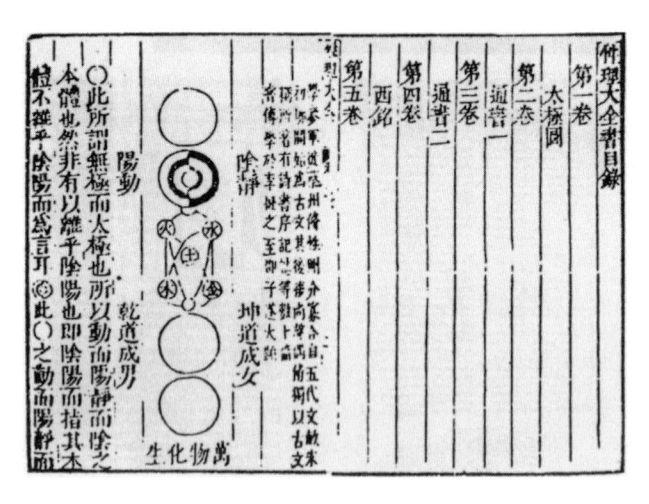

《理性大全書》書影

宋儒一百二十家之言成書。由於多半是割裂成文的，所以顯得龐雜冗蔓，對於道學淵源的認識並不真確。

影　響

明初設立科舉，「四書」採用朱熹的《集注》，其他經書也各有指定的注疏。然而自從《五經四書性理大全》頒佈後，士子捨棄所有的注疏，專攻《大全》。又因當時程式唯重「四書」義，「四書」義唯重《四書大全》，《四書大全》遂成為有明一代士大夫學問的根底。《五經大全》則因不為科考所重，而被廢止不讀。因此，由漢代到宋代的經術，至此盡廢。

《四書大全》因為科舉所重，以至於坊間模仿刪略的「四書」講章浩如煙海。《性理大全》的刪刻本亦多，甚至清聖祖也命大學士李

光地等人,刪其支離,存其綱要,欽定為《性理精義》一書。

原 文

　　伏以六經之道,昭如日星;經緯乎天地,貫徹乎古今;放之則彌六合,卷之則退藏於密;用之於身而身修,行之於家而家齊,推之於國而國治,施之於天下而天下平。蓋世必窮經而後道明,未有捨經而能治理者也。是以聖王垂憲,必資道以開人;賢哲肇基,必稽古以作範。故伏羲則河圖而演畫,大禹因洛書而錫疇;孔子刪《詩》《書》,修《春秋》,寓一王之法;周公陳王業,制禮樂,弘百世之規[1]。況乎精一執中之傳,尤重丁寧告戒之旨,如斯顯跡,昭然可觀[2]。

　　自王道既衰,異說蜂起。燔烈秦火之餘,穿鑿漢儒之弊。其間存者,不絕如絲。莫能究其旨歸,一切趨於苟且。夤緣故習,鮮克正之。於乎!聖人之道不行,而百世無善治;聖人之學不傳,而千載無真儒。遂令往轍之難尋,益發前修之永歎。夫否必有泰,晦必有明[3]。繇夫濂、洛、關、閩之學興,而後堯、舜、禹、湯之道著,悉掃

---

1 「伏羲則河圖而演畫」二句:《漢書・五行志》:「劉歆以為虙羲氏繼天而王,受《河圖》,則而畫之,八卦是也;禹治洪水,賜《雒書》,法而陳之,《洪範》是也。」《河圖》《洛書》都是傳說中的天降神物,分別賜予伏羲和大禹,讓二位聖人據以演陳《周易》的八卦與《尚書》的《洪範》九疇。八卦是天地萬物的基本原理,而《洪範》乃是君主治國的大法,在古人心目中,都是非常神聖,唯有聖人哲王才能獲得。
2 精一執中之傳:《尚書・大禹謨》:「人心惟危,道心惟微,惟精惟一,允執厥中。」是舜告誡禹的話。又《論語・堯曰篇》:「天下歷數在爾躬,允執厥中。」為堯告誡舜的話,舜也用來告誡禹。後人便把這些話當作古代聖王相傳的大道。
3 否必有泰:泰、否為《周易》的兩個相連接的卦名,天地交而萬物通為泰,天地不交而萬物不通為否,後世就把「否泰」比喻命運的通塞,而且是相互隱伏、循環的。

蓁蕪之蔽，大開正學之宗[4]。不幸屢厄狂言，既揚復抑。又因循數百年之間，卒莫能會其說於一，蓋必有待於今日者矣。

天啟聖明，誕膺景運。我太祖高皇帝，天縱之聖，以武功定天下，以文教興太平；首建學校，頒賜書籍，作養人材，茂隆政治，四海外內，翕然同風。欽惟皇帝陛下，文武聖神，聰明睿知，纘承大統，紹述鴻勳。成功盛德，雖三皇而無以加；事業文章，與二儀而同其大[5]。治已至而猶以為未至，功已成而猶以為未成。體道謙沖，游心高遠。乃者渙啟宸斷，修輯六經，恢拓道統之源流，大振斯文之委靡。發揮幽賾，鉤纂精玄，博采先儒之格言，以為前聖之輔翼；合眾塗於一軌，會萬理於一原。地負海涵，天清日曒。以是而興教化，以是而正人心。使夫已斷不續之墜緒，復屬而復聯；已晦不明之蘊微，復彰而復著。肇建自古所無之製作，纘述自古所無之事功。非惟備覽於經筵，實欲頒佈於天下[6]。俾人皆由於正路，而學不惑於他歧。家孔、孟而戶程、朱，必獲真儒之用，佩道德而服仁義，咸趨聖域之歸。頓回大古之淳風，一洗相沿之陋習。煥然極備，猗歟盛哉！竊嘗觀之，周衰道廢，汲汲皇皇，以斯道維持世教者，惟師儒君子而已。未有大有為之君，能倡明六經之道、紹承先聖之統如今日者。此皇帝陛下所以卓冠百王、超軼千古者也。

臣廣等一介書生，粗知章句。大學賢關，渾未造其閫奧；圓冠

---

4 濂、洛、關、閩之學：宋代理學四大派，即濂溪——周敦頤，洛陽——程顥、程頤，關中——張載，閩中——朱熹，乃據他們所居之地而取的稱呼。
5 三皇：上古時代著名的三位帝王，說法不一，或以天皇、地皇、人皇為三皇，或以天皇、地皇、泰皇為三皇，或以伏羲、女媧、神農為三皇，或以伏羲、神農、祝融為三皇，或以燧人、伏羲、神農為三皇，或以伏羲、神農、黃帝為三皇。
6 經筵：宋以來天子於其御席，與侍讀、侍講等官講論經史，謂之經筵。

方厲,固慚列於章縫[7]。幸逢熙洽之時,謬忝校廱之任。每受成於指教,亦何假於施為。樂睹就編,豈勝歡慶!與天下而同惠,於萬古而有光。尊所聞,行所知,求不負於教育;正其誼,明其道,期補報於升平。無任瞻天仰聖激切屏營之至。謹奉表隨進以聞。

《明文衡》

譯 文

　　六經的道理,如同太陽、星星一樣顯著;包括天地間所有的道理,貫通古代和現代。散佈開來,可以充滿天地四方;卷收起來,可以回退隱藏秘處;用在個人身上,可以修養品行;行使於家中,可以治理家務;推行於國家,可以安定國家;施行於天下,可以使天下太平。世人必須窮究經義,然後才能明瞭道理,沒有捨棄經書而能夠處理事務的。聖明的君主垂示法則,一定借重道理來開導人民;賢能的君子奠定基礎,一定考察古事來製作典範。因此,伏羲仿效河圖而演繹八卦,大禹沿襲洛書而獲賜九疇;孔子刪定《詩經》《尚書》,編修《春秋》,將聖王的法制寄託在裡面;周公陳述先王的功業,制禮作樂,發揚未來百世的規模。何況堯、舜精粹專一、持守中道的傳授,特別注重一再警告的意旨,像這麼明顯的事蹟,可以明白地觀察到。

　　自從聖王之道衰微後,怪誕的言論紛紛興起。秦始皇焚書以後,留下的書籍不多,因而造成漢代儒者穿鑿附會的弊病。後世學者無法明瞭六經的宗旨歸向,所有的事業都陷入草率簡便。常人多半趨附沿

---

[7] 賢關:謂學行的途徑。《漢書・董仲舒傳》:「大學者,賢士之所關也,教化之本務也。」關,由也。

承舊有的習慣,很少有人能夠加以改正。 啊!聖人的教導不再施行,以致百代以後沒有良善的政治;聖人的學術不再流傳,以致千年以後沒有真正的儒者。 因此,使得從前的典制難以追尋,更增加前人的慨歎。 運氣壞到極點的時候,好運就會到來;黑暗過去後,光明必定到來。 自從出現周敦頤、程顥、程頤、張載、朱熹等道學家後,堯、舜、禹、湯的政治教化重見光明;完全掃除過去雜亂的弊病,振興正統學術的宗派。 不幸又經常遭到狂妄言論的壓制,時起時伏。 這樣過了幾百年,其間眾說紛起,不能統一會通,大概是等待今日來完成統合的工作。

上天開啟賢明的聖德,明主承受偉大的機運。 我朝太祖高皇帝,是上天縱任的聖主,以武功平定天下,以文教開啟太平;首先興建學校,賜贈書籍,培養人才,使得政治興隆,全國上下欣然受教。 我敬思皇帝(成祖)是具有文韜武略的神明聖賢,具有聰明的才智,繼承帝位,發揚大業。 所獲致的偉大功德,就是三皇也無法比擬; 施行的政治教化,和天地同樣宏盛。 雖然已經臻於太平,仍然認為沒有到達;功業已經完成,仍然認為沒有完成。 真是行事謙遜,思慮遠大。 往日立定志願,想要修訂纂輯六經,開拓恢復道統的本原,大力振興衰頹的文教。 發揚深遠的道理,纂集精妙的意旨,廣博採取先儒的名言,作為往聖的輔助,合同眾說,會通萬理。 知識的廣博精深,如同地厚海深,以及清明天空的朗朗白日。 用此來興辦教化,也用此來端正人心。 使得已經衰絕而僅存的學術,重新連接起來;已經隱晦不明的道理,重新彰明顯揚。 創立自古以來不曾有過的製作,繼承自古以來不曾有過的功業。 不僅可供皇上經筵的講讀,也可以頒行於全

國。使人人都經由正途學習，而不為邪說所迷惑。家家戶戶都誦讀孔子、孟子、程子、朱子的書籍，必可獲得真正的儒者加以任用；人人遵守實踐道德仁義，必能共進太平盛世。立刻恢復上古時代淳厚的風俗，完全洗淨長久沿襲的惡劣習氣。這真是備極光彩，非常盛大的呀！我曾私自觀察，自從周朝衰微頹敗後，急急忙忙，提倡六經來維持教化的只有儒家的學者。從來未見大有作為的君主，能夠宣導六經的政道、承接往聖的道統，能像今日這樣的。這是皇上能夠凌駕各代君主、超越千秋萬世的緣故。

臣下胡廣等人都是讀書人，略知章節句讀。大學的門牆，根本沒有涉足；穿戴冠帽鞋屨，卻有愧於廁身儒林。幸好遇到安樂和洽的時代，忝當校刊書籍的任務。經常接受皇上的指示教導，所以不須另作打算。很高興見到此書即將完成，真不知該如何慶祝。臣等和天下百姓同受德惠，此書也可通行而光照千秋萬世。尊重聽聞的事蹟，履行瞭解的部分，以免有負於教育的功效；端正自己的品行，申明道義的依歸，希望有助於國家的太平。臣等不勝惶恐。敬謹地呈進奏表。

（蔣秋華／編寫整理）

婁東劉家港天妃宮石刻通番事蹟記
鄭和

鄭和（一三七一或一三七五——一四三三或一四三五），本姓馬，明成祖賜姓鄭，雲南昆陽（今昆明市晉寧區）人，世稱三保（寶）太監。他的祖先可能是阿拉伯或維吾爾人，信奉回教，隨忽必烈征服雲南，遂定居下來。鄭和初事燕王（成祖），從其起兵有功，大受信任。永樂元年（一四〇三），從道行（姚廣孝）皈依佛教，受菩薩戒，法名福善。後來成祖派他率領艦隊，攜帶金帛，出使西洋。到宣宗時，先後七次出使，經三十餘國，所獲寶物，不可勝數。他的通使，俗稱「三寶太監下西洋」，為明初盛事，曾被寫成小說。宣德中卒。

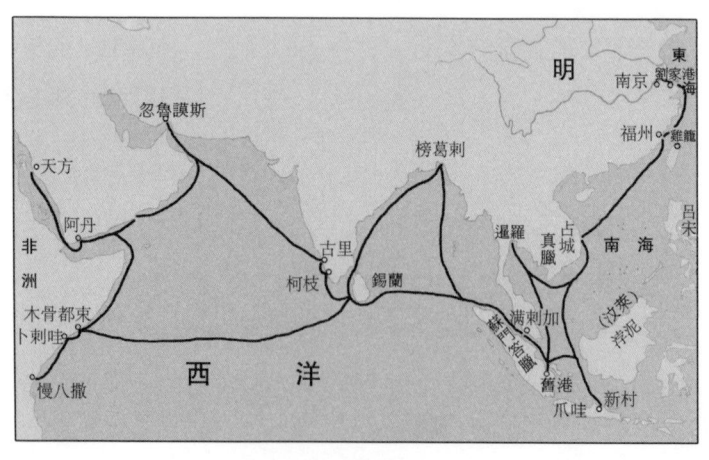

鄭和航海路線圖

背景

　　明成祖派遣鄭和出使西洋，由於次數多、規模大，在當時是一件十分轟動的大事。出使的原因，有人認為是尋訪建文帝的下落，或消滅張士誠、方國珍餘留在海上的勢力，這些都沒有有力的根據，不足採信。真正的原因，應為宣耀國威，以增進海外的貿易與邦交。這兩項任務，在強大武力的支持下，鄭和很圓滿地將其達成了。

　　鄭和奉派出使時，所率領的船隊，擁有二百多艘大小船隻和將近三萬士卒，規模之大，令人歎為觀止。同時他也帶了無數貨物，賞賜那些臣服歸順的國家。成為藩屬的國家，除了遣使入貢外，當地的商人也獲准前來中國從事貿易。明朝為了應付這些國際貿易，特地在寧波、泉州、廣州分設提舉市舶司，處理通商事宜。這些貿易，不但不抽取關稅，還提供免費的食宿和交通。因此，十分吸引各國商人。

　　本篇為宣德六年（一四三一）鄭和等在南京劉家港所立的碑文，文中詳述了歷次通使的經過和各國入貢的情形。

影響

　　這篇碑文使我們知道，鄭和航行經過三十多國，最遠的地方直達非洲東海岸的木骨都束。這麼遙遠的航程，就當時的航海技術和設備而言，是相當不容易的，鄭和卻順利地完成了，真是一件了不起的壯舉。而且鄭和的遠航，比西人達・伽馬繞過好望角東，要早上八十幾年。當然，每次出使，並非全無阻礙，如在三佛齊、錫蘭、蘇門答剌等地，都發生過武裝衝突，幸而憑著靈敏的機智與強大的實力，一一

予以平定。如此一來,反而增長了聲威,讓其他國家更為順服,不敢輕舉妄動。

鄭和奉使西洋,除了樹立明朝宗主國的威信,促進海外貿易,隨從出使的人員中,有人將航行的所見所聞記載下來,如馬歡的《瀛涯勝覽》、鞏珍的《西洋番國志》、費信的《星槎勝覽》,介紹西洋各國的風土人情,成為研究外國史的珍貴資料。不僅在當時,就是現在,依然具有相當大的價值。

原 文

明宣德六年,歲次辛亥,正使太監鄭和、王景弘,副使太監朱良、周滿、洪保、楊真,左少監張達等立[1]。其辭曰:

敕封護國庇民妙靈昭應弘仁普濟天妃之神,威靈布於巨海,功德著於太常,尚矣[2]!和等自永樂初,奉使諸番,今經七次,每統領官兵數萬人,海船百餘艘,自太倉開洋,由占城國、暹羅國、爪哇國、柯枝國,抵於西域忽魯謨斯等三十餘國,涉滄溟十萬里。觀夫鯨波接天,浩浩無涯,或煙霧之溟濛,或風浪之崔嵬,海洋之狀,變態無時。而我之帆船高張,晝夜星馳,非仗神功,曷能康濟?直有險阻,一稱神號,感應如響,即有神燈燭於帆檣。靈光一臨,則變險為夷,

---

1 「正使太監鄭和、王景弘」三句:此碑今日已不存,碑文見於明錢谷《吳都文粹續集》、顧炎武《天下郡國利病書》,本文即錄自錢書。然錢、顧二人所錄,詳略不同,顧氏僅錄「永樂三年」以下的文字,立碑人則較錢氏多出左少監吳忠和都指揮使朱真、王衡三人,而周滿作周福。據考證,當有吳氏等三人,周福應作周滿。
2 敕封護國庇民妙靈昭應弘仁普濟天妃之神:這是永樂五年(一四〇七),成祖給予天妃的封號。功德著於太常:太常為官名,掌管宗廟禮儀,所以對於天妃護民的事蹟,自當載錄,定制祭祀,俾傳久遠。

舟師恬然，咸保無虞。此神功之大概也。及臨外邦，以蠻王之梗化不恭者，生擒之；其寇兵之肆暴侵掠者，殄滅之。海道由而清寧，番人賴以安業，皆神之助也。

神之功績，昔嘗奏請於朝廷，宮於南京龍江之上，永傳紀事[3]。欽承御制紀文，以彰靈貺，褒美至矣[4]！然神之靈，無往不在，若劉家港之行宮，創造有年，每至於斯，即為葺理。宣德五年冬，復奉命諸番國，艤舟祠下，官軍人等，瞻禮勤誠，祀享絡繹，神之殿堂，益加修飾，弘勝舊規。復重建岠山小姐之神祠於宮之後，殿堂神像，粲然一新，官校軍民，咸樂趨事，自有不容己者，非神之功於人心而致乎？是用勒文於石，並記諸番往回之歲月，昭示永久焉。

永樂三年，統領舟師，往古里等國。時海寇陳祖義等，聚眾於三佛齊國，抄掠番商，生擒厥魁。至五年還。

永樂五年，統領舟師，往爪哇、古里、柯枝、暹羅等國，其國王各以方物珍禽獸貢獻。至七年還。

永樂七年，統領舟師，往前各國。道經錫蘭山，其王亞烈苦奈兒，負固不恭，謀害舟師，賴神靈顯應知覺，遂擒其王。至九年歸獻。尋蒙恩宥，俾復歸國。

永樂十二年，統領舟師，往忽魯謨斯等國，其蘇門答剌國，偽王蘇干剌，寇侵本國；其王遣使赴闕，陳訴請救[5]。就統領官兵剿捕，神功默助，遂生擒偽王。至十三年歸獻。是年，滿剌加國王親率妻子

---

3 宮於南京龍江之上：永樂五年（一四〇七）建天妃宮於龍江，並賜封號（見前），又賜額曰「弘仁普濟」。
4 御制紀文：即永樂十四年（一四一六）所賜立的「御制弘仁普濟天妃碑」文。
5 永樂十二年：據《福建長樂南山寺天妃靈應記》，應作十一年。

朝貢。

　　永樂十五年，統領舟師，往西域。其忽魯謨斯進獅子、金錢豹、西馬。阿丹國進麒麟——番名祖剌法，並長角馬哈獸。木骨都束國進花福鹿，並獅子。卜剌哇國進千里駱駝，並駝雞。爪哇國、古里國進縻裡羔獸。各進方物，皆古所未聞者。及遣王男、王弟捧金葉表文朝貢。

　　永樂十九年，統領舟師，遣忽魯謨斯等各國使臣，久待京師者，悉還本國。其各國王貢獻方物，視前有加。

　　宣德五年，仍往諸番國開詔。舟師泊於祠下，思昔數次皆仗神明護助之功，於是勒文於石。

《吳都文粹續集》

譯　文

　　明宣宗宣德六年（一四三一），正使太監鄭和、王景弘，副使太監朱良、周滿、洪保、楊真，左少監張達等設立石碑。碑文如下：

　　受皇帝賜封的護國庇民妙靈昭應弘仁普濟天妃神，不可測的聲勢廣布於大海，護民的功績登錄在太常，真是無以為加了。鄭和等人自明成祖永樂初年，奉命出使諸番國，至今已有七次，每次率領官兵幾萬人、海船一百多艘，從太倉港出發，經過占城國、暹羅國、爪哇國、柯枝國，到達西方忽魯謨斯國，總共經歷三十多個國家，渡海十萬里。看那大浪幾乎與天相接，廣大到沒有邊際，有時生起幽暗的迷霧，有時興起高大的風浪，海洋的形狀，真是變化不停。我們的船隻，高掛船帆，早晚飛快行駛，如果不是依靠天神的幫助，怎麼能夠

安全渡過？每次遇到困難，只要呼喊神名，立刻就能得到反應，出現神燈照耀在帆檣上。神靈的光芒一到，隨即化危險為平安，船隻安全行駛，保證沒有憂慮。這就是神明的效驗。到達外國，凡是不聽從教化的蠻王，便將他活捉；殘暴搶奪的賊寇，便將他們消滅。海上的通道因此而清靜，番國人民因而得以安居樂業，這些都是天神的護佑。

　　天神的功績，從前曾經奏報朝廷，建立宮祠於南京龍江關之上，以便永久流傳功績。又敬承皇帝頒賜碑文，更加顯明神靈的賜福，實在是讚揚到了極點。然而神明的威靈，無所不在，譬如劉家港的行宮，已建造好多年了，每次到這裡，一定加以修補整理。宣德五年（一四三〇）的冬天，我們又奉命出使諸番國，停船於宮祠下，所有的官吏軍人，都虔誠地瞻禮，連續不斷地祭祀、頌禱。天神的殿堂，一再整理，較原有的規模更為宏大。又在天妃宮的後頭重建岠山小姐的祠廟。殿堂裡的神像，呈現鮮明的更新氣象，官兵百姓都樂於前往祭拜，好像身不由己，難道不是神明的效驗留存人心所造成的嗎？因此，刻文於碑石，同時記載到各番國出發、歸來的日期，明白告示後世子孫。

　　永樂三年（一四〇五），率領船隊前往古里等國。當時海盜陳祖義等人聚集徒眾於三佛齊國，搶劫番商，我們活捉了那些首腦人物。永樂五年（一四〇七）回國。

　　永樂五年（一四〇七），率領船隊前往爪哇、古里、柯枝、暹羅等國，當地的國王分別以土產物品、珍禽野獸呈獻朝廷。永樂七年（一四〇九）回國。

　　永樂七年（一四〇九），率領船隊前往曾經去過的國家。經過錫

蘭島時，當地的國王亞烈苦奈兒，倚恃險固而不恭順，想要謀害船隊，幸賴天神顯靈，讓我們知道防備，因而捉住他們的國王。永樂九年（一四一一）回國時，將他呈獻朝廷。不久受皇帝放免，又讓他回到自己的國家。

永樂十二年（一四一四），率領船隊前往忽魯謨斯等國。蘇門答剌的叛變首領蘇干剌，侵犯自己的國家；當地的國王派遣使者來到朝廷，報告叛亂的情形，請求援助。於是我們率領官兵圍捕，靠著神明的暗中幫助，順利地活捉叛亂的首領。永樂十三年（一四一五）回國時，將他呈獻朝廷。這一年，滿剌加國的國王親自率領妻兒入朝進貢。

永樂十五年（一四一七），率領船隊前往西方的國家。忽魯謨斯國進獻獅子、金錢豹、西方的名馬。阿丹國進獻麒麟——番名叫作祖剌法，還進獻了長角馬哈獸。木骨都束國進獻花福鹿和獅子。卜剌哇國進獻千里駱駝和駝雞。爪哇國、古里國進獻糜裡羔獸。各國進貢的土產都是自古以來沒有見過的。同時各國也派遣國王的子弟，捧著寫在金葉上的表文入朝進貢。

永樂十九年（一四二一），率領船隊將忽魯謨斯等各國長久留在京師的使臣全部遣送回他們自己的國家。此後各國國王進貢的土產，比以前更多。

宣德五年（一四三〇），仍然前往諸番國宣示詔書。當船隊停泊在天妃宮下時，回想以往幾次都是倚靠神明的護助，於是將歷次出使的經過刻在石碑上。

（蔣秋華／編寫整理）

教條示龍場諸生
王守仁

王守仁（一四七二—一五二九），字伯安，浙江餘姚（今屬浙江）人。曾築室陽明洞中讀書，學者稱陽明先生，為明代重要的思想家。弘治十二年（一四九九）登進士第。因忤宦官劉瑾，受廷杖，謫為龍場驛丞。窮荒思繹，忽悟格物致知當自求諸心，不當求諸事物，創「知行合一」之說。後平寧王宸濠之亂，封新建伯。晚年為教，專以「致良知」為主，弟子盈天下，世稱「姚江學派」。他的學說與朱熹不同，而接近陸九淵，因有「心學」之稱。隆慶元年（一五六七）追諡文成。著有《傳習錄》《大學問》及詩文雜著等三十八卷，後人編為《王文成公全書》。

王守仁像

背景

明武宗正德元年（一五〇六）冬天，宦官劉瑾將南京給事中御史戴銑等二十餘人逮捕下獄。王守仁上疏請求釋放他們，因而觸怒劉瑾，遭受四十下廷杖，並被貶為貴州龍場驛丞。龍場是個偏遠荒涼的地方，雜居著苗人、黎人，生活非常落後。環境雖然惡劣，可是王守

仁並不氣餒，一方面教導開化夷人，改善他們的生活，一方面靜思昔日所學，悟出「知行合一」的道理。

王守仁少時讀書，即明白世間第一等事並非功業，而是學做聖賢，自此他便立志做世間第一等事、第一等人。長大以後，因受當時以程、朱為道統的學術思潮影響，他也用心於「格物致知」，希望明瞭朱子所謂的格物大旨。他曾經用七天時間，去「格」庭院中的竹子，不但沒有格出什麼道理，反而格出病來。因此，他暫時放棄格物之學，轉而研究辭章文學和佛教、道家的書，並學習打坐、導引。不久他又重行研究儒家學說，但沒有特殊的體悟。

直到他遠謫蠻荒，因身旁無書可讀，只能就以往背誦的書籍反覆思繹，終於讓他想通了。所謂聖人之道，吾性自足，不假外求，而格物致知，只能捨棄枝葉，直探本原才是正道。所以他拈出「良知」二字，教人反觀自得。自此又衍生「知行合一」的學說。「知」是人人生而具有知善知惡的「良知」，「行」就是著實去做良知所知的事，而「知即是行，行即是知」，「知」與「行」不可分。這一套理論日後又發展成「致良知」之教，為王守仁講學的重心。

影 響

明孝宗弘治十八年（一五○五），王守仁只有三十四歲，已經有人願執贄受教，此後他便專心講學授徒。不過，因為師友之道久廢，時人都認為他立異好名，他卻不以為忤，慨然以昌明聖學為己任。貶謫龍場時，雖然地處蠻荒，仍有不少人前來受教。本文就是他在龍場講學時，用來規範諸生的教條。文中指示為學與做人的原則、方法，十

分明白扼要。後來他的功業和學問日益精進，跟從求學的人也愈來愈多，學說鼎盛，弟子遍天下，形成「姚江學派」，主導了明代末葉的學術思想。

原 文

諸生相從於此，甚盛，恐無能為助也，以四事相規，聊以答諸生之意。一曰立志，二曰勤學，三曰改過，四曰責善。其慎聽，毋忽。

立 志

志不立，天下無可成之事。雖百工技藝，未有不本於志者。今學者曠廢隳惰，玩歲愒時，而百無所成，皆由於志之未立耳！故立志而聖則聖矣，立志而賢則賢矣。志不立，如無舵之舟，無銜之馬，漂蕩奔逸，終亦何所底乎[1]？昔人所言：「使為善而父母怒之，兄弟怨之，宗族鄉黨賤惡之，如此而不為善，可也[2]。為善則父母愛之，兄弟悅之，宗族鄉黨敬信之，何苦而不為善、為君子？使為惡而父母愛之，兄弟悅之，宗族鄉黨敬信之，如此而為惡，可也。為惡則父母怒之，兄弟怨之，宗族鄉黨賤惡之，何苦而必為惡、為小人？」諸生念此，亦可以知所立志矣！

---

1 舵：裝在船尾，控制行船方向的工具。銜：馬的勒口器具，用以駕馭馬行的方向。底：應作「厎」，俗書多誤以「厎」作「底」。厎，至、止的意思。
2 鄉黨：指鄉里的人。古代以一萬二千五百家為鄉，五百家為黨。

勤 學

　　已立志為君子，自當從事於學。凡學之不勤，必其志之尚未篤也。從吾遊者，不以聰慧警捷為高，而以勤確謙抑為上。諸生試觀儕輩之中，苟有「虛而為盈，無而為有」，諱己之不能，忌人之有善，自矜自是，大言欺人者；使其人資稟雖甚超邁，儕輩之中，有弗疾惡之者乎[3]？有弗鄙賤之者乎？彼固將以欺人，人果遂為所欺，有弗竊笑之者乎？苟有謙默自持，無能自處，篤志力行，勤學好問，稱人之善，而咎己之失，從人之長，而明己之短，忠信樂易，表裡一致者，使其人資稟雖甚魯鈍，儕輩之中，有弗稱慕之者乎？彼固以無能自處，而不求上人，人果遂以彼為無能，有弗敬尚之者乎？諸生觀此，亦可以知所從事於學矣！

改 過

　　夫過者，自大賢所不免，然不害其卒為大賢者，為其能改也。故不貴於無過，而貴於能改過。諸生自思，平日亦有缺於廉恥忠信之行者乎？亦有薄於孝友之道，陷於狡詐、偷刻之習者乎？諸生殆不至於此。不幸或有之，皆其不知而誤蹈，素無師友之講習規飭也。諸生試內省，萬一有近於是者，固亦不可以不痛自悔咎，然亦不當以此自歉，遂餒於改過從善之心。但能一旦脫然洗滌舊染，雖昔為寇盜，今日不害為君子矣！若曰吾昔已如此，今雖改過而從善，人將不信我，且無贖於前過，反懷羞澀疑沮，而甘心於汙濁終焉，則吾亦絕

---

[3]「虛而為盈」二句：本來空虛，卻裝作充足；本來沒有，卻裝作有。語見《論語‧述而篇》，原文二句互倒。

望爾矣！

責善

　　「責善，朋友之道」，然須「忠告而善道之」，悉其忠愛，致其婉曲，使彼聞之而可從，繹之而可改，有所感而無所怒，乃為善耳[4]！若先暴白其過惡，痛毀極詆，使無所容，彼將發其愧恥憤恨之心，雖欲降以相從，而勢有所不能。是激之而使為惡矣！故凡訐人之短，攻發人之陰私，以沽直者，皆不可以言責善。雖然，我以是而施於人，不可也；人以是而加諸我，凡攻我之失者，皆我師也，安可以不樂受而心感之乎？某於道未有所得，其學鹵莽耳。謬為諸生相從於此，每終夜以思，惡且未免，況於過乎？人謂「事師無犯無隱」，而遂謂師無可諫，非也[5]。諫師之道，直不至於犯，而婉不至於隱耳。使吾而是也，因得以明其是；吾而非也，因得以去其非。蓋教學相長也[6]。諸生責善，當自吾始。

《王陽明全集》

譯文

　　跟著我到這裡的學生很多，我恐怕無法給你們什麼幫助，只好以四件事來勸勉大家，並用來報答你們的心意。一是「立志」，二是

4　責善，朋友之道：朋友之間，當以善相責求。語見《孟子・離婁下》。忠告而善道之：忠誠地用好話勸導朋友。語見《論語・顏淵篇》。

5　事師無犯無隱：侍奉老師要做到不冒犯、不隱蔽。語見《禮記・檀弓上》。

6　教學相長：《禮記・學記》：「學然後知不足，教然後知困。知不足然後能自反也，知困然後能自強也，故曰教學相長也。」謂教與學皆可使自身的學業進步，有相互影響、幫助的關係。敩，覺悟，與「教」同義。

「勤學」，三是「改過」，四是「責善」。務必仔細地聽講，不可輕忽。

立 志

　　如果不立定志向，天下沒有會成功的事。即使是各種工藝技術，也沒有不因立志而成功的。

　　現在的學者，荒怠懶惰，一年到頭只知玩樂，浪費時間，以致一事無成，都是因為沒有立定志向。所以只要立志做聖人，就能夠成為聖人；立志做賢人，就能夠成為賢人。沒有立定志向，就好像沒有舵的船、沒有銜的馬，隨水漂流，任意奔跑，究竟要往何處去呢？

　　古人說：「如果做了善事而讓父母惱怒你，兄弟怨恨你，宗族鄉里的人鄙視憎惡你，所以不做善事，是可以諒解的。做善事而使得父母喜愛你，兄弟喜歡你，宗族鄉里的人敬愛信任你，為什麼不做善事、做個君子呢？假如做了壞事而使父母喜愛你，兄弟喜歡你，宗族鄉里的人敬愛信任你，因此而做壞事，是可以諒解的。做壞事而讓父母惱怒你，兄弟怨恨你，宗族鄉里的人鄙視憎惡你，為什麼要做壞事、做小人呢？」

　　你們想想這些話，也就能夠知道如何立定志向了。

勤 學

　　已經立志做個君子，自然應該努力向學。凡是學習不夠勤奮的人，一定是他的志向不夠專一。

　　跟我求學的人，並不是才智聰明、反應敏捷，就算是高明，只有

勤懇真誠、謙虛有禮的，才值得尊重。

你們試著觀察同學裡面，如果有人以空虛假裝充足，掩飾自己的缺點，嫉妒別人的才能，自我誇耀，說大話欺騙人；即使這種人的天賦真的十分卓越，同學之間，有不討厭他的嗎？有不輕視他的嗎？他雖然想要欺騙人，人們就算真的被他欺騙，有不暗自譏笑他的嗎？

如果有以謙虛沉默來自我約束，以無能自居，卻立志不變而竭力實行，勤奮向學而喜歡發問，稱揚別人的善事，而責備自己的過失，信從別人的長處，而明瞭自己的短處，忠厚信實、和樂平易，內外如一，即使這種人天賦真的十分愚笨，同學之間，有不稱讚敬仰他的嗎？他雖然以無能自居，不想超越別人，人們就算真的認為他無能，有不尊重他的嗎？你們觀察了這些行為，也就知道如何向學了。

改 過

做錯事，連大賢人也免不了，但是這並不妨害他最後仍然是一位賢者，因為他能夠改正自己的過錯。所以可貴的並不是沒有犯過，而是能夠改正過失。

你們自己想想，平常生活中，有缺乏廉、恥、忠、信的行為嗎？有孝順、友愛的事情做得不夠，而養成狡猾奸詐、刻薄寡恩的習性嗎？我想你們大概還不至於如此。如果不幸有人染有這些惡習，都是因為他不明白事理而不小心養成的，平時又沒有老師、朋友為他講解、規勸。

你們試著自我反省，果真有類似上述的行為，原本應該嚴厲地悔過自責，但是也不可因此感到過分的歉疚，以致失去了改過向善的心

意。 只要有朝一日能夠明快地洗淨過去積染的惡習，雖然從前是匪寇強盜，現在仍舊不妨害他成為一位君子。

如果說我從前已經是這樣了，現在雖然改過向善了，別人可能依然不信任我，而且無法彌補以往的過失，反而懷著害羞慚愧、疑懼沮喪的心理，而心甘情願地在罪惡的深淵裡過一輩子，那麼我對他只有感到失望罷了。

責 善

以善道相互勸勉，是朋友相交應有的道理，但是必須忠誠地以好話勸導他，儘量發揮真摯親愛的友情，運用委婉曲折的方式，讓對方聽到後能夠順從，考慮之後能夠糾正錯誤，心中只有感激而沒有怨恨，這樣才是朋友責善之道。

如果一開始就暴露他的過錯，而嚴厲地斥責辱罵，使他無地自容，他可能會因而形成惱羞成怒的心態，雖然有意改過從善，在形式上卻已經不容許他下台了。 這是由於規勸不當而激怒他，使他繼續做壞事。 所以凡是揭發別人的短處，攻擊宣揚他不為人知的私事，以換取正直聲名的人，都稱不上是責善之道。

雖然我絕不可以用這種方式加於別人身上，可是別人用這種方式施之於我時，凡是指責我過失的人，皆是我的老師，怎麼能夠不高興地接受，而衷心地感謝他呢？

我對於正道並沒有什麼心得，學問非常粗陋。 錯誤地讓你們跟隨到這裡，每次整夜反省，大過失尚且無法避免，何況是小過失呢？前人說：「對待老師，要做到不冒犯、不隱過。」因此便有人認為學生不

可以指正老師的錯誤，這是不對的。

　　糾正老師錯誤的方式，必須直率而不至於冒犯，委婉而不至於隱過。假如我是對的，這樣才可以顯明我的好處；我是錯的，也可以去除我的缺點。因為教導與學習，可以增進雙方的進步。你們責求善道，應當從我開始。

（蔣秋華／編寫整理）

擒獲宸濠捷音疏
王守仁

背景

明武宗十五歲即位，因年輕好玩，所以把朝政交由寵信的宦官劉瑾處理。劉瑾招權納賄，弄得民不聊生，雖被處死，卻引起一些小動亂，幸好很快就平伏了。

此後，武宗又親近嬖幸小人，如強尼、江彬等。他們引誘武宗微服出遊，以致朝中經常不見皇帝的蹤跡。再加上武宗一直沒有子嗣，遂引起寧王（封地在江西南昌）朱宸濠的野心。寧王先賄賂強尼，求以其子嗣承大統，但因江彬和太監張永的阻撓，沒有成功，乃積極謀反。

朝中大臣對於寧王存有異心並非懵然無知，也曾上疏告變，但因寧王買通權臣，才未揭露陰謀，朝廷僅派大臣宣諭，收其護

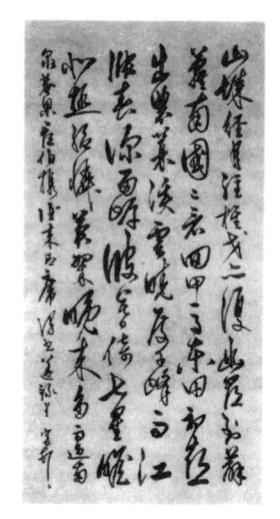

王守仁手跡
《回軍上杭詩軸》

《時雨堂記》
（局部）

衛。至此，寧王遂興兵作亂。

寧王集兵攻陷九江、南康，聲勢十分浩大，準備順長江東下，直取南京，下游百姓大為震動。當時王守仁正奉命討伐福建叛軍，行至豐城，獲知寧王造反，立即回軍平亂。由於他判斷正確，調度得當，所以能迅速將亂事平定，擒住了寧王。

本文為王守仁陳述定亂擒叛經過的奏疏，作於正德十四年（一五一九）七月三十日。

但捷表呈進朝廷，卻被擱置了。因為武宗正以「威武大將軍」的名義，御駕親征。其實他是想借機遊幸江南，故不理會王守仁的奏疏。而嬖幸小人反而要王守仁縱放寧王於鄱陽湖畔，讓皇帝親自捕捉。王守仁將寧王交付太監張永，並請他勸阻武宗南征。

如此一來，得罪了另一位太監張忠，竟被誣指與寧王通謀。平亂有功的伍文定，也被逮捕侮辱。雖然最後查無實據，未予處罰，可是也沒有給予應有的賞賜，足見當時朝廷腐化已至無可復加的地步。

影 響

儒家主張「內聖外王」，而一般學者多偏重「內聖」的功夫，無法兼顧「外王」。

王守仁為一介儒生，在「內聖」方面，有著很深的修養，「外王」方面，他屢次平定叛亂，尤其以平定寧王之亂最為出色。王守仁這篇奏疏，不僅反映了明代中葉最嚴重的動亂，也具體顯示了王守仁發揮儒者內聖外王之學，扭轉明朝命運的作為，令他名重一時，受人景仰，更加擴大了他學說的影響力。

原 文

　　照得先因寧王圖危宗社，興兵作亂，已經具奏請兵征剿外，隨看得寧王虐焰張熾[1]。臣以百數疲弱之卒，未敢輕舉驟進，乃退保吉安，姑為牽制之圖。時遠近軍民劫於寧王之積威，道路以目，莫敢出聲。臣一面督率吉安府知府伍文定等，調集軍民兵快，召募四方報效義勇之士，奏留監察御史謝源、伍希儒，分職任事；一面約會該府鄉官——都御史王懋中，編修鄒守益，郎中曾直，評事羅僑，監察御史張鰲山，僉事劉藍，進士郭持平，參謀驛丞王思、李中，按察使劉遜，參政黃繡，知府劉昭等，相與激發忠義，移檄遠近，布朝廷之深仁，暴寧王之罪惡[2]。於是豪傑回應，人始思奮。

　　時寧王聲言先取南京。臣慮南京尚未有備，恐為所襲，乃先張疑兵於豐城，示以欲攻之勢。故寧王先遣兵出攻南康、九江，而自留居省城以禦臣。至七月初二日，探知臣等兵尚未集，乃留兵萬餘，使守江西省城，而自引兵向闕。臣晝夜促兵，期以本月十五日會臨江之樟樹，而身督知府伍文定等兵徑下。於是知府戴德孺、徐璉、邢珣，通判胡堯元、童琦、談儲，推官王暐、徐文英，知縣李美、李楫、王天與、王冕，各以其兵來赴。

---

1 已經具奏請兵征剿：寧王於武宗正德十四年（一五一九）六月十四日舉兵叛亂。十五日，王守仁得到消息，於十九日，有《飛報寧王謀反疏》進奏，請求朝廷出兵征討。
2 奏留監察御史謝源、伍希儒：謝、伍兩人當時正從廣東來，準備赴京城。王守仁於七月五日上奏《留用官員疏》，請留謝、伍二人，共同戡亂。

十八日，遂至豐城，分哨道，使知府伍文定等進攻廣潤等七門[3]。是日得諜報：「寧王伏兵千餘於新舊墳廠，以援省城。」臣乃遣奉新知縣劉守緒等，從間道夜襲破之，以搖城中。

　　十九日，發市汊，大誓各軍，申布朝廷之威，再暴寧王之惡。莫不切齒痛心，踴躍激憤。薄暮齊發。

　　二十日黎明，各至信地。先是城中為備甚嚴，滾木、灰瓶、火炮、器械，無不畢具。臣所遣兵，已破新舊墳廠，敗潰之卒，皆奔告城中，城中皆已驚懼。至是，復聞我師四面驟集，益震駭奪氣。我師乘其動搖，呼噪並進，梯絙而登。城中之兵，皆倒戈退奔，城遂破。擒其居守宜春王拱檄，及偽太監萬銳等千有餘人。寧王宮中眷屬聞變，縱火自焚，延及居民房屋。臣當令各官分道救火，散釋脅從，封府庫，謹關防，以撫軍民除將擒斬功次，發御史謝源、伍希儒，權令審驗紀錄；及一面分兵，四路追躡寧王嚮往，相機擒剿。於本二十二日已經具題外，當於本日據諜報，及據安慶逃回被虜船戶十餘人報稱：「寧王於十六日攻圍安慶未下，自督兵夫運土填塹，期在必克。是日有守城軍門官差人來報：『贛州王都堂已引兵至豐城，城中軍民震駭，乞作急分兵歸援。』寧王聞之大恐，即欲回舟。因太師李士實等阻勸，以為必須逕往南京，既登大寶，則江西自服。寧王不應[4]。次

---

3 分哨道：分配進攻的人馬。哨，原是屯兵防盜之處，《正字通》：「哨，凡屯戍防盜處，名曰哨。」此處則用來代表一隊或一路人馬。使知府伍文定等進攻廣潤等七門：據王守仁七月十七日的《牌行各哨統兵官進攻屯守》，分派情形如下：伍文定攻廣潤門，邢珣攻順化門，徐璉攻惠民門，戴德孺攻永和門，胡堯元、童琦攻章江門，李美攻德勝門，余恩攻進賢門。

4 寧王不應：王守仁假造蠟書，送給李士實、劉養正，信中提到二人對朝廷的忠誠，並請二人勸寧王發兵東下，以促其敗亡。王守仁故意叫人洩露蠟書的內容，使寧王對李、劉二人產生懷疑，所以才未答應直取南京的建議。

日遂解安慶之圍,移兵泊阮子江,會議先遣兵二萬歸援江西,寧王亦自後督兵隨來。等因。」

　　先是臣等駐兵豐城,眾議安慶被圍,宜引兵直趨安慶。臣以九江、南康皆已為賊所據,而南昌城中數萬之眾,精悍亦且萬餘,食貨充積,我兵若抵安慶,賊必回軍死鬥,安慶之兵,僅僅自守,必不能援我於湖中。南昌之兵,絕我糧道,而九江、南康之賊,合勢撓躡,四方之援,又不可望,事難圖矣！今我師驟集,先聲所加,城中必已震懾,因而並力急攻,其勢必下。已破南昌,賊先破膽奪氣,失其根本,勢必歸救。如此,則安慶之圍自解,而寧王亦可以坐擒矣！至是得報,果如臣等所料。

　　當臣督同領兵知府,會集監軍,及倡義各鄉官等,議所以禦之之策,眾多以寧王兵勢眾盛,氣焰所及,有如燎毛。今四方之援,尚未有一人至者,彼憑其憤怒,悉眾並力而萃於我,勢必不支。且宜斂兵入城,堅壁自守,以待四鄉之援,然後徐圖進止。臣以寧王兵力雖強,軍鋒雖銳,然其所過,徒恃焚掠屠戮之慘,以威劫遠近,未嘗逢大敵與之奇正相角。所以鼓動煽惑其下者,全以進取封爵之利為說。今出未旬月,而輒退歸,士心既已攜沮,我若先出銳卒,乘其惰歸,要迎掩擊,一挫其鋒,眾將不戰自潰。所謂「先人有奪人之氣,攻瑕則堅者瑕」也。是日撫州府知府陳槐兵亦至,於是遣知府伍文定、邢珣、徐璉、戴德孺,合領精兵五百,分道並進,擊其不意。又遣都指揮餘恩,以兵四百往來湖上,以誘致賊兵。知府陳槐,通判胡堯元、童琦、談儲,推官王、徐文英,知縣李美、李楫、王冕、王軾、劉守緒、劉源清等,使各領兵百餘,四面張疑設伏,候伍文定等兵交,然

後四起合擊。

分佈既定，臣乃大賑城中軍民。慮宗室、郡王、將軍或為內應生變，親慰諭之，以安其心。又出給告示：「凡脅從皆不問；雖嘗受賊官爵，能逃歸者，皆免死；斬賊徒歸降者，給賞。」使內外居民及鄉道人等，四路傳播，以解散其黨。

二十三日，復得諜報：「寧王先鋒已至樵舍，風帆蔽江，前後數十里，不能計其數。」臣乃分督各兵，乘夜趨進。使伍文定以正兵當其前，余恩繼其後，邢珣引兵繞出賊背，徐璉、戴德孺張兩翼，以分其勢。

二十四日早，賊兵鼓噪乘風而前，逼黃家渡，其氣驕甚。伍文定、余恩之兵，佯北以致之。賊爭進趨利，前後不相及。邢珣之兵，從後橫擊，直貫其中，賊敗走。文定、恩督兵乘之，璉、德孺合勢夾攻，四面伏兵亦呼噪並起。賊不知所為，遂大潰。追奔十餘里，擒斬二千餘級，落水死者以萬數。賊氣大沮，引兵退保八字腦，賊眾稍稍遁散。寧王震懼，乃身自激勵將士，賞其當先者以千金，被傷者八百兩，使人盡發九江、南康守城之兵以益師。是日建昌知府曾璵引兵亦至。臣以九江不破，則湖兵終不敢越九江以援我；南康不復，則我兵亦不能逾南康以躡賊。乃遣知府陳槐領兵四百，合饒州知府林珹之兵，乘間以攻九江；知府曾璵領兵四百，合廣信知府周朝佐之兵，乘間以取南康。

二十五日，賊復並力，盛氣挑戰。時風勢不便，我兵少卻，死者數十人。臣急令人斬取先卻者頭。知府伍文定等，立於銃炮之間，火燎其須，不敢退，奮督各兵，殊死並進。炮及寧王舟，寧王退走，遂

大敗。擒斬二千餘級，溺水死者，不計其數。賊復退保樵舍，連舟為方陣，盡出其金銀以賞士。臣乃夜督伍文定等，為火攻之具；邢珣擊其左，徐璉、戴德孺出其右，余恩等各官，分兵四伏：期火發而合。

　　二十六日，寧王方朝群臣，拘集所執三司各官，責其間以不致死力，坐觀成敗者[5]。將引出斬之，爭論未決，而我兵已奮擊。四面而集，火及寧王副舟，眾遂奔散。寧王與妃嬪泣別，妃嬪、宮人皆赴水死。我兵遂執寧王，並其世子、郡王、將軍、儀賓，及偽太師、國師、元帥、參贊、尚書、都督、都指揮、千百戶等官——李士實、劉養正、劉吉、屠欽、王綸、熊瓊、盧珩、羅璜、丁饋、王春、吳十三、凌十一、秦榮、葛江、劉勳、何鏜、王信、吳國七、火信等數百餘人；被執脅從官——太監王宏，御史王金，主事金山，按察使楊璋，僉事王疇、潘鵬，參政程杲，布政梁辰，都指揮郟文、馬驥、白昂等。擒斬賊黨三千餘級，落水死者約三萬餘。棄其衣甲、器仗、財物，與浮屍積聚，橫亙若洲焉。於其餘賊數百艘，四散逃潰，臣復遣各官，分路追剿，毋令逸入他境為患。

　　二十七日，及之於樵舍，大破之。又破之於吳城，擒斬復千餘級，落水死者殆盡。

　　二十八日，得知府陳槐等報，亦各與賊戰於沿湖諸處，擒斬各千餘級。臣等既擒寧王而入，闔城內外軍民聚觀者以數萬，歡呼之聲，震動天地。莫不舉手加額，真若解倒懸之苦，而出於水火之中也。

---

5 三司：明代的布政使司、按察使司、都指揮使司，合稱三司，都是各行省的文武長官。

除將寧王並其世子、郡王、將軍、儀賓，偽授太師、國師、元帥、都督、都指揮等官，各令監羈候解；被執脅從等官，並各宗室，別行議奏。及將擒斬俘獲功次一萬一千有奇，發御史謝源、伍希儒，暫令審驗紀錄，另行造冊繳報外，照得臣節該欽奉敕諭：「但有盜賊生髮，即便嚴督各該兵備、守備、守巡，並各軍衛有司，設法調兵剿殺。其管領兵快人等官員，不問文職、武職，若在軍前違期，並逗留退縮者，俱聽以軍法從事。生擒盜賊，鞫問明白，亦聽就行斬首示眾。斬獲賊級，行令各該兵備、守巡、守備官，即時紀驗明白，備行江西按察司，造冊繳報。查照事例，升賞激勸。欽此。」及准兵部題稱：「今後但草賊生發，事情緊急，該管官司，即便依律調撥官軍，乘機剿捕；應合會捕者，亦即調發策應。等因。」節奉欽依，備諮前來。又節該奉敕：「如或江西別府報有賊情緊急，移文至日，爾亦要及時遣兵策應，毋得違誤。欽此。」

俱經欽遵外，竊照寧王烝淫奸暴，腥穢彰聞，賊殺善類，剝害細民。數其罪惡，世所未有；不軌之謀，已逾一紀；積威所劫，遠被四方[6]。士夫雖在千里之外，皆閉目搖手，莫敢論其是非；小人雖在幽僻之中，且吞聲飲恨，不敢訴其冤抑。兼又招納叛亡，誘致劇賊渠魁，如吳十三、凌十一之屬，牽引數千餘眾。召募四方武藝驍勇，力能拔樹排關者，亦萬有餘徒。又使其黨王春等，分賚金銀數萬，陰置奸徒於滄州、淮陽、山東、河南之間，亦各數千。比其起事之日，從其護衛姻族，連其黨與朋私，驅脅商旅軍民，分遣其官屬親昵，使各

---

6 一紀：古人以十二年為一紀。《正字通》：「紀，十二年為一紀，取歲星一周天之義。」

募兵從行,多者數千,少者數百。帆檣蔽江,眾號一十八萬;其從之東下者,實亦不下八九萬餘。且又矯稱密旨,以脅制遠近;偽傳檄諭,以搖惑人心。故其舉兵倡亂,一月有餘,而四萬震懾畏避,皆謂其大事已定,莫敢抗義出身,與之爭衡從事。抱節者,僅堅城而自守;忠憤者,惟集兵以俟時。非知謀忠義之不足,其氣焰使然也。

臣以孱弱多病之質,才不逮於凡庸,知每失之迂繆,當茲大變,輒敢冒非其任,以行旅數百之卒,起事於顛沛危疑之際。旬月之間,遂能克復堅城,俘擒元惡;以萬餘烏合之兵,而破強寇十萬之眾:是固上天之陰騭、宗社之默佑、陛下之威靈。而廊廟謀議諸臣,消禍於將萌,而預為之處;見機於未動,而潛為之制。改臣提督,使得扼制上流,而凜然有虎豹在山之威;申明律例,使人自為戰,而翕然有臂指相使之形;敕臣以及時策應,不限以地,而隱然有常山首尾之勢[7]。故臣得以不俟詔旨之下,而調集數郡之兵;數郡之民,亦不待詔旨之督,而自有以赴國家之難。長驅越境,直搗窮追,不以非任為嫌。是乃伏至險於無形之中,藏不測於常制之外。人徒見嬖奚之多獲,而不知王良之善禦,有以致之也[8]。

然則今日之舉,廊廟諸臣預謀早計之功,其又孰得而先之乎?及

---

[7] 臂指相使之形:用手臂指揮動作,比喻事情容易、便利。《資治通鑒》:「(唐)肅宗乾元元年……臣光曰:『若綱條之相維,臂指之相使。』」常山首尾之勢:常山之蛇,擊之則首尾相應,用以喻善用兵者。《孫子兵法‧九地篇》:「故善用兵者,譬如率然。率然者,常山之蛇也,擊其首則尾至,擊其尾則首至,擊其中則首尾俱至。」又古陣法有常山陣,形狀則與常山之蛇相似。
[8] 「人徒見嬖奚之多獲」二句:嬖奚是趙簡子的寵臣,簡子命善於駕車的王良為嬖奚駕車出獵。王良按照馳驅的法度行駛,嬖奚打不到獵物;不依法度行駛,嬖奚卻獲得很多獵物。最後,王良不願違度以討好嬖奚,而拒絕擔任他的專任駛駕。此事見於《孟子‧滕文公下》。

照御史謝源、伍希儒監軍督哨，謀畫居多，倡勇宣威，勞苦備嘗；領哨知府伍文定、邢珣、徐璉、戴德孺、陳槐、曾璵、林珹、周朝佐，署都指揮僉事余恩；分哨通判胡堯元、童琦、談儲，推官王暐、徐文英，知縣李楫、李美、王冕、王軾、劉源清、劉守緒、傅南喬；隨哨通判楊昉、陳旦，指揮麻璽、高睿、孟俊，知縣張淮、應恩、王庭、顧佖、萬士賢、馬津等，雖效績輸能，亦有等列，然皆首從義師，爭赴國難，協謀並力，共收全功。其間若伍文定、邢珣、徐璉、戴德孺等，冒險衛鋒，功烈尤懋；鄉官都御史王懋中，編修鄒守益，御史張鰲山，郎中曾直，評事羅僑，僉事劉藍，進士郭持平，驛丞王思、李中，按察使劉遜，參政黃繡，知府劉昭等，仗義興兵，協張威武，運籌贊畫，夾輔折衝。以上各官功勞，雖在尋常征剿，亦已甚為難得。況當震恐搖惑，四方知勇，莫敢一鷹其鋒，而各官激烈忠憤，捐身殉國，乃能若此。伏願皇上論功朝錫之餘，普加爵賞旌擢，以勸天下之忠義，以勵將來之懦怯。仍詔示天下，使知奸雄若寧王者，蓄其不軌之謀，已十有餘年，而發之旬月，輒就擒滅，於以見天命之有在，神器之不可窺——以定天下之志。尤願皇上罷息巡幸，建立國本，端拱勵精，以承宗社之洪休，以絕奸雄之覬覦，則天下幸甚[9]！臣等幸甚！緣系捷音事理，為此具本，專差千戶王佐親齎，謹具題知。

《王陽明全集》

---

9 罷息巡幸：武宗經常出宮遊玩，此時他借機親征，到江南征選美女，叛變雖已平定，仍不肯回京。後來王守仁還上了《請止親征疏》勸武宗早日回京。

譯 文

先前查知寧王企圖造反，起兵作亂，已經進奏請求派兵討伐外，又隨即發現寧王暴虐，氣焰囂張。我只有百餘名疲勞衰弱的士兵，不敢輕率進兵，所以退到吉安，暫且作為牽制之用。

這時遠近軍民都為寧王的淫威所脅迫，路上相見，只能以目示意，不敢發出一點聲音。我一方面監督率領吉安府知府伍文定等人，調遣集合軍民和捕快，招募各地願意報效朝廷的義勇志士，奏請留用監察御史謝源、伍希儒，讓他們分擔職務；一方面邀集會合吉安府的地方官──都御史王懋中，編修鄒守益，郎中曾直，評事羅僑，監察御史張鼇山，僉事劉藍，進士郭持平，參謀驛丞王思、李中，按察使劉遜，參政黃繡，知府劉昭等人，共同激勵忠義，以檄文移告遠近的百姓，宣揚朝廷深厚的仁德，暴露寧王的罪惡。因此豪傑之士紛紛回應，大家才想到應該努力振作。

當時寧王言明要先攻取南京，我擔心南京還沒有做好防備，恐怕會遭到侵襲，於是先在豐城埋伏疑兵，做出打算進攻的樣勢。使得寧王先派兵進攻南康、九江，而自己留在江西省城內，來抵抗我的攻勢。到七月二日，寧王探查出我這方面的人馬還沒有會合，便留下一萬多的士兵，防守江西省城，而自己率兵向朝廷進攻。

我日夜催促各地兵馬，以七月十五日為期，會合於臨江的樟樹鎮，自己則親自監督知府伍文定等人的兵馬直接前往。知府戴德孺、徐璉、邢珣，通判胡堯元、童琦、談儲，推官王暐、徐文英，知縣李美、李楫、王天與、王冕等人，也分別率領軍隊前來會合。

十八日，到達豐城，分配進攻的人馬，命知府伍文定等人進攻廣

潤門等七個城門。當天得到斥候的報告：「寧王在新舊墳廠埋伏了一千多名士兵，援助江西省城。」所以我派遣奉新知縣劉守緒等人，從偏僻的道路趁夜偷襲伏兵，以動搖城中的人心。

十九日，從市汊出發，鄭重地告誡各路人馬，申明朝廷的威嚴，再次暴白寧王的罪惡。士兵們無不咬牙切齒、痛心疾首，激動憤怒得跳躍起來。將近黃昏時，一起出發。

二十日天剛亮，士卒分別到達約定的地方。起先省城裡面防備得非常嚴密，滾木、灰瓶、火炮、器械等武器，全都具備了。而我先前派出的士兵已經擊破新舊墳廠的伏兵，戰敗潰散的逃兵奔回城裡傳告戰敗之事，城中的人都感到驚訝恐懼。到這個時候，又聽見我方的軍隊從四面八方會合，更是喪氣。我軍趁著城中人心動搖，一齊呼喊進攻，利用繩梯登上城牆。城中的守兵都倒轉戈矛，向後撤退棄逃，省城便輕易被攻破。我軍捉住了留守城中的宜春王朱拱樤和偽太監萬銳等一千多人。

寧王宮中的家屬得知變故，便放火自焚，火勢延燒到附近百姓的房屋。我立即命令各個官員，分頭救火，釋放被脅迫從亂的人，封閉府庫，謹守關隘，以安撫軍民。一方面將捕捉、斬獲的功勳大小等類，交給御史謝源、伍希儒，暫且讓他們審查紀錄；一方面又分派士卒，四路追蹤寧王的去向，乘機予以擒捕。

這些事情除已於七月二十二日持題本上奏外，又在本日（二十日）根據偵察的報告上報，其中還參考了自安慶逃回來被俘虜的十餘名船家的報告：「寧王在十六日圍攻安慶，未能取下，便親自監督士兵民夫運土填補護城河，矢志攻下此城。當天有江西省城守城的統

兵官,派人向寧王報告:『贛州王都堂(守仁)已經領兵到達豐城,城裡的軍民十分害怕,請求快速派兵回來援助。』寧王聽了,大為恐慌,馬上想要登船回航。太師李士實等人勸阻他,認為必須直接攻往南京,登上帝位之後,江西自然臣服。寧王沒有答應他們的建議。第二天就解除了安慶的包圍,調動軍隊停靠阮子江,開會決定先派二萬兵馬,回去援救江西,寧王也隨後監督軍隊跟來。等等。」

起初,我們駐守在豐城,眾人認為安慶被包圍,應該領兵直接前往安慶。我卻以為九江、南康已被叛賊佔據,而南昌城裡有好幾萬人,精銳強悍的士卒也有一萬多人,糧食又充足,我軍如果前往安慶,叛賊一定回頭拼命。安慶城內的士兵,只能自守,必然無法援救我軍於鄱陽湖中。南昌城的士兵,斷阻我軍的糧道,而九江、南康的叛賊,聯合起來追蹤騷擾,各地的援兵又不可指望,事情便很難預料了!現在我軍突然會合,已經先聲奪人,城內的人必然震動懾服,進而合力急攻,一定可以攻下。

既破南昌,叛賊已經嚇破膽子、喪失鬥志,唯恐失去根據地,一定回師救援。如此一來,安慶的包圍自然解除,而寧王也可以坐等著就擒了!這時獲得報告,果然如我所料。

當我監督領兵的知府,會合監軍,以及起義的各個地方官,商議如何抵禦叛賊的策略時,大家都認為寧王兵力眾多而且壯盛,氣勢所到之處,其他如同以火燒毛般快速陷落。

現在各地的援兵還沒有一人到達,寧王以憤怒的心情,發動所有的軍隊,集中起來對付我們,我軍一定無法支援。應該暫且收兵入城,嚴密防守,等待援兵,然後再慢慢討論如何行動。

我認為寧王兵力雖然強盛，軍隊的威勢雖然銳利，但是他經過的地方，只依仗焚燒搶掠屠殺的殘酷，以威嚇劫持遠方和近處的人，不曾遭遇強硬的對手和他側面或正面對抗。寧王用來鼓勵屬下的，不過是以加官封爵的好處作為引誘。

現在出兵不到十天、一個月，就退兵歸返，人心已經離攜沮喪，我方如果先派遣精銳的士卒，乘著他們在息惰歸兵的途中攔截襲擊，只要摧折他的銳氣，不須交戰，徒眾就會自行潰散。這就是「先誇張聲勢，以奪取敵人的銳氣；先攻擊罅隙，使堅固的東西出現斑痕」。這一天，撫州知府陳槐的軍隊也到了，於是派遣知府伍文定、邢珣、徐璉、戴德孺，一同率領五百名精兵，分從各路一齊前進，出其不意地攻擊叛賊。又派遣都指揮使余恩，率領四百名精兵，在鄱陽湖上來回奔行，引誘賊兵進攻。知府陳槐，通判胡堯元、童琦、談儲，推官王暐、徐文英，知縣李美、李楫、王冕、王軾、劉守緒、劉源清等人，讓他們分別率領百餘名士兵，在各處虛張聲勢、設立埋伏，等到伍文定等人與叛賊交戰，然後從四面八方圍擊。

分派佈置完畢，我便賑濟城內的軍士百姓。我擔心城內的宗室、郡王、將軍可能會做賊兵的內應，而造成動亂，便親自前往安慰曉諭，使他們安心。又張貼告示：「凡是被脅迫參加叛亂的人，都不追究；雖然曾經接受叛賊封賞官爵，只要逃回來的，都免除死罪；斬殺叛賊而投降的，給予賞賜。」讓城內城外的居民和鄉間百姓、路上的行人，四處散播這個消息，來瓦解賊黨。

二十三日，又得到偵探的報告：「寧王的先鋒部隊已經到達樵舍，船隻遮蔽了整個江面，前後連接有幾十里，無法估計他的數

目。」我立即督促各處人馬,乘夜迅速前進。命伍文定率軍從正面阻擋,余恩在後接應,邢珣率兵繞道至叛軍的後頭,徐璉、戴德孺分佈在左右兩方,以分散敵軍的力量。

二十四日早上,賊兵大聲呼喊,順著風勢前進,直逼黃家渡,聲勢十分驕橫。伍文定、余恩的部隊假裝敗退,以引誘賊兵。叛賊紛紛搶奪戰利品,使得前後隊伍無法連貫。邢珣的軍隊自敵後攔腰攻擊,直接貫穿賊兵的中心,叛賊大敗而逃。伍文定、余恩率兵乘勝追擊,徐璉、戴德孺合兵夾擊,四面八方埋伏的士兵也呼喊著一起攻擊。賊兵不知如何應付,只得四處逃散。我軍追擊了十幾里,共擒捕斬殺兩千多人,跌落水中死亡的有萬餘人。叛賊的士氣大為沮喪,因而率兵退守八字腦,賊徒已漸漸有人分散逃走。寧王感到十萬恐懼,便親自鼓勵官兵,賞賜勇敢向前的人一千金、受傷的八百兩,命人調動九江、南康守城的全部士兵前來助威。

這一天,建昌知府曾璵也率兵趕到。我認為不攻下九江,鄱陽湖上的軍隊必定不敢越過九江,來援助我軍;不收復南康,我軍也無法逾越南康追逐叛賊。因此,我派知府陳槐率領四百名士兵,聯同饒州知府林珹的軍隊,乘機進攻九江;派知府曾璵率領四百名士兵,連同廣信知府周朝佐的軍隊,乘機攻取南康。

二十五日,叛賊又合併軍隊,驕橫地前來挑戰。當時因為風勢不利,我軍稍有退卻,死了幾十人。我馬上下令斬殺退卻的人。知府伍文定等人,站在火炮旁邊,炮火燒到他的鬍鬚,他也不退卻,依舊奮勇督導各個士兵,拚死一齊發炮。

炮火打中寧王的坐船,嚇得寧王趕緊逃跑,賊兵因而大敗。我

軍擒捕斬殺了兩千多人，淹死的不計其數。賊兵又退守樵舍，連接船隻，形成方陣，拿出全部金銀賞給部下。我乘夜督率伍文定等人，準備火攻的用具；命邢珣從左面攻擊，徐璉、戴德孺從右面攻擊，余恩等官員領兵西面埋伏：約定發炮起火後，一齊會合。

二十六日，寧王正在朝會群臣，拘拿三司的官員，斥責其中不願盡力、坐觀成敗的人。將要牽出斬首，還在爭論不休的時候，我軍已經奮力攻擊了。炮火打中寧王的副舟，賊徒立即逃散。寧王和妃嬪痛哭別離，妃嬪、宮人都跳水自殺。

我軍乃捉住寧王，連同王子、郡王、將軍、儀賓，以及偽授的太師、國師、元帥、參贊、尚書、都督、都指揮、千戶、百戶等官員——李士實、劉養正、劉吉、屠欽、王綸、熊瓊、盧珩、羅璜、丁饋、王春、吳十三、凌十一、秦榮、葛江、劉勳、何鎧、王信、吳國七、火信等幾百人；還有被拘捕脅迫從亂的官員——太監王宏、御史王金，主事金山，按察使楊璋，僉事王疇、潘鵬，參政程杲，布政梁辰，都指揮郟文、馬驥、白昂等人。擒捕斬殺賊黨三千多人，跌落水中淹死的有三萬多人。丟棄的衣服甲冑、儀仗器物、金銀財寶，和水中浮屍堆積在一起，綿延成線，好像沙洲。至於剩下的幾百艘賊船，四處逃散，我又派遣官員分道追擊圍剿，絕不讓叛賊逃到別處去繼續作亂。

二十七日，追到樵舍，大破賊兵。又大敗於吳城，再次擒捕斬殺一千多人，其餘幾乎全部跌落水中淹死。

二十八日，獲得知府陳槐等人的報告，他們也分別與叛賊交戰於鄱陽湖旁的幾個地方，每處擒殺了一千多人。我們既然捉住寧王，進

入江西省城,全城內外軍士百姓聚集觀看的有好幾萬人,歡呼的聲音可以震動天地。全都高興得拱手與額相齊,如同解除他們被倒吊的痛苦,或從水深火熱中將他們解救出來。

除了把寧王與他的兒子、郡王、將軍、儀賓,偽授的太師、國師、元帥、都督、都指揮等官員,分別命令監禁羈押,等待解送;被拘捕脅迫叛亂的官員,以及宗室弟子,也另外處置呈報。又將一萬一千多項擒捕斬殺、俘虜的功績,交給御史謝源、伍希儒,暫時由他們審查登記,另外除製作名冊呈報外,又查照得知節錄的皇帝告諭:「只要出現盜賊作亂,立即嚴厲督導各地負責的兵備、守備、守巡,以及各軍衛的負責人,設法調派軍隊圍剿斬殺。管理士兵、捕快的官員,不論是文職、武職,如果在軍中違誤日期,以及停留不進或後退的,全部按照軍法處置。活捉的盜賊,詢問清楚,也准許斬首示眾。斬殺賊人的首級,下令各個負責的兵備、守巡、守備官,立刻實驗登記詳明,移送江西按察司,製成名冊呈報。我會據實審查,而以升官、賞賜作為鼓勵。欽此。」

又依據兵部章奏說:「從今以後,只要出現賊寇,如果事情十分緊急,負責的官員可以立即依法調動撥派官軍,乘機進剿圍捕;應該聯合圍捕的,也立刻調派呼應。等等。」節錄的令諭,都敬謹地遵從,可供詢問。又節錄皇帝的同一告諭:「如果江西其他府州呈報當地賊亂緊急,公文到達的那一天,你也要適時地派遣士卒接應,不可違反失誤。欽此。」

令諭全都敬謹遵行外,我又查知:寧王淫亂殘暴、汙濁穢惡的行為遠近皆知,他殘殺好人,迫害百姓。計算他的罪惡,真是世上從未

有過；不法的陰謀，已超過十二年；蓄積的淫威，脅迫百姓，遠達各地。士大夫雖然遠在千里以外，都閉上眼睛，搖動手掌，不敢議論他的對錯；人民雖然居處幽暗偏遠，也忍氣吞聲，不敢申述自己的冤屈。同時又招募收納叛亂逃亡的人，引誘強大的盜賊頭目，如吳十三、凌十一等人，聚集好幾千徒眾。募集各地武藝高強、勇敢狠猛，力量足以拔起大樹、推動關門的人，也有一萬多。

又命令同黨王春等人，分別攜帶數萬兩金銀，暗中佈置賊徒於滄州、淮陽、山東、河南之間，也各有幾千人。等到寧王開始叛亂的時候，率領他的護衛、親屬，連同他的黨羽和朋友，驅趕脅迫商人、軍士、百姓；又分別派遣親密的官員，讓他們招募兵馬起叛亂，多的有幾千人，少的也有幾百人。船隻遮蔽江面，號稱有十八萬人馬；跟隨寧王東下的，實際上也不少於八九萬人。而且又假稱奉有密旨，來脅迫遠方和近處的人；詐傳檄文詔諭，動搖迷惑人心。所以寧王雖起兵作亂才一個多月，但各地害怕逃避，都認為事情已經成了定局，不敢仗義出面，和他抗爭周旋。守節的人，嚴密地防守城池，只圖自保；忠勇憤慨的人，則集合人馬，等待時機進擊。這並不是他們智謀、忠義不足，實在是寧王的氣勢強盛所造成的。

我的身體瘦弱多病，才能比不上平凡庸俗的人，計畫經常發生錯誤，遭逢這次重大的變亂，竟然敢擔當非我所能勝任的事情，以行軍在外的幾百名士卒，在困苦危險的時候發兵抵禦。十天、一個月之內，竟然能夠攻取堅固的城池，捕捉主要的賊首；以一萬多倉促結合的士兵，擊破十餘萬的強大賊寇：這應該是上天暗中的幫助、宗廟社稷暗中的保佑、皇帝不可測的聲勢所造成的。

至於朝廷籌畫計議的大臣，消除禍事於初起之時，而事先做好安排；在事機還未發動前，已暗自做好防範。改任我為提督，讓我可以控制上流，凜凜然擁有如同虎豹在山的威勢；明白宣示法令，讓每個人奮力作戰，具有如同用手臂來指揮動作般的便利；命令我及時接應，不受地區的限制，具有如同常山蛇首尾相互照應的形勢。因此，我可以不必等待詔命的到來，就調動集合數郡的兵馬；數郡的百姓，也不必等候詔命的督促，自動為國除亂。長驅直入，越過境界，全力攻擊追蹤，不以並非自己的任務而避嫌。

　　因此，平復危險於無形之中，壓抑變亂於常制之外。人們只看見嬖奚獲得很多獵物，卻不知道王良善於駕車，有讓他獲得的原因。

　　因此今天的事情，朝廷大臣預先籌畫，早做設計的功勞，有誰能夠超過呢？又查知御史謝源、伍希儒監督軍隊，督導巡邏，屢次籌畫、鼓勵士氣、宣揚朝威，嘗盡各種勞苦；領哨知府伍文定、邢珣、徐璉、戴德孺、陳槐、曾璵、林珹、周朝佐，署都指揮僉事余恩；分哨通判胡堯元、童琦、談儲，推官王暐、徐文英，知縣李楫、李美、王冕、王軾、劉源清、劉守緒、傅南喬；隨哨通判楊昉、陳旦，指揮麻璽、高睿、孟俊，知縣張淮、應恩、王庭、顧佖、萬士賢、馬津等人，雖然同心盡力，有功勞大小的不同，然而都是首先起事的義軍，爭著為國除難，合謀並力，一同完成全部的事功。其中如伍文定、邢珣、徐璉、戴德孺等人，冒著危險，衝鋒陷陣，功勞尤大；地方官都御史王懋中，編修鄒守益，御史張鼇山，郎中曾直，評事羅僑，僉事劉藍，進士郭持平，驛丞王思、李中，按察使劉遜，參政黃繡，知府劉昭等人，仗義起兵，協助軍威，思謀策劃，輔佐抵制敵人。以上所

列各位官員的功勞，雖然是一般的征討，也十分難得了。何況當時人心震動恐懼、動搖迷惑，各地方智謀勇武的人，不敢討伐寧王銳利的軍鋒，都是靠各位官員鼓舞忠誠憤慨，捨身為國，亂事才能這麼快平定。我希望皇上論功賞賜之外，以全面加官晉爵作為表揚提拔，這樣可以勸勉天下忠義之士，鼓勵懦弱膽怯的人，在未來出事時，能夠振作。還要詔告天下百姓，讓大家知道奸詐雄霸如寧王這種人，蓄積不法的陰謀長達十幾年，然而發動不到十天、一個月，就被捕捉消滅，由此可見天命所在，帝王之位不可窺伺──可以安定國人的心志。尤其希望皇上停止出遊巡幸，及早設立太子，正身振作，承接宗廟國家的大福，斷絕奸雄的非分之想，那麼就是國家的幸福，也是臣子的幸福了。趁著報告捷訊的事情，呈上這份奏疏，特別派遣千戶王佐親自持送，敬謹地呈報皇帝知曉。

（蔣秋華／編寫整理）

禦倭議
歸有光

歸有光(一五〇七一一五七一),字熙甫,昆山(今屬江蘇)人。九歲能屬文,弱冠通五經三史。居嘉定,讀書談道,生徒常數百人,人稱震川先生。嘉靖三十二年(一五五三),倭人大舉入寇,沿海奸民趁機劫掠,益增匪勢。歸有光身受其害,乃作《御倭議》《備倭事略》,欲朝廷用之。歸有光年七十始舉進士,授長興知縣,用古教化為治。其後,大學士高拱雅知有光,引為南京太僕寺丞,修世宗實錄,卒於官。

歸有光像

背 景

「倭寇入侵」是明代東南沿海最嚴重的外患,積痼難除。追究原因,頗為複雜。

先是元世祖兩次跨海東征,如果不是颶風翻覆元艦,日本幾乎就此滅亡。當時日本正處於戰國時代,內憂外患交陳,只好借著與元通商的時候,派間諜到中國窺探元軍虛實,以預做準備。

後來,日本島國終於分崩離析,形成「南北對峙」的局面。戰

敗的武士無所歸宿，只好四處遊蕩，形成浪人問題；或者淪為海盜，掠奪商船。時間一久，海盜們得到以前間諜的經驗，開始劫掠中國沿海各地。此時中國正是明太祖初平群雄、統一天下之際。戰敗的浙江沿海豪傑巨賈，也相繼入海，與日本浪人勾結。於是聲勢愈發龐大，終於成為明代沿海的大患，綿延二百多年而不息。

影 響

　　世宗嘉靖三十二年（一五五三），明人汪直勾結倭寇入侵，沿海居民盡為荼毒。這時歸有光正在江蘇嘉定講學，身受其害，所以寫了這一篇《御倭議》給朝廷，提供制變對策。可是當局似乎並未採用。因為歸氏的提議雖然簡單明瞭，實際上卻不是疲軟老大、自私自利的朝廷官員所能夠接受的。

　　不過，從這篇文章裡，我們可以知道中日外交情勢、倭寇崛起緣由與當時防範的方法，是研究明代海患的一篇重要文獻。

原 文

　　日本在百濟、新羅東南大海中，依山島以居。當會稽東，與儋耳相近[1]。而都於

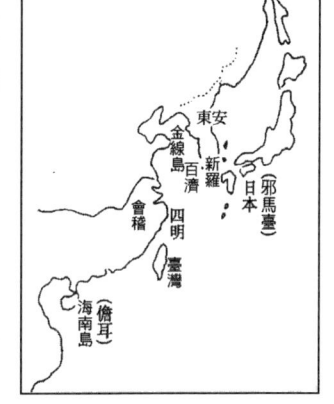

---

1 日本……與儋耳相近：這一段話，可以由地形簡圖上看出歸有光的誤解。他將日本與琉球，混為一談了。

邪摩堆，所謂邪馬台也²。古未通中國，漢建武時，始遣使朝貢³。前世未嘗犯邊。自前元於四明通互市，遂因之鈔掠居人，而國初為寇始甚⁴。然自宣德以後，金線島之捷，亦無復有至者矣⁵。

今日啟戎召釁，實自中國奸民冒禁闌出，失於防閑。事今已往，追悔無及。但國家威靈所及，薄海內外，罔不臣貢。而蕞爾小夷，敢肆馮陵。

魏正始中，宣武於東堂引見高麗使者，以夫餘、涉羅之貢不至，宣武曰：「高麗世荷上將，專制海外，九夷黠虜，實得征之。方貢之愆，責在連率。」⁶故高麗世有都督遼海征東將軍、領東夷中郎將之號。今世朝鮮國雖無專征之任，而形勢實能制之。況其王素號恭順，倭奴侵犯，宜可以此責之。不然，必興兵直搗其國都，系累其王，始足以伸中國之威。如前世慕容皝、陳稜、李勣、蘇定方，未嘗不得志於海

---

2 邪摩堆：即邪馬台，日本古國名。《後漢書・東夷傳》：「其大倭王居邪馬台國。」《三國志・魏書・倭國傳》也有日本邪馬台國。其地望有二說，一指大和（今奈良縣），一指九州（今福岡縣山門郡），近代學者之考證，較趨向後者。
3 漢建武時，始遣使朝貢：漢光武帝建武二十五年（四九），玄菟北千里之夫餘國，遣使入貢，帝厚答之。於是使命歲通。
4 四明通互市：元世祖至元十四年（一二七七），朝廷於泉州、廣州、慶元（四明）、上海等地設置市舶司，管理海外貿易。次年，又設淮東宣慰司於揚州，詔沿海官吏，通日本商船。唯元軍曾於至元十一年（一二七四）東征日本，故日人往往利用商船，作間諜潛伏入元之工具，以探元軍虛實，亦間有趁機劫掠者。如至元二十九年（一二九二）十月，日船來四明求互市，而舟中多藏甲杖，似有異圖。
5 金線島之捷：明成祖永樂十七年（一四一九），劉江大勝倭寇於望海堝。望海堝在今遼寧金線島東北，倭寇侵華，必經此海濱咽喉之地。永樂十七年（一四一九），總兵劉江用石壘之，倭寇入犯，直逼城下，江出奇策敗之，奔逃，盡為所殲。遼之倭患遂絕。
6 宣武：北魏之宣武帝，為孝文帝第二子，喜經史，精佛學，在位十六年（五〇〇—五一五）。連率：王莽時官制，相當於太守之職。

外[7]。而元人五龍之敗,此由將帥之失[8]。使中國世世以此創艾而甘受其侮,非愚之所知也。

顧今日財賦兵力,未易及此,獨可為自守之計。所謂自守者,愚以為祖宗之制,沿海自山東、淮、浙、閩、廣,衛所繹絡,能復舊伍,則兵不煩徵調而足[9]。而都司備倭指揮,俟其來於海中截殺之,則官不必多置提督總兵而具。奈何不思復祖宗之舊,而直為此紛紛也?所謂必於海中截殺之者,賊在海中,舟船火器皆不能敵我也,又多饑乏。惟是上岸則不可禦矣。不禦之於外海,而禦之於內海;不禦之於海,而禦之於海口;不禦之於海口,而禦之於陸;不禦之於陸,則嬰城而已。此其所出愈下也。宜責成將領,嚴立條格:敗賊於海者為上功;能把截海口,不使登岸,亦以功論;賊從某港得入者,把港之官,必殺無赦;其有司閉城,坐視四郊之民肝腦塗地者,同失守城池論。庶人知效死,而倭不能犯矣。

《震川先生集》

譯 文

日本是位於百濟、新羅東南海上的一個島國,在會稽山的東方,

---

7 慕容皝:前燕大將,東伐高麗,毀其都;更襲扶餘,虜其王。陳稜:隋朝大將,大業六年(六一〇),煬帝命之出擊琉球(台灣),獲勝而還。李勣:唐高宗命其與薛仁貴平高麗,置都護府於平壤。蘇定方:受唐高宗命,渡海滅百濟。
8 五龍之敗:元世祖至元十七年(一二八〇),日殺元使,世祖大怒,調兵十萬東征。至日海域五龍山(海上五島相錯,故名),值秋日颱風肆虐,元艦亡其二三。此時突遭日艦襲擊,喪溺過半,餘盡被俘。是為五龍山之役。
9 衛所:明時軍隊編制,有衛有所。自京師達於郡縣,皆立衛所,外統之都帥,內統於五軍都督府。

離海南島很近（譯注：歸氏地理位置不審），國都設在邪馬台。古時和中國沒有邦交，直到漢光武帝建武二十五年（四九），才派遣使者前來朝貢。日本原先不曾侵犯我國海域，直到元世祖在四明開闢商港後，他們才趁機劫掠我國沿海居民，到了明初更是厲害。不過，自從明成祖永樂十七年（一四一九），劉江在遼東金線島大敗日寇後，他們又銷聲匿跡，不敢再入遼境了。

現在倭寇之患又起，追究原因，實在是我國的奸民違反禁令，妄出禁地，海防單位也未盡責阻止，才造成現在的情況。既然災患已經形成，再追悔也是徒然。但是朝廷聲威遠播，鄰近諸邦沒有不臣服進貢的，而日本這一個偏遠小島，竟敢如此放肆地侵略我國，也實在令人難堪。

想當初，北魏正始年間，宣武帝在東堂接見高麗國的使者，會見中說到了日本、涉羅的朝貢不至，宣武帝就授命給高麗說：「高麗國世代都受封為上將，專門管制中國海外各鄰邦。不肯臣服的，可以自行征討它。像這次日本不來朝貢，是高麗太守沒有盡到責任的緣故。」所以高麗國世代都有總督遼海的征東將軍及統領東方夷族的中郎將這些官銜。現在，朝鮮國雖然沒有專門征討東夷的責任，可是在地形局勢上，卻能控制日本。何況朝鮮國王一直都順服中國，實在是該將阻止倭人入寇的責任交付給他們。如果他們不肯接受，就出兵攻打他們的國都，俘虜他們的國君，才能伸張中國的聲威。像前燕慕容皝就東伐高麗，毀了他們的國都；更向東襲取扶餘，俘虜了他們的國君。隋朝的陳稜也曾南伐琉球，使他們臣服入貢。再如唐朝的李勣平定高麗，蘇定方渡海滅亡了百濟，都是中國大敗東夷的史實！只是，

元世祖時，范文虎率了十萬海軍，覆沒在日本五龍島附近，這是由於將帥的失算所致。如中國人長久以來，都因這次戰敗而畏懼日本，甘受倭寇侵凌，就令我不敢苟同了。

雖然以現在國家的財力武力，是不能出海遠征了，可是卻仍能做好防禦的工作。所謂的防禦工作，我覺得像明初的建制，在沿海從山東、淮河、浙江、閩江，直到廣東，一路上衛所棋置，是很好的辦法；如果能予恢復，兵力就不須徵調，也足以自保了。而指揮官只要在倭寇來時，在海中截殺他們，所以也不用編制其他官銜作為預備。為什麼朝廷不考慮恢復明初舊制，卻用疲於奔命的圍堵政策呢？我說一定要在海中截殺倭寇，是因為在大海中他們的船炮都敵不過明軍，而且長途航行而來，多半饑餓勞累，較易對付。如果等他們上岸後，就不易抵擋了。如果不在外海截殺倭寇，就只好在內海抵抗他們；如果不願在內海抵抗他們，就只好在他們登岸前加以抵禦；如果不願在海岸邊抵禦他們，就只好在陸地上與他們交戰；如果連陸地上都不願與倭寇作戰，就只有等他們攻入城郭劫奪肆掠了！這就是愈怕事，事愈多的壞處呀！要避免這些缺失，應該訂立嚴格的法條，確實要求將領們遵從。法條規定：在海上殲敵的功勞最大；在沿岸阻截，不讓倭寇上岸，也算有功勞；如果倭寇從某處港口侵入陸地，把守港口的官員一律處死，絕不寬貸；如果倭寇攻掠鄰近城鎮，太守卻不發兵去援救，眼睜睜看著百姓被殺害，就以失守的罪名判定。如果官員能確實遵守，百姓士卒就能竭力抵抗倭寇，那麼，倭寇就不敢再來侵犯了。

（黃復山／編寫整理）

童心說
李贄

李贄(一五二七－一六○二),號卓吾,又號宏甫,泉州晉江(今福建泉州)人。明代著名思想家,王守仁的再傳弟子。自幼個性豪放,具有特立獨行的性格,對於傳統經典的注解並不滿意。後來用心研究「陽明學」,詳讀王守仁、王畿的書,思想大變。他對於傳統社會感到相當不滿,發表激烈的言論和做出怪異的舉動。最後竟因「惑亂人心」被捕下獄,死在獄中。著有《焚書》《續焚書》《藏書》《續藏書》《初潭集》等書。

李贄像

背 景

晚明思想在王陽明提出「心即理」的學說後,在王艮的推闡下,注入了一股富有批判力的活潑氣息。在哲學的思辨上,由於採取了內斂的自我體認方式,強調個人內心的自覺,對中國哲學的發展,具有更深刻、更廣大的推進作用;而且在文學思想上,因強調個人體驗之「真」,也傾向於個人感情的真誠表達,對當時流行的「復古」的文學思想,具有相當尖銳的批判力,其中最有影響力的就是李贄的「童

心說」。

不過，今日看來，此一理論並未依照嚴密的邏輯推理過程進行，而是囿於一直以來對於人的價值、人格的認定，因此，理論上免不了有漏洞。其中的關鍵，即是「真」（童心）的定義，如何才算是「真」？如何判定作者表達出來的感情是「真」抑或「假」？換言之，如何定出「真」的標準，作為衡量文學作品的尺度？

在這一方面，他們總是巧妙地轉換到「人」身上，所謂的「真心」「假心」，往往和「真人」「假人」聯繫在一起；也因此，對作品的評斷，常受限於對作者人格的評價。這是中國傳統文論的特色，但也顯現出相當大的缺憾。

基本上，「真」的認定是主觀的，正如陽明一系的「心即理」之說一樣，若認定「此心即理」，則個人所體認到的「理」，必然因人心之不同而各有差異，依循這個途徑展開論點，也必然因此一差別而各有齟齬，此所以李贄等人自認是具有「聖賢之志」，而後人卻批評他們墜入狂禪，屬於魔道的原因。

相同地，文學上的「真」，在評斷的時候，也會出現這種情形，因此不可避免地轉向由作者人格尋求認定的標準，因人論文的缺失，也就更顯得突出了。

基本上，執「真」以論文，只能就作者本身嚴肅性上做考慮，無法施於評價，若以此作文學批評的標準，必然會產生相當大的問題。李贄的「童心說」雖然造成一時的風氣，而且也促使學者更加深入地探討這個問題，但是所留下的問題仍然很多，這是我們應當繼續加以解決的。

影 響

　　童心即是赤子之心。自孟子以「赤子之心」說明人性本善的道理之後，赤子之心便成了真誠無欺的一種象徵，很明顯地與虛偽矯飾形成對立的局面。以童心為理論基礎，無非是認定只有表達個人真情實感的文學，才是真文學，否則就是假文學，因此說「天下之至文，未有不出於童心焉者也」。就整個中國文學理論的發展而言，其實這也不是什麼新穎的見解。但是由於當時的學者早已厭惡了以七子為主流的著重於形式的一些文章，在風會刺激之下，遂儼然以鮮明的旗幟樹立於文壇之上，造成了一股龐大的聲勢，此後公安三袁、馮夢龍，以至清初的學者，都受到極大的影響，使相關的問題，得到更深刻的開展，直到袁枚提出「性靈」說為止，大致上完成了這一方面的理論系統，就中國文學的發展而言，無疑是有很大的貢獻的。

原 文

　　龍洞山農敘《西廂》末語云：「知者勿謂我尚有童心，可也。」[1]夫童心者，真心也。若以童心為不可，是以真心為不可也。夫童心者，絕假存真，最初一念之本心也。若失卻童心，便失卻真心；失卻真心，便失卻真人。人而非真，全不復有初矣！

　　童子者，人之初也；童心者，心之初也。夫心之初曷可失也！然童心胡然而遽失也？蓋方其始也，有聞見從耳目而入，而以為主於

---

[1] 龍洞山農：可能是李贄評點《西廂記》時所用的別號。

其內而童心失。其長也，有道理從聞見而入，而以為主於其內而童心失。其久也，道理聞見日以益多，則所知所覺日以益廣，於是焉又知美名之可好也，而務欲以揚之而童心失；知不美之名之可醜也，而務欲以掩之而童心失。夫道理聞見，皆自多讀書識義理而來也。古之聖人，曷嘗不讀書哉！然縱不讀書，童心固自在也，縱多讀書，亦以護此童心而使之勿失焉耳，非若學者反以多讀書識義理而反障之也。夫學者既以多讀書識義理障其童心矣，聖人又何用多著書立言以障學人為耶？童心既障，於是發而為言語，則言語不由衷；見而為政事，則政事無根柢；著而為文辭，則文辭不能達。非內含以章美也，非篤實生輝光也，欲求一句有德之言，卒不可得。所以者何？以童心既障，而以從外入者聞見道理為之心也。

夫既以聞見道理為心矣，則所言者皆聞見道理之言，非童心自出之言也。言雖工，於我何與？豈非以假人言假言，而事假事、文假文乎？蓋其人既假，則無所不假矣。由是而以假言與假人言，則假人喜；以假事與假人道，則假人喜；以假文與假人談，則假人喜。無所不假，則無所不喜。滿場是假，矮人何辯也[2]？然則雖有天下之至文，其湮滅於假人而不盡見於後世者，又豈少哉！何也？天下之至文，未有不出於童心焉者也。苟童心常存，則道理不行，聞見不立，無時不文，無人不文，無一樣創制體格文字而非文者。詩何必古選？文何必先秦？降而為六朝，變而為近體；又變而為傳奇，變而為院本，為雜劇，為《西廂曲》，為《水滸傳》，為今之舉子業，大賢言聖

---

[2] 矮人：指隨聲附和、毫無己見，隨人之後以為毀譽，也指見識不廣的人。《唐音癸籤》：「今人只見魯直（黃庭堅）說好，便都說好，如矮人看場耳。」

人之道,皆古今至文,不可得而時勢先後論也[3]。故吾因是而有感於童心者之自文也,更說什麼六經,更說什麼《語》《孟》乎?

夫六經、《語》《孟》,非其史官過為褒崇之詞,則其臣子極為讚美之語;又不然,則其迂闊門徒,懵懂弟子,記憶師說,有頭無尾,得後遺前,隨其所見,筆之於書。後學不察,便謂出自聖人之口也,決定目之為經矣!孰知其大半非聖人之言乎?縱出自聖人,要亦有為而發,不過因病發藥,隨時處方,以救此一等懵懂弟子、迂闊門徒云耳。藥醫假病,方難定執,是豈可遽以為萬世之至論乎?然則六經、《語》《孟》,乃道學之口實,假人之淵藪也,斷斷乎其不可以語於童心之言明矣。嗚呼!吾又安得真正大聖人童心未曾失者而與之一言文哉!

《焚書》

譯 文

龍洞山農談《西廂記》時,所作的結語說:「知道的人不要說我還有赤子之心,那就好了。」赤子之心是真實無妄的心。如果認為赤子之心不好,也就是認為真實無妄的心不好。赤子之心去除虛假、保留純真,是人類最初的、短促的良心。如果失去了赤子之心,就是失

---

3 近體:指近體詩,又稱今體詩,乃別於古體詩而言,有絕句、律詩、排律的分別,字數、句數均受限制(排律句數無限制),平仄也有定則。傳奇:唐裴鉶著《傳奇》六卷,為小說體裁的作品,後人便把唐人小說稱為傳奇。宋代以諸宮調為傳奇,元代以元雜劇為傳奇,明代則以戲曲之長者為傳奇。此處所指,當是唐代的傳奇小說。院本:金、元時期,行院(王國維說是娼伎之家)搬演戲曲所用的劇本。雜劇:戲曲的名稱,始見於晚唐,因為體裁的不同,又有宋雜劇、溫州雜劇、元雜劇、南雜劇等名稱,一般專指元雜劇而言,此處亦指元雜劇。今之舉子業:參加科舉考試的人稱舉子,從事科舉文章的研究稱舉子業。明代以八股取士,所以當時的舉子業即指八股文。

去了真實無妄的心；失去了真實無妄的心，就是失去了作為一個真誠實在的人的意義。作為一個人而不能真實無妄，那就完全不再保有最初的良心了！

　　赤子是人生的開始階段，赤子之心是人心的萌芽時期。最初的人心豈可喪失啊！可是赤子之心為什麼會突然消失呢？大概在開始的時候由耳目獲知外界的事物，這些事物成為人心的主宰，因而喪失赤子之心。長大以後，由外界事物得知事理，這些事理又成為人心的主宰，因而喪失赤子之心。時間久了，聽聞的道理一天比一天增多，心中的感受也一天比一天深刻，於是乎又懂得美好聲音的可貴，一心想要宣揚名聲而喪失赤子之心；同時也懂得不良名譽的醜陋，一心想要掩飾惡名而喪失赤子之心。

　　聽聞的道理都是經由讀很多書、認識公理而得到的。古代的聖人哪有不讀書的啊！即使不讀書，赤子之心本來就存在著，即使讀很多書，也是用來護持赤子之心而不讓它消失的，不像一般的讀書人，反因為讀很多書、認識公理而遮蔽了赤子之心。

　　一般的讀書人已經因為讀很多書、認識公理而遮蔽他們的赤子之心，聖人何必還要多著作書籍、建立言論來遮蔽學者呢？赤子之心已經遮蔽了，因而說出來的話，都不是出於本心的；運用在政治事務上，也全部沒有基礎；撰寫成文章，詞句也不通達。不是內涵華美，或不是敦厚實在而有光彩，想要獲得一句有德行的話，終究是得不到的。這是什麼原因呢？因為赤子之心已經遮蔽了，反而用得自外界聽聞的事理為心。

　　已經用聽聞的事理為心，那麼所說的話，都是依據聽聞的事理，

不是發自赤子之心。說得雖然精巧,和自己又有什麼關係?難道不是由虛假的人來說虛假的話,而且用虛假的態度來處世、用虛偽的文辭著述嗎?大概一個人已經虛偽了,那麼所做的任何事物都是虛假的。因此,用虛假的言語同虛偽的人談論,那麼虛偽的人就會高興;用虛假的態度與虛偽的人相處,那麼虛偽的人就會高興;用虛偽的文辭和虛偽的人論辯,那麼虛偽的人就會高興。任何事物都是虛假的,便沒有什麼可以不高興的。全場看戲的都是虛偽的人,見識不廣的人如何辨別呢?然而雖然有天下最好的文章,被虛偽的人埋沒而不能全部流傳於後世的,難道是很少的嗎?為什麼呢?天下最好的文章,沒有不是出自赤子之心的。如果經常保存赤子之心,那麼事理無法施行,聽聞無法成立,無時無刻不能著述,沒有人不能著述,沒有一種創造的體裁文章不是著述。

寫詩為什麼一定要模仿盛唐、寫文章為什麼一定要模仿先秦呢?到了六朝,便改作近體詩,唐代便改作傳奇小說,金代、元代便改作劇本、雜劇,改作《西廂記》,改作《水滸傳》,今日又改作八股的科舉文字,大賢之人言說的聖人之道,這些都是從古到今,不能以時代先後而加以比較高下的。所以我覺得應以赤子之心來撰著,還管什麼六經、《論語》《孟子》呢?

六經、《論語》《孟子》這些著作,不是史官過分褒揚尊崇的話,就是大臣極力稱頌的話;除此之外,就是迂腐疏陋的門生、心思糊塗的弟子,心中所保留的老師的說解,有始無終,不是記得後面,就是忘了前頭,完全是憑著自己的聽聞寫下來的。後來的學者沒有察覺,就認為出於聖人的口中,而視為經典之作了。誰曉得其中大部分都不

是聖人所說的呢？

即使出自聖人的口，也是因事而發的，就像醫生治病，依照當時情況而開藥方一樣，以救助這些心思糊塗的弟子、迂腐疏陋的門生罷了。按照病情開列藥方，同一藥方不能一再使用，這些古書難道就可以作為千秋萬世的最高理論嗎？

然而六經、《論語》《孟子》等書，是道學家的藉口，虛偽的人聚集的地方，絕對不能和他們談論赤子之心，是十分明顯的。啊！我要如何才能和真正不曾喪失赤子之心的偉大聖人來討論文章呢！

（蔣秋華／編寫整理）

大歷史・大文章【中古篇】

主編：龔鵬程
發行人：陳曉林
出版所：風雲時代出版股份有限公司
地址：10576台北市民生東路五段178號7樓之3
電話：(02) 2756-0949
傳真：(02) 2765-3799
執行主編：劉宇青
美術設計：吳宗潔
業務總監：張瑋鳳

初版日期：2025年6月
版權授權：龔鵬程
ISBN：978-626-7510-61-2

風雲書網：http://www.eastbooks.com.tw
官方部落格：http://eastbooks.pixnet.net/blog
Facebook：http://www.facebook.com/h7560949
E-mail：h7560949@ms15.hinet.net
劃撥帳號：12043291
戶名：風雲時代出版股份有限公司

風雲發行所：33373桃園市龜山區公西村2鄰復興街304巷96號
電話：(03) 318-1378
傳真：(03) 318-1378
法律顧問：永然法律事務所 李永然律師
　　　　　北辰著作權事務所 蕭雄淋律師

行政院新聞局局版台業字第3595號 營利事業統一編號22759935
ⓒ 2025 by Storm & Stress Publishing Co.Printed in Taiwan
◎如有缺頁或裝訂錯誤，請退回本社更換

定價：540元　　版權所有　翻印必究

國家圖書館出版品預行編目資料

大歷史.大文章. 中古篇 / 龔鵬程 主編. -- 初版. -- 臺北市：風雲時代出版股份有限公司, 2025.04　面；　公分

ISBN 978-626-7510-61-2 (平裝)
1.CST: 中國史 2.CST: 中國文學 3.CST: 作品集
610　　　　　　　　　　　　　　114002161